## Chanoine THÉLOZ

Supérieur du petit séminaire de Meximieux

# VIE DE M. L'ABBÉ RUIVET

VICAIRE GÉNÉRAL
DU DIOCÈSE DE LYON PENDANT LA PÉRIODE RÉVOLUTIONNAIRE
FONDATEUR DU SÉMINAIRE DE MEXIMIEUX
VICAIRE GÉNÉRAL DE MONSEIGNEUR DEVIE, ÉVÊQUE DE BELLEY

## ŒUVRE POSTHUME

PUBLIÉE ET COMPLÉTÉE

### Par un Professeur du Séminaire de Meximieux

Ouvrage approuvé par S. Em. le Cardinal-Archevêque de Paris,
par Mgr l'évêque de Belley
et par Mgr IRELAND, archevêque de Saint-Paul (Etats-Unis).

*« Mementote præpositorum vestrorum ».*

PARIS

ANCIENNE MAISON CHARLES DOUNIOL
TÉQUI, LIBRAIRE-ÉDITEUR
29, rue de Tournon, 29

1899

# VIE DE M. L'ABBÉ RUIVET

## Chanoine THÉLOZ

Supérieur du petit séminaire de Meximieux

# VIE DE M. L'ABBÉ RUIVET

VICAIRE GÉNÉRAL
DU DIOCÈSE DE LYON PENDANT LA PÉRIODE RÉVOLUTIONNAIRE
FONDATEUR DU SÉMINAIRE DE MEXIMIEUX
VICAIRE GÉNÉRAL DE MONSEIGNEUR DEVIE, ÉVÊQUE DE BELLEY

## ŒUVRE POSTHUME

PUBLIÉE ET COMPLÉTÉE

### Par un Professeur du Séminaire de Meximieux

Ouvrage approuvé par S. Em. le Cardinal-Archevêque de Paris,
par Mgr l'évêque de Belley
et par Mgr IRELAND, archevêque de Saint-Paul (Etats-Unis).

*« Mementote præpositorum vestrorum. »*

✳

PARIS

ANCIENNE MAISON CHARLES DOUNIOL
TÉQUI, LIBRAIRE-ÉDITEUR
29, rue de Tournon, 29

1899

# APPROBATION

de

# S. ÉM. LE CARDINAL-ARCHEVÊQUE DE PARIS

———

Nous joignons volontiers notre approbation à celle de Monseigneur l'Évèque de Belley. Quand nous sommes arrivé dans le diocèse de Belley en 1872, la mémoire de M. l'abbé Ruivet y était toujours en vénération, et nous sommes convaincu que l'ouvrage de M. le chanoine Théloz sera accueilli avec bonheur par le clergé et les fidèles.

Paris, le 21 juin 1899.

† FRANÇOIS, Card. RICHARD,
*Archevêque de Paris.*

ÉVÊCHÉ

de

BELLEY

—

Mon cher Abbé,

Je viens de lire la *Vie de M. l'abbé Ruivet*, par M. le chanoine Théloz, que vous avez entrepris de faire paraître. Il est aisé de reconnaître que l'auteur n'a pas eu le temps d'y mettre la dernière main, et l'on ne peut s'empêcher de le regretter. Si la mort ne l'eût pas prévenu, il n'aurait pas manqué de donner à son œuvre cette perfection que l'on remarquait dans ses derniers discours et dans ses derniers écrits.

Telle qu'elle est cependant, cette *Vie* est fort intéressante, et il serait profondément regrettable qu'elle n'eût point été publiée; on y reconnaît la marque d'un talent d'écrivain peu ordinaire. Il y a des pages charmantes de poésie et de sentiment. Puis le sujet est si attachant! Une fois engagé dans la lecture, on est entraîné de page en page par un intérêt qui ne se dément nulle part. Après les chapitres parfois palpitants d'émotion, qui retracent la vie de M. Ruivet pendant la Révolution, on craint que le charme du récit ne pâlisse; mais non, il se soutient jusqu'au bout.

Le Clergé du diocèse lira ces pages avec intérêt; elles tiendront une place d'honneur dans les annales de l'Eglise de Belley, et l'on saura gré à l'auteur d'avoir conservé à la postérité les traits d'une figure si digne de la vénération et de la reconnaissance du diocèse. Quel admirable modèle de foi et de force d'âme, de dévouement et d'abnégation, d'activité et d'obéissance! Quelle incalculable somme de bien due aux œuvres nées de son cœur ou cultivées par ses mains! Car, comme l'arbre dont les fruits reproduisent et multiplient la fécondité, il n'est pas seulement digne de reconnaissance pour le bien qu'il a accompli par lui-même, mais aussi pour celui qu'ont produit et que produisent encore les institutions qu'il a fondées et les hommes qui lui doivent leur formation.

Pour vous, mon cher Abbé, vous aurez le mérite d'avoir sauvé de l'oubli et peut-être d'une perte irréparable, l'œuvre si belle, quoique inachevée, laissée par votre regretté Supérieur. Recevez-en mes remerciements et mes félicitations les plus sincères.

✝ LOUIS-JOSEPH, Évêque de Belley.

Belley, en la fête du Très Saint-Sacrement, le 1" juin 1899.

Petit Séminaire de Meximieux, le 15 juin 1899.

Monsieur l'Abbé,

Permettez-moi de vous remercier très cordialement pour avoir ajouté, à toutes les jouissances que m'a procurées ma visite au cher Séminaire de Meximieux, celle de lire les épreuves de la *Vie de M. Ruivet*. Il m'est impossible de dire tout le plaisir, toute l'édification que j'ai retirés de cette lecture. Quelle vie plus sainte, plus apostolique, plus riche en œuvres grandes et utiles, que celle de M. Ruivet, le gardien de la foi dans les pays de Bresse, de Dombes et de Bugey, durant la sanglante période de la Révolution, et le collaborateur de Mᵍʳ Devie dans la réorganisation du diocèse de Belley. Le livre que vous allez donner au public sera un moyen de fortifier la foi de milliers de personnes, qui ne pourront pas le lire sans sentir se réveiller dans leur cœur le zèle le plus vif pour le service de Dieu et de sa sainte Eglise.

Que le ciel était sombre, que la persécution était cruelle durant les premières années de la carrière sacerdotale de M. Ruivet! Et cependant combien son courage fut héroïque, sa confiance inébranlable! Combien ses travaux furent incessants et infatigables! Aux prêtres et aux laïques en qui les épreuves de l'heure présente pourraient faire naître des pensées de désespoir et de découragement, la *Vie de M. Ruivet* apprendra qu'aucune difficulté n'est insurmontable quand les hommes coopèrent pleinement à l'action de la grâce divine et que les luttes à soutenir ne doivent être pour eux qu'un encouragement à souffrir et à travailler encore davantage.

L'habileté avec laquelle ce prêtre sage et énergique sut trouver de nouvelles méthodes d'apostolat et adapter les travaux de son ministère aux exigences des circonstances si terribles au milieu desquelles il avait à l'exercer, est une leçon pour les catholiques de notre temps. L'exemple de M. Ruivet leur apprendra comment ils doivent eux-mêmes, aujourd'hui où les anciennes méthodes ne semblent plus donner le même succès, harmoniser leur ligne de conduite avec les conditions nouvelles de la vie et de l'action sociale.

M. Ruivet est une des gloires historiques du diocèse de Belley. Il contribua beaucoup à la formation de l'excellent esprit ecclésiastique qui a toujours distingué le clergé de ce diocèse. En publiant sa vie, vous n'aurez pas peu contribué, Monsieur l'Abbé, à maintenir cet esprit et à le transmettre aux futures générations de prêtres.

Je n'ai pas besoin de dire que le chapitre qui a rapport au Séminaire de Meximieux m'a été particulièrement agréable, comme il le sera également à tous les anciens élèves de cette maison.

Ce livre intéresse sans doute tout d'abord le diocèse de Belley mais j'ajouterai qu'il intéresse aussi le diocèse de Saint-Paul, dont les premiers apôtres ont été des prêtres du diocèse de Belley, formés par M. Ruivet: Mgr Loras et Mgr Crétin.

Aussi, en qualité d'archevêque de Saint-Paul, je vous remercie, Monsieur l'Abbé, pour l'honneur et la gloire que ce bon livre fera rejaillir sur le diocèse de Belley.

† JOHN IRELAND,

*Archevêque de Saint-Paul* (Minnesota).

# AVANT-PROPOS

L'ouvrage que nous offrons au public est l'œuvre posthume de M. le chanoine Théloz, mort supérieur du petit séminaire de Meximieux (Ain).

Le 22 avril 1896, notre vénéré Supérieur était à Lyon, et célébrait le saint sacrifice de la Messe dans l'église de Saint-Pierre. Il venait de prononcer les paroles du *Sanctus*, lorsque saisi d'une défaillance soudaine, il tomba sur les degrés de l'autel; on le releva inanimé, et, quelques instants après, il rendait le dernier soupir.

M. le chanoine Théloz était né à Loyes (Ain), en 1830. Ordonné prêtre en 1875, il fut pendant quelques mois vicaire à Meillonnas, non loin de Bourg. En 1876, il fut envoyé comme directeur au petit séminaire de Belley, où il passa douze ans. Il vint à Meximieux en qualité de Supérieur en 1888 et il remplit cette charge pendant près de huit ans.

Prêtre éminent en piété et en vertus, supérieur distingué, écrivain et orateur brillant, esprit élevé et personnel, l'abbé Théloz s'était acquis un rang distingué dans le diocèse de Belley. C'était une âme d'élite faite pour les hauts sommets de la pensée, une âme toute surnaturelle n'agissant que pour Dieu et ne voyant en tout que Dieu, et des âmes à sanctifier. Doué d'un très beau talent, il marcha à la suite des Gorini, des Martin, des Martigny, des Buathier dans cette pléiade de prêtres qui ont jeté tant d'éclat sur le clergé du diocèse de Belley. Sa mort fut un deuil pour le petit séminaire de Meximieux où il a fait tant de bien.

M. le chanoine Théloz a composé un ouvrage sur le *Saint Sacrifice de la Messe,* d'après le bienheureux Albert le Grand;

il a écrit la vie d'un *Directeur de Séminaire : l'abbé Robelin ;* il a retracé les origines de la *Congrégation de Marie-
Auxiliatrice ;* il a célébré en termes touchants les gloires
et les miséricordes du Sacré-Cœur dans les *Commentaires
des billets zélateurs* (1).

Enfin depuis plusieurs années M. Théloz travaillait à la
*Vie de M. Ruivet* et se préparait à la publier bientôt, lorsque
sa mort si soudaine vint l'empêcher de mettre la dernière
main à son œuvre.

Quand, il y a quelques mois, le manuscrit nous fut remis,
nous fûmes surpris de trouver le travail aussi avancé. Nous
nous serions crus coupable si nous n'avions pas mis au
jour ces pages si intéressantes, écrites en cette langue si
poétique qui fut celle de M. Théloz. Il manquait un chapitre
sur les *dernières années et la mort* de M. Ruivet, nous avons
pu y suppléer, grâce à des documents que nous avons recueillis de différents côtés. Nous avons aussi ajouté quelques pages sur M. Ruivet, *curé de Notre-Dame de Saint-
Chamond.*

Ce livre, nous osons l'espérer, sera accueilli avec joie par
le clergé et les fidèles du diocèse de Belley qui le réclamaient
depuis si longtemps. Il intéressera aussi le clergé et les
fidèles du diocèse de Lyon, puisque l'abbé Ruivet a été
pendant 10 ans, de 1794 à 1804, vicaire général de Lyon, et
plus tard, de 1813 à 1815, curé de Notre-Dame de Saint-
Chamond. Il édifiera tous les lecteurs, en retraçant la vie et
les travaux de l'un de ces héroïques missionnaires qui, pendant que grondait l'orage révolutionnaire, ne cessèrent de
s'exposer à tous les dangers pour procurer aux fidèles les
secours de la religion et conserver la foi dans les âmes.

*Séminaire de Meximieux.*

(1) *Le Saint Sacrifice de la Messe* d'après le bienheureux Albert le
Grand (librairie Retaux-Bray); *Un directeur de séminaire : l'abbé
Robelin* (librairie Vitte); la *Vie de la fondatrice des sœurs de Marie-
Auxiliatrice* (imprimerie Vitte); les *Commentaires des billets zéla-
teurs* de la Garde d'honneur (librairie Dureuil, Bourg-en-Bresse).

J.-C. RUIVET
Grand vicaire de Belley.

# INTRODUCTION

---

Monsieur l'Abbé,

Je vous félicite et vous remercie de nous donner enfin la
vie du vénérable M. Ruivet, que le vœu du clergé et l'édification des fidèles réclament depuis si longtemps. A qui
s'applique mieux qu'à lui la recommandation que nous fait
l'Apôtre : *Mementote præpositorum vestrorum, qui vcbis locuti
sunt verbum Dei.* « Souvenez-vous de vos Préposés qui vous
ont prêché la parole de Dieu. » *Préposé!* N'est-ce pas là le
premier titre de M. Ruivet qui recommande sa mémoire à
notre respect et lui mérite les honneurs de l'histoire?

A l'époque où l'abbé Ruivet, nouvellement ordonné,
voyait s'ouvrir devant lui la carrière de l'apostolat, monter
à l'autel, c'était monter à l'échafaud. Les églises étaient fer-
mées, le culte interdit; et la plupart des pasteurs, pour
échapper à la prison et à la mort, avaient dû prendre le
chemin de l'exil. Le jeune abbé Ruivet, un vaillant parmi
les vaillants, fut du nombre de ceux qui ne voulurent point
laisser la France· sans autels et les fidèles sans la grâce des
sacrements. Et comme il fallait un guide à cette colonne
volante, un chef à ce bataillon d'élite, l'abbé Ruivet, que
distinguaient son intelligence et son courage, fut appelé à
l'honneur, parlons plus exactement, au péril de le comman-
der et de le diriger. Son titre de *Préposé* exprimait aux initiés

et voilait aux profanes ses pouvoirs de grand vicaire, de lieutenant de l'évêque.

A son historien de nous raconter comment le jeune et ardent *Préposé* se montra à la hauteur de son mandat, comment, n'étant nulle part, il se trouvait partout ; comment il organisa et comprit dans un réseau de marches et de contre-marches le service religieux par tout le pays de Bresse ; comment, traqué de toutes parts, non pas une fois mais vingt fois, sa tête glissa sous le fatal triangle auquel il sut toujours échapper par sa prévoyance, par sa présence d'esprit, disons plus vrai, par une assistance spéciale de la Providence.

Des jours moins durs se levèrent enfin sur la France. Le Concordat rappela les pasteurs de l'exil et rétablit en plein jour le culte régulier dans les paroisses. L'abbé Ruivet sans se prévaloir de ses services et de la périlleuse mission qu'il avait remplie, rentra dans le rang, comme simple supérieur du séminaire qu'il avait fondé aux plus mauvais jours, au centre même de la Bresse, et qu'il transportait bientôt à Meximieux. Séminaire de Meximieux ! Pieux berceau de mon enfance cléricale, puis-je laisser tomber de ma plume ton nom béni, sans tressaillir, sans rapprocher des rides de ma vieillesse mes premiers pas dans le chemin de la vie? J'ai pu, j'ai dû m'éloigner de ton pieux et studieux rivage; jamais je ne t'ai oublié. Séminaire de Meximieux! source pure de la doctrine catholique, jamais l'erreur n'est venu troubler le cours limpide et orthodoxe de ton enseignement; ta foi est restée indéfectible et sans tache, parce que toujours, étroitement uni à Rome, tu as toujours marché et enseigné à la lumière du docteur infaillible. — Séminaire de Meximieux, source féconde d'apostolat, tu as donné non seulement des pasteurs à toutes les paroisses de ce diocèse, mais des Pontifes à l'Église, qui ont porté et illustré ton nom au delà des rivages de l'Océan.

Mais parais donc au frontispice de Meximieux, jeune et vaillant martyr, déploie la glorieuse bannière empourprée de ton sang. Ta gloire, ô bienheureux Chanel, éclipse toutes les

gloires, j'aime mieux dire qu'elle se reflète et rayonne sur
tous les fronts, mais sur aucun avec plus de mérite et
d'éclat que sur celui du père de toutes les générations, du
fondateur illustre et vénéré du Séminaire de Meximieux.

C'en serait assez pour tresser la couronne du vénérable
M. Ruivet; nous avons d'autres fleurons à y ajouter. L'antique siège de Belley, supprimé par la Révolution, venait d'ê-
tre rétabli. Le nouveau titulaire, Mgr Devie, prélat plein
de science, de zèle et d'initiative, nous arrivait au milieu
d'une acclamation universelle. Tout était à créer ou à restaurer. Il fallait à l'évêque un auxiliaire qui pût le renseigner
et lui fournir les assises de nouvelles fondations. M. Ruivet
était naturellement désigné pour cette mission et devint
l'homme de sa droite.

Nous vîmes alors avec admiration M. Ruivet oublier que
ses cheveux avaient blanchi, reverdir et retrouver toute son
ardeur et tout son zèle de *Préposé*. Il eut à reprendre et à
suivre les sentiers qu'il avait parcourus, à relever les ruines
dont il avait été le triste témoin, les clochers qu'il avait vus
tomber. Avec quels doux transports il rencontrait et re-
voyait ses anciens guides, ses catéchistes! Et comme il
aimait à visiter les familles chrétiennes qui lui avaient
donné asile! Et pour nous ses aînés de Meximieux, quelle
joie de le recevoir dans nos presbytères! Avec quelle paternelle condescendance il se livrait à nous pour guider notre
inexpérience et aplanir les obstacles que nous rencontrions
dans l'exercice du saint ministère.

Ainsi M. Ruivet a-t-il servi l'Église jusqu'à la fin; et quand
les armes lui sont tombées des mains, il a pu dire avec
l'Apôtre : « J'ai combattu le bon combat. » Il a pu se présenter
devant le juste Rémunérateur avec les mérites de confesseur de la foi, de fondateur d'un séminaire, et d'auxiliaire
d'un grand évêque qui a dit de lui : « *Je n'ai pas eu dans
mon diocèse, de prêtre d'une foi plus vive, d'une obéissance
plus humble et plus prompte.* »

MARTIN, *protonot. apost.*,
*ancien vicaire général de Troyes et d'Avignon.*

VUE DE MEXIMIEUX

# CHAPITRE PREMIER

## NAISSANCE ET ÉDUCATION (1767-1790).

Naissance. — Quelques illustrations de Meximieux. — Enfance débile. — Guérison. — Sa mère meurt. — Le chanoine Georges. — Collège de Nantua. — Tonsure. — Péril de Jansénisme. — Séminaire de Saint-Irénée. — Mgr de Montazet. — Séminaire de Saint-Charles. — Thèse catholique. — Disgrâce. — Constitution civile du clergé. — Mgr de Marbeuf. — Lamourette à Lyon. — Sulpiciens expulsés. — Ordination sacerdotale à Fribourg.

*« Mementote præpositorum vestrorum. »*

Meximieux, a dit Guichenon, est dans la situation la plus agréable de toute la Bresse (1). Et c'est vrai. Bâtie en amphithéâtre sur le versant d'une colline dont le faîte est couronné par l'antique château des archevêques de Lyon, la ville a derrière elle une fraîche et ombreuse vallée d'où l'on remonte sur le plateau des Dombes ; à sa gauche, des ondulations de terrain qui se poursuivent et s'enfuient du côté du nord ; à sa droite, le pittoresque village de Pérouges avec ses maisons hardiment groupées sur l'étroit sommet d'un mamelon dessiné à pic ; devant elle enfin un large horizon qui

(1) Guichenon : *Histoire de Bresse*, p. 72. — Meximieux est aujourd'hui un chef-lieu de canton de l'arrondissement de Trévoux (Ain).

se ferme sur les montagnes du Bugey dont les pentes s'inclinent peu à peu et vont se perdre dans le lointain des plaines de la Valbonne.

En 1767, année où commence notre histoire, deux tours très hautes, qui s'élevaient, l'une au-dessus du château de Meximieux, l'autre au-dessus des remparts de Pérouges, dominaient au loin la campagne et semblaient étendre sur elle comme une ombre des temps passés. La ville alors moins étendue qu'aujourd'hui, se resserrait entre l'église collégiale et le château, puis s'allongeait sur les deux rives du Bouvagne qui, sans bruit, court perdre ses eaux troublées dans les sables de la Valbonne.

C'est là que, le 8 décembre 1767, d'une famille pauvre et chrétienne naquit M. Ruivet.

Rapprochement singulier, dessein mystérieux de la Providence! Mgr Devie et M. Ruivet qui devaient plus tard travailler ensemble à réorganiser, au sortir de la tempête révolutionnaire, le diocèse de Belley, naissent la même année. Tous deux sortent d'une famille obscure, pauvre, chrétienne. Tous deux grandissent inconnus et s'appliquent aux fortes études et aux fortes vertus qui les préparent à leur mission future. Tous deux reçoivent le sous-diaconat la même année (1790), presque le même jour. Tous deux encore sont ordonnés prêtres à quelques semaines d'intervalle. Tous deux, enfin, donnent à Dieu et aux âmes les prémices de leur ministère pendant les plus terribles années de la Révolution, au milieu des dangers les plus pressants, presque chaque jour dans l'imminent péril de perdre à la fois la liberté et la vie. On dirait que Dieu, avant de réunir ces deux âmes si éminemment sacerdotales dans les travaux et les sollicitudes de la plus féconde administration, s'applique à leur donner une même trempe en leur faisant soutenir les mêmes luttes et pratiquer les mêmes dévouements.

Meximieux avait donné le jour déjà à plusieurs personnages qui s'étaient distingués parmi leurs contemporains ou par la grandeur de leur situation ou par la renommée de leur science ou par l'éclat de leur vertu.

Le neveu du Cardinal de la Chambre, Antoine de la Chambre qui fut trente-six ans évêque de Belley, et qui assista au Concile de Trente, était fils d'Isabeau de Mareschal, fille unique du marquis de Meximieux.

Claude Favre de Vaugelas, le célèbre grammairien, un des premiers membres de l'Académie française, est né à Meximieux, comme l'atteste son acte de naissance trouvé dans les archives de la ville par l'abbé Blanchon, curé de Mollon.

Née aussi à Meximieux, Louise-Catherine Vernat, admise à la Visitation par saint François de Sales lui-même, reçue à la vêture au couvent de Bellecour à Lyon, en présence de Louis XIII qui voulut être son parrain et dans la suite, supérieure du monastère des Chalnes (1), à Vaise où elle mourut en odeur de sainteté.

Le souvenir de ces noms déjà bien effacés, sera perdu depuis longtemps par les habitants de Meximieux que le nom et le souvenir de M. Ruivet restera toujours vivant, attaché qu'il est pour toujours à la double création de l'hôpital et du séminaire.

Ses parents, d'une piété très éclairée, voulurent le faire baptiser le lendemain même de sa naissance. Il fut donc porté à l'église collégiale, dédiée à saint Apollinaire, parce que, suivant une tradition autorisée, elle

(1) Cette maison avait été fondée le 6 mai 1640 par Antoinette Guinet de Montverd de Lagnieu. Elle était située sur le quai de Serin, près des chaines tendues sur la Saône. (*Almanach historique de la ville de Lyon pour 1789.*)

aurait été bâtie sur l'emplacement où l'évêque de Valence exilé à Meximieux par Sigismond, roi de Bourgogne, se retirait de préférence pour prier ; et il y reçut avec le baptême les prénoms de Claude-Joseph.

Pieux et docile, l'enfant grandissait sous le regard de sa mère dans la pauvre échoppe de cordonnier qui avait abrité son berceau. Mais la force ne lui venait pas avec l'âge, car des accès de fièvre fréquents minaient sa chétive santé. Après avoir vainement épuisé toutes les ressources humaines qu'elle pouvait employer, sa mère résolut d'avoir recours à la sainte Vierge.

Il y avait alors aux portes de Meximieux, au sommet d'une prairie qui s'étendait le long des premières pentes de la colline de Pérouges, une chapelle consacrée à *Notre-Dame de Grâce*. Ce lieu était en grande vénération, et l'on y venait en pèlerinage pour y demander des guérisons qui étaient souvent obtenues.

Claude-Joseph avait huit ans lorsque sa mère le conduisit à cette chapelle. Il s'agenouilla au pied de l'autel, y récita ses plus ferventes prières, puis, suivant la coutume, il se baissa jusqu'à terre pour boire à la source dont les eaux vives jaillissaient tout à côté. En se relevant, il déposa pieusement devant la statue de Notre-Dame de Grâce un petit sachet rempli de grains de blé : aussitôt un sang plus vigoureux sembla circuler dans ses veines, et la fièvre ne reparut plus.

A quelque temps de là, il perdit sa mère, et deux ans après, son père se remaria. Ce double malheur décida son oncle, Pierre Georges, chanoine de la collégiale, à se charger de son éducation. Il lui enseigna les premiers éléments des lettres, et tout à la fois surpris et charmé de trouver en son neveu une intelligence si vive et une application si soutenue, il résolut de l'engager en des études complètes. Dans ce but, il l'envoya au collège de

VUE DE NANTUA

Nantua (1) fondé au siècle précédent et qui venait d'être reconstruit suivant un plan nouveau plus vaste et plus commode, par les prêtres missionnaires de Saint-Joseph (2).

Le chanoine Georges en confiant son neveu aux Joséphistes, écrit ces lignes toute pleine d'une sollicitude paternelle à travers laquelle même on semble voir percer comme une pointe d'ambition, car il veut que l'enfant sache tout : « Recommandez bien à ce jeune homme de s'appliquer à tout ce qui regarde son devoir, de s'instruire de tout, du latin, du français, de la politesse, des sciences humaines, de l'histoire profane, de l'histoire sainte, de l'histoire de France, de celle de Rome, des fables de La Fontaine. En un mot, je veux qu'il sache tout. »

Et pour que l'écolier apprenne tout, l'excellent chanoine lui donne des conseils si énergiques qu'il ne devait pas être facile de les suivre : « Puisque vous êtes entré en troisième, tâchez d'être toujours des premiers. Travaillez nuit et jour, et gardez-vous bien de courir les jours de foire; — ce détail est pittoresque, — mais occupez-vous à la lecture et n'ayez pas besoin de voir deux fois la même chose pour vous en souvenir toute

(1) Le collège de Nantua doit son origine à la libéralité des habitants de la ville. Il fut fondé en 1671. Dès lors, les prêtres missionnaires de la congrégation de Saint-Joseph de Lyon prirent la direction du collège et le gouvernèrent jusqu'en 1792. — Ils l'avaient reconstruit en 1774, aidés dans leur entreprise par la province de Bugey; ils le rendirent vaste, commode et agréable. Le collège admettait les externes. Les enfants qui n'étaient pas assez riches pour entrer comme pensionnaires logeaient en ville à prix très réduit chez quelque bonne famille et allaient en classe au collège. Ce fut le cas de M. Ruivet.

(2) Les prêtres missionnaires de la congrégation de Saint-Joseph furent d'abord assemblés par M. Cretenet, chirurgien de Lyon, pour faire des missions dans la campagne. Mgr Camille de Neuville les établit en congrégation ecclésiastique en 1661. Leur principale maison était située à Lyon, rue du Goret, près de l'Hôtel de Ville. Ils étaient chargés d'un des séminaires de la ville fondé en 1659 par Mgr Camille de Neuville. On y enseignait la philosophie, la théologie dogmatique et morale. Il avait été agrégé à l'Université de Valence en 1739. On y faisait le *quinquiennium* comme dans l'Université.

votre vie. Il faut, pour cela, bien faire attention à ce que
vous lisez. Vous ne devez être en peine que d'avancer et
d'étudier, si vous pouviez faire plusieurs classes par
année, ce serait très bien, mais du moins soyez des plus
forts. Gagnez tous les prix, et vous gagnerez par là mon
affection. »

Le programme était chargé et l'affection du bon chanoine un peu trop exigeante. Mais l'enfant était heureusement de forte race et d'intelligence vigoureuse;
les succès désirés furent éclatants. A treize ans, il faisait
brillamment ses humanités.

Durant cette année (1780), le jeune humaniste est
présenté à la tonsure au séminaire de Lyon par le bon
chanoine qui rappelle son neveu du collège à cet effet :
« Il faut, écrit-il, m'envoyer le petit Ruivet pour quelques jours, qu'il se trouve ici à Meximieux, au plus
tard à la fin du mois de février. Je dois le présenter à
Lyon pour le faire recevoir à la tonsure le 3 ou le 4 du
mois prochain; » et, il ajoute ces lignes singulières, révé-
latrices de l'idée qu'il se faisait de l'éducation cléricale :
« Recommandez-lui fort expressément en me l'envoyant
qu'il ne paraisse ici qu'avec la plus grande modestie et
retenue, de marcher gravement, les yeux baissés, de
saluer tout le monde et très humblement, étant en tout
cela le modèle des enfants qui se préparent à être
l'exemple des autres. » (Lettre.) Tonsuré, l'enfant rega-
gne son collège et achève ses humanités.

Malheureusement les Joséphistes, directeurs du collège, étaient Jansénistes ,et ils faisaient couler le venin
de l'erreur avec une habileté trop efficace dans l'âme
de leurs élèves. Claude-Joseph l'avait reçu sans défiance,
et d'alarmants symptômes se manifestaient déjà, lorsque
la clairvoyance de son oncle et de M. Gayot, curé de
Meximieux, discerna le mal et en arrêta les progrès. Il

faut citer ici M. Ruivet lui-même : « Etant venu passer mes vacances à Meximieux, à la suite de mes humanités que j'avais faites chez les Joséphistes au collège de Nantua, j'annonçai, en présence de mon grand-oncle M. Georges, digne et pieux chanoine de Meximieux, du curé et doyen du chapitre, M. Gayot de la Réjasse, personnage grave et instruit, docteur distingué et sociétaire de la Sorbonne, une confiance toute particulière pour les auteurs qu'on ne cessait de nous vanter : les Nicole, les Duguet, les Rollin, les Pascal, les Arnaud. On m'interrogea, on voulut me ramener, on comprit qu'il était temps de me soustraire à l'influence de mes anciens maîtres. On avait raison : car déjà je m'apitoyais sur les prétendus mauvais traitements, exercés contre quelques-uns de ces docteurs par ces Molinistes et autres personnes d'une morale relâchée ; c'étaient les expressions usitées, et elles seules étaient une espèce de talisman qui séduisait les simples et les jeunes gens surtout. Avec de semblables dispositions de respect et de soumission, il est naturel de marcher après des guides qu'on estime, et il est vraisemblable que je me serais laissé entraîner dans l'erreur. Cette pensée m'afflige. Que serais-je devenu, ô Dieu de vérité, séparé de vous et de votre Église dans laquelle seule se trouve le salut ? Daignez récompenser, je vous en conjure, ces bienfaiteurs spirituels qui ont soustrait au danger ce pauvre jeune homme sans expérience qui n'avait alors que quatorze ans.

« Pour me soustraire au danger, je fus donc envoyé au collège de Mornant pour y faire ma rhétorique sous les bons Lazaristes, ensuite au séminaire de Saint-Irénée pour y faire ma philosophie sous les pieux, les savants, les zélés Sulpiciens, amis sincères de la jeunesse. C'est là que je m'affermis dans les bons principes, au point que je fus inébranlable aux violentes secousses que j'eus à essuyer à l'Oratoire pendant mon année de ville, déplorable invention de Mgr Malvin de Montazet. »

A quelles secousses M. Ruivet fait-il allusion? C'est une histoire qui mérite d'être conservée, car elle témoigne fort éloquemment des efforts tenaces du Jansénisme pour conquérir et souiller les âmes. Rappelons, pour éclaircir notre récit, que Mgr de Montazet, archevêque de Lyon, était un janséniste déclaré. Il avait été enrôlé dans la secte par un de ses partisans les plus zélés, le duc de Fitz-James, évêque de Soissons, auprès de qui il avait rempli les fonctions de vicaire général. Devenu évêque d'Autun et dévoré d'ambition, il n'avait pas hésité, pour monter sur le siège archiépiscopal de Lyon, à prendre le coupable engagement de soutenir comme Primat des Gaules, de concert avec la Sorbonne, contre Christophe de Beaumont, archevêque de Paris, des religieuses réfractaires ; et il s'était empressé de tenir sa parole en cassant l'ordonnance de l'archevêque de Paris avant même d'avoir reçu ses bulles.

Arrivé à Lyon, il s'entoura de Jansénistes et confia les postes les plus importants à des prêtres hautement reconnus comme les apôtres de cette erreur. Ce fut lui qui nomma les deux frères Bonjour (1) à la cure de Fareins où le ministère de ces deux prêtres égarés a eu de si longues et si désastreuses conséquences. Et cependant leur histoire aurait dû, ce semble, ouvrir les yeux des plus aveugles ! Le plus jeune des deux frères à la suite d'un scandaleux crucifiement perpétré dans l'église, fut enfermé derrière les murs d'un couvent d'où il s'échappa pour aller dans la suite, après une vie agitée, mourir à Paris. L'aîné revenu à de meilleurs sentiments,

(1) Ils étaient nés à Pont-d'Ain.

se retira dans un monastère de Trappistes en Suisse. Mais tourmenté par le remords et constamment assailli par le souvenir de ses anciens paroissiens qui s'obstinaient dans les funestes erreurs qu'il leur avait enseignées, il demanda et obtint la permission de retourner à Fareins pour essayer d'arracher à l'hérésie les âmes qu'il avait eu le malheur d'y engager. A quatre-vingts ans, il part au milieu de l'hiver, traverse pieds nus les montagnes de la Suisse et du Bugey, et après des fatigues inouïes supportées courageusement, en vue d'attirer les grâces divines sur sa difficile mission, il arrive à Fareins, entre à l'église et fait devant l'autel de la sainte Vierge une longue prière, puis, commence à faire la visite du village en pénétrant dans chaque famille. Il rétracte ses erreurs d'autrefois, supplie, conjure ceux qui l'écoutent de rentrer dans les liens de l'Église : peine inutile, sa voix entendue autrefois quand il prêchait l'erreur, ne l'est plus maintenant lorsqu'elle prêche la vérité. On le traite de trappiste fanatisé, et on l'éconduit. Il revient à son couvent pour y mourir de douleur (1).

D'autres nominations étaient plus funestes encore que celle des frères Bonjour. Les Jansénistes étaient placés à la tête des séminaires et dans les chaires de théologie. Seul le séminaire de Saint-Irénée, qui était dirigé par les Sulpiciens, resta fermé à la secte. Tout ce que put faire l'archevêque fut d'y introduire en l'imposant la théologie du Janséniste Valla. Mais les Sulpiciens corrigeaient, par des notes rédigées avec soin et dictées aux élèves, toutes les erreurs de l'ouvrage et, lorsque, même ce moyen de défense leur eut été interdit, par des explications verbales. Ce fut alors que Mgr de Montazet sous

(1) Fareins, paroisse de l'arrondissement de Trévoux, possède encore aujourd'hui un groupe de jansénistes, désignés sous le nom de *Farinistes*.

l'inspiration de M. de Malvin, de Montazet, son neveu et vicaire général. obligea les jeunes gens à passer une première année de théologie au séminaire de Saint-Charles pour les mettre en garde contre un enseignement qu'il ne parvenait pas à modifier. De la maison Saint-Charles où enseignaient les Oratoriens (1), on revenait ensuite à celle de Saint-Irénée où les Sulpiciens maintenaient la saine doctrine malgré l'archevêque.

M. Ruivet dut se soumettre comme ses condisciples, et après avoir couronné ses deux années de philosophie (1784-1785) par une soutenance de thèse qui lui attira d'unanimes applaudissements (2), il entra au séminaire de Saint-Charles. « Que de pièges étaient tendus à ces pauvres jeunes gens! écrivait-il plus tard; en particulier on leur prêtait des livres, en public on leur faisait des lectures dans le dessein évident de pervertir, de fausser leurs idées. On faisait habituellement la lecture spirituelle sur l'*Instruction chrétienne* du Janséniste Gourlin, où étaient développés les principes de la secte, on n'eut pas honte de la faire quelquefois sur la vie et sur les miracles prétendus du diacre Paris. Afin de ne pas me laisser surprendre, je faisais comme Ulysse, je me bouchais les oreilles. Mais combien on s'exposait, seulement en ne paraissant pas adhérer à ces extravagances. »

(1) Les Oratoriens étaient venus à Lyon en 1616, appelés par le cardinal de Marquemont; leur maison était située dans la rue Vieille-Monnaie. Elle existe encore derrière l'église Saint-Polycarpe. Le séminaire qu'ils dirigeaient occupait l'emplacement actuel de la Banque de France, entre la rue Gentil et la rue de la République.

(2) Avant d'entrer au séminaire de Saint-Charles, M. Ruivet qui n'avait que 17 ans fut nommé répétiteur de philosophie au séminaire de Saint-Irénée; il passa là une année et eut sous sa direction M. Ravez et M. Camille Jordan qui, comme on le sait, ont paru plus tard avec distinction à la Chambre des députés. M. Ravez fut président de la Chambre des députés en 1818, 1819 et 1820. Ce ne fut qu'à la fin de l'année 1786 que M. Ruivet entra au séminaire de Saint-Charles. (*Journal de l'Ain, au 3 avril 1839.*)

A quoi on s'exposait, M. Ruivet ne tarda pas à le savoir par expérience. En lui offrant de si bonne heure l'occasion de lutter et de souffrir pour la bonne cause, ne semblait-il pas que la Providence voulait comme essayer la solidité de sa foi et la fermeté de son caractère avant de le jeter en des périls au milieu desquels le salut n'était possible qu'avec l'appui et le secours d'un grand caractère? Car nous croyons que Dieu a coutume de préparer les hommes de loin avant de s'en servir.

On avait remarqué à Saint-Charles la défiance avec laquelle Claude-Joseph recevait les doctrines jansénistes. Il fut dénoncé à l'archevêque et mandé à Oullins en la maison de campagne de Mgr de Montazet. Le jeune séminariste arriva un peu ému, mais bien décidé à ne rien céder de ses sentiments. Heureusement à cette heure-là, l'archevêque ne pouvant le recevoir, envoie son neveu pour l'interroger. La scène qui eut lieu nous a été conservée par M. Ruivet lui-même et mérite d'être racontée avec tous ses détails : « Monsieur, dit vivement l'abbé de Montazet, vous êtes dénoncé à Monseigneur parce que vous ne soutenez pas sa théologie. — Monsieur le vicaire général, répondit l'inculpé avec beaucoup de calme, je soutiens ce que je puis soutenir. — Il y a donc des choses que vous ne soutenez pas? — Oui, cette thèse : Il est possible d'observer les commandements de Dieu sans la grâce. — Mais pourquoi cette proposition vous fatigue-t-elle? — Parce qu'elle me semble contredire ce que dit Notre-Seigneur : « Sans moi, vous ne pouvez rien faire. » — Mais il est facile de tout concilier. — Monsieur, je ne sais pas le faire, et dès lors, je m'en tiens à l'Évangile. — Tout se concilie, reprend le vicaire général, au moyen d'une distinction : il est possible d'observer les commandements de Dieu sans la grâce, d'une puissance non réductible à

l'acte, soit; d'une puissance réductible à l'acte, non. —
Oui, Monsieur le vicaire général, reprend le séminariste,
on nous le dit bien ainsi, mais ou bien cette puissance est
réductible à l'acte, et alors l'affirmation du Sauveur est
fausse, puisque je puis faire quelque chose sans lui; ou
elle n'est pas réductible à l'acte, et alors ce n'est pas une
puissance véritable, et votre théologie a tort. »

Devant cette rigoureuse argumentation, le vicaire
général ne crut pas devoir pousser la discussion plus
loin, et il renvoya M. Ruivet en lui disant : « Allez et
ne dites rien. » M. Ruivet ne dit rien en effet et reprit
tranquillement le cours de ses études. Il ne tarda pas à
soutenir une nouvelle et plus grave épreuve.

A la fin de l'année, il fut désigné pour soutenir une
thèse publique. Il s'empressa de décliner cet honneur,
ayant remarqué que parmi les thèses à soutenir, il s'en
trouvait une difficile à concilier avec la doctrine catholique. De là une nouvelle dénonciation auprès de Mgr de
Montazet qui le manda à nouveau pour lui faire rendre compte de sa conduite. Il se présenta à l'archevêché,
et cette fois, il n'eut plus à faire au bon abbé Montazet,
mais à M. Malvin de Montazet abbé de Chézy et également Vicaire général.

Celui-ci, dès qu'il l'aperçut, le prit très vertement à
partie : « Monsieur, s'écrie-t-il, on dit que vous ne vou-
lez pas soutenir thèse. — Cela est vrai, Monsieur le
vicaire général, répond Claude-Joseph, mais j'ai des rai-
sons qui ne me le permettent pas. — Eh bien, répond le
vicaire général, ou vous soutiendrez thèse, ou vous serez chassé. — Jamais je n'avais entendu proposer cette
alternative, je croyais que soutenir thèse était une chose
libre. — Non, Monsieur, elle n'est pas libre pour vous,
vous avez à choisir. — Je ne voudrais pas manquer à
ma vocation, je soutiendrai thèse, puisqu'il le faut, mais

à ma manière. — Allez et soutenez thèse, » dit
M. Malvin en finissant d'un ton bref et cassant, et il le
congédia.

Claude-Joseph rentre à Saint-Charles et redouble de
travail pour être solidement armé à l'heure de la lutte.
Le jour de la thèse arrive, Mgr l'archevêque préside entouré de tout son conseil. L'auditoire est nombreux et,
au premier rang d'un côté, les Sulpiciens, les tenants
de la doctrine catholique, de l'autre les Oratoriens, in-
féodés au Jansénisme. M. Ruivet se présente en une
attitude modeste mais ferme, ses sentiments sont connus,
et l'on s'attend à un éclat. M. Jaouen, professeur de morale à Saint-Irénée, prend la parole, et c'est au milieu
d'un silence profond qu'il aborde la fameuse thèse janséniste sur la possibilité d'exécuter les commandements
de Dieu sans la grâce. Le premier argument attaque la
thèse, le répondant ne se défend pas et abonde dans le
sens de l'interrogateur; il saisit même le second argument qui lui est présenté, et loin de le combattre, il le développe hardiment. Son professeur qui est derrière lui
s'agite vivement et le presse tout bas de réfuter les rai-
sonnements du Sulpicien. Claude-Joseph ne veut rien
entendre. Alors poussé à bout, l'Oratorien se lève et
s'écrie tout haut : « Mais ce n'est pas cela. » Son élève
se retourne : « Père, c'est moi qui soutiens thèse, si je
suis battu, c'est mon affaire. »

Le professeur s'était trop engagé pour reculer. Il fait
descendre son répondant et se présente lui-même au
combat. L'archevêque et son conseil commencent à s'inquiéter de la singulière tournure de l'argumentation;
l'auditoire redouble d'attention, et les deux groupes de
l'Oratoire et de Saint-Sulpice, les regards fixés sur les
deux adversaires, attendent l'issue de la bataille. — Je
vais reprendre mon argument, dit M. Jaouen. L'Oratorien

se dérobe, mais le professeur de Saint-Irénée devient plus vif, plus pressant, plus décisif, et l'Oratorien circonvenu, enfermé dans un syllogisme qu'il ne peut briser, est réduit au silence.

L'archevêque fort troublé, la figure rouge de colère, a raconté un témoin, frappe violemment sur la table, met fin à la séance et se retire fort mécontent.

L'affaire eut des suites. Mgr de Montazet eût volontiers changé immédiatement tout le personnel de Saint Irénée, mais il craignit de mécontenter Louis XVI qui, à Versailles, lui avait, à dessein, spécialement recommandé les Sulpiciens de Lyon, il se borna donc à exiger du supérieur général de Saint Sulpice, M. Émery, le départ de M. Jaouen.

Quant au jeune théologien, on le pria de se retirer. La Providence lui vint en aide.

Son ancien professeur de philosophie à Saint-Irénée M. Gilbert Martin, qui l'aimait beaucoup, lui trouva dans une famille chrétienne une place de précepteur qui fut acceptée avec empressement et qui lui permit d'attendre l'heure de la Providence. Après deux ans, Mgr de Montazet mourut emporté, dit-on, par le chagrin que lui avaient causé les excès de toutes sortes dans lesquels étaient tombés la plupart de ces malheureux Jansénistes auxquels il avait accordé tant de confiance.

M. Ruivet put alors quitter son préceptorat et se préparer immédiatement aux saints Ordres. Le 8 mars de l'année 1790, Mgr de Sarepta, suffragant de Lyon, l'ordonna sous-diacre et bientôt après, le 18 décembre de la même année, lui conféra le diaconat.

Cependant les graves événements qui allaient amener de si funestes conséquences se précipitaient à Paris. L'Assemblée nationale venait de décréter la Constitution civile du clergé. Le 4 janvier 1791, dans une séance

mémorable, les prêtres et les évêques députés à
l'Assemblée furent nominalement appelés à prêter
serment à la nouvelle constitution; la plupart, deux
cent trente sur trois cents (1), malgré les cris de mort
qui remplissaient la salle refusèrent avec courage le serment schismatique, si bien que Mirabeau, dans un élan
de franchise, s'écria: « Nous avons leur argent, mais ils
gardent leur honneur. » Ce magnifique exemple fut suivi
par le clergé de France qui resta, en très grande majorité, fidèle au Souverain Pontife. Cinquante mille ecclésiastiques sur soixante mille, se décidèrent hardiment
pour l'Eglise, contre les sacrilèges prétentions de l'Assemblée nationale. Nous savons quels étaient les
sentiments de l'abbé Ruivet; il les a publiquement
exprimés dans une lettre écrite à un parent le 15 avril
1791 : « Je ne puis être inquiété du côté du serment. Ce
n'est point, à Dieu ne plaise, que je voulusse le prêter, si
j'étais dans le cas. Ma religion et ma conscience me
défendent de faire ce serment antichrétien. Baptisé
dans la religion catholique-romaine, je veux mourir dans
son sein. Je sais que je ne dois m'attendre, comme tous les
ecclésiastiques fidèles, qu'à des persécutions, je sais que
si je voulais adhérer à la nouvelle religion, je serais bien
venu et bien placé dans la suite, mais je sais aussi que
le salut est plus important que tous les biens possibles
et que je ne puis me sauver en suivant une religion
proscrite par le corps des fidèles, en reconnaissant de
faux évêques que le souverain Pontife retranche de sa
communion. Tels sont mes sentiments : vous les approu-
verez parce qu'ils sont selon Dieu et point dictés par
l'intérêt. A présent, le tendre attachement que j'ai pour
vous me porte à vous conjurer avec tout le respect que je

---

(1) Au nombre des jureurs, il ne se trouva qu'un seul député de l'Ain
l'abbé Favre, curé d'Hotonnes.

puis et que je dois vous rendre, de vous tenir éloigné
de cette nouvelle religion que l'on introduit et de vous
tenir attaché à vos anciens pasteurs. Ce n'est point une
chose indifférente ; nous vivons si peu de temps et l'autre
vie est si longue qu'il faut prendre tous les moyens de
la passer heureuse. Je ne prétends point faire le prédicateur, mais comme il n'est pas de votre état d'appro-
fondir les choses de la religion, il pourrait se faire
cependant que vous ignorassiez ce qu'il est cependant
nécessaire à tout le monde de savoir dans les circonstances où nous vivons ; mon grand désir est que tous mes
parents ne s'égarent point. » Cette lettre fait déjà pres-
sentir l'apôtre inébranlable dans la doctrine et ardent
à la communiquer aux autres.

Cependant Mgr de Marbeuf, promu à l'archevêché de
Lyon à la mort de Mgr de Montazet, ne voulut point
reconnaître la constitution civile du clergé et dut s'exiler
en Suisse sans avoir même pu prendre possession de
son siège.

L'antique église de Lyon fut alors livrée à Lamourette,
ancien vicaire général d'Arras, candidat désigné par
Mirabeau aux électeurs du *département de Rhône-et-Loire*
pour ce poste élevé. Ce fut au milieu d'avril qu'eut lieu
l'entrée solennelle de l'évêque schismatique à Lyon. La
réception eut quelque chose de glacé et de funèbre. Par
suite de retard dans les relais de poste, il était 11 heures
du soir quand Lamourette entra dans la ville. Les rues
par lesquelles devait passer le cortège officiel avaient
été illuminées par ordre, mais les cœurs étaient tristes,
les âmes angoissées, les visages restaient froids.

M. Ruivet qui était à Lyon à achever ses cours de
théologie, entendit de sa cellule le bourdon de Saint-
Jean qui lui parut dans la circonstance sonner le glas
funèbre de l'Église de France. Il eut un tel saisisse-

ment à cette pensée qu'il tomba à deux genoux sur le pavé de sa cellule et qu'un torrent de larmes s'échappa de ses yeux.

A quelques jours de là, les Sulpiciens furent totalement expulsés du séminaire. Écoutons M. Ruivet nous raconter l'histoire de cette heure douloureuse.

« Tout à coup, nous entendons sonner avec force ;

ANCIEN GRAND SÉMINAIRE DE LYON

nous regardons et nous voyons entrer le maire Vitet avec un officier municipal, l'un et l'autre en écharpe tricolore, accompagnés de quelques prêtres, escortés de la force armée. On place aussitôt des sentinelles en divers postes comme dans une ville prise d'assaut ; les élèves sont consignés en classe, où ils étaient en ce moment ; on court à l'appartement du supérieur et dans les chambres de tous les directeurs ; on leur intime l'ordre de déguerpir à l'heure même pour faire place aux remplaçants qu'on leur donnait. Sans se plaindre, sans dire un mot, ils font leurs préparatifs de départ et, dociles comme des agneaux, obéissent à cet ordre qu'ils regardent comme émané de la Providence. C'était pitié 'de voir ces vieillards respectables, un bâton à la main, un petit paquet sous le bras, franchir le seuil d'une maison qu'ils avaient illustrée par tant de travaux et de vertus sans savoir où ils iraient sans asile et sans ressources; mais ils trouvèrent dans le cœur de leurs anciens élèves qui habitaient la ville, des secours qui honorèrent autant ceux qui étaient obligés que ceux qui obligeaient. On rivalisa de zèle pour accueillir et consoler ces maîtres qu'on n'avait pas cessé d'aimer et de respecter. »

Tout cela, hélas! n'était qu'un commencement, et M. Ruivet ne devait pas tarder à voir un autre spectacle plus triste et plus lamentable.

A Belley, Mgr de Quincey, son vicaire général, M. Anselme Béatrix, deux chanoines, MM. Férot de Courtines et Balme de Sainte-Julie donnèrent le bon exemple. Le reste du chapitre prêta serment. A Bourg, le chapitre fut très ferme sauf M. Auger. Les prêtres du collège dont le sieur Barquet, janséniste déclaré, était le principal, n'imitèrent pas de si bons exemples. Trois seulement : MM. Collet, Lespinasse et Neuville furent fermes et refusèrent d'adhérer à l'édit schismatique. Les Chartreux de Seillon restèrent imperturbablement attachés à l'unité catholique. Le P. Pacifique Rousselot, prieur des Augustins de Brou, prêta le serment et se laissa nommer curé de Notre-Dame de Bourg.

Cependant M. Ruivet, n'ayant plus d'évêque légitime en son diocèse, résolut d'aller se faire ordonner en pays étranger. On était au mois de décembre 1791, tout faisait prévoir que l'orage déchaîné contre l'Église allait redoubler de violence et que s'engager à son service devenait un honneur de jour en jour plus périlleux. Ces redoutables perspectives, loin d'arrêter notre jeune diacre, le déterminèrent à se hâter efficacement afin de pouvoir être en état de se dévouer à Dieu et aux âmes lorsque se lèveraient les jours sanglants qu'il était facile de prévoir. Il partit donc pour Genève, déguisé en garde national, et de là, suivant les bords du lac et gravissant ensuite les vignobles de Lausanne, il gagna Fribourg. L'évêque de cette ville l'ordonna prêtre sans tarder.

M. Ruivet revint à Meximieux. C'était l'heure où d'autres fuyant la tempête que l'on pouvait déjà entendre gronder, se préparaient à quitter la France pour trouver la sécurité au delà des frontières. Claude-Joseph Ruivet ne les franchit que pour recevoir le sacerdoce, ses armes de combat; et dès qu'il eut été fait prêtre de ce Jésus-Christ qu'on allait essayer d'écraser suivant l'infâme conseil de Voltaire, il revint avec intrépidité pour garder Dieu dans les âmes chrétiennes et y relever en ce sanctuaire intime de la conscience que la volonté peut rendre inviolable, les saints autels que les passions les plus violentes et les plus brutales étaient sur le point de profaner et de briser dans les églises. C'était la décision d'une âme d'apôtre ardente et forte que Dieu avait faite pour des temps qui ne devaient pas être sans analogie avec l'ère des Néron et des Domitien.

VUE DE LOYES

# CHAPITRE II

M. Ruivet, vicaire de Loyes. — Affaire des dispenses et du mandement
Royer. — M. Ruivet au Montellier. — Son emprisonnement à Montluel. — On l'emmène à Bourg. — Il prépare sa défense. — Agitation
de la ville autour de cette cause. — Le jour de l'audience, son
plaidoyer, son acquittement, on veut l'assommer. — Second jugement à Lons-le-Saunier : acquittement. — M. Ruivet en liberté.

A Saint-Irénée, M. Ruivet avait souvent manifesté à
son directeur, M. Montagne, le vif attrait qu'il ressentait
pour les missions étrangères. Le grave Sulpicien qui
écoutait ces ouvertures, répondait invariablement par
ces mots : « D'autres missions vous attendent en
France. » C'était vrai. La prédiction se vérifia dès l'entrée
de l'abbé Ruivet dans le ministère, car ses premiers
pas dans la carrière sacerdotale l'engagèrent pour de
longues années, en cette vie pleine de périls et de fatigues, qui est le partage du missionnaire.

Loyes est un gracieux village, placé sur une de ces
collines qui, suivant une métaphore hardie employée
par la Bible, bondissent le long de la rivière d'Ain et
qui constituent par une chaîne ininterrompue les collines de la Cottière; leurs lignes s'abaissent et remontent,

paraissant en effet décrire des mouvements, qui ont l'air d'être les bonds successifs d'une nature vivante et animée.

La colline de Loyes s'avance en promontoire vers la plaine, situation privilégiée qui multiplie les points de vue et les agréments au paysage. Elle a de la variété autour d'elle, la vallée du Toison avec ses prairies, ses ombrages et son ruisseau, à l'allure tranquille, la vallée de l'Ain plus large, plus ensoleillée, sillonnée par les eaux claires et limpides de la rivière, et fermée par la montagne du Bugey.

Villieux, qui en ce temps était la paroisse, tandis que Loyes n'était qu'une annexe, est situé aux pieds de Loyes, à la jonction des deux vallées.

Lorsque, de Villieux, on gravit la colline, au dernier détour de chemin, Loyes apparaît tout à coup, montrant d'abord les briques rouges de ses vieilles maisons, restes encore solides des anciens remparts, puis ses constructions plus modernes, groupées à l'ombre du clocher dont la flèche s'élance sur un grand fond de verdure, formé par les tilleuls séculaires du château.

De la place du village et surtout du parc attenant au château (1), le regard ravi plonge dans les plaines du Toison et de l'Ain et se relève sur la colline de Fétan, ornée de sa forêt et de son château, sur les hauteurs azurées du Jura, couvertes de vignes, et se perd dans l'espace ouvert par les vastes plaines de Meximieux et de la Valbonne.

La cure de Villieux, à cette époque, était occupée par l'abbé Dépaillère, qui avait d'abord prêté le serment à la constitution civile du clergé, mais qui l'avait rétracté

---

(1) Le château, longtemps la demeure de la famille Dervieux de Villieux, appartient maintenant à la famille Baboin, qui, depuis un demi-siècle, reste la Providence du village.

ANCIENNE ÉGLISE DE LOYES

aprèsun examen plus attentif. Il demanda M. Ruivet pour
son vicaire à Loyes. Le jeune prêtre très éclairé et très
ferme, déclara tout de suite qu'il ne ferait aucun serment. Le maire Beraud, ayant agréé cette condition,
l'abbé Ruivet sur l'avis conforme de ses supérieurs,
s'installa à la cure de Loyes. C'était le 6 janvier 1792.
Deux mois s'écoulèrent paisiblement.

Les difficultés ne tardèrent pas à surgir ; la situation
de la paroisse les rendait inévitables. Suivant l'ancienne
organisation des diocèses, Loyes dépendait de l'archevêque de Lyon ; d'après la nouvelle, que l'Église n'avait
point encore acceptée, il se trouvait rattaché à Bourg.
Dès lors, la première occasion venue pouvait amener un
conflit entre l'autorité légitime de Mgr de Marbeuf,
archevêque de Lyon et celle de Royer (1), évêque constitutionnel de l'Ain. Deux occasions surgirent presque
en même temps. M. Ruivet ne voulut pas reconnaître
la validité d'une dispense de parenté, accordée pour un
mariage entre cousins germains, par l'évêque du département.

Perret, curé constitutionnel de Châtillon-la-Palud,
étant venu à Loyes bénir le mariage, M. Ruivet et M. Despaillère consignèrent dans les registres de la paroisse
une protestation motivée. Premier conflit.

Le second ne tarda pas à éclater. Le 1er dimanche de
Carême, deux mandements arrivèrent à l'abbé Ruivet :
l'un de Lyon, l'autre de Belley. Le vicaire ne donna

(1) L'évêque de Belley, Mgr Cortois de Quincey, mourut le 14 janvier
1791. Dès le 18 janvier, le procureur-syndic du district de Bourg convoqua par ordre du procureur général-syndic les électeurs des divers
districts pour élire un évêque constitutionnel.
L'élection se fit le 6 février suivant, en l'église Notre-Dame. A l'issue
de la messe paroissiale de huit heures à laquelle tous les électeurs
étaient tenus d'assister d'après l'article VI du titre II du décret du 12 juillet
1790 sur la constitution civile du clergé.
Entre le P. Pacifique Rousselot, prieur des Augustins de Brou et Royer,
curé de Chavanes : les électeurs se prononceraient pour ce dernier.
(Le Duc, vol. II, p. 114.)

point lecture du mandement schismatique. Appelé à la
maison commune pour rendre raison de ce silence devant les officiers municipaux, hardiment il affirma qu'il
ne reconnaissait pas d'autre supérieur légitime que
Mgr de Marbeuf. Des témoins fort nombreux, tous partisans du schisme, avaient envahi la salle ; ils éclatèrent
en menaces les plus violentes, même ouvrirent la fenêtre, criant qu'il fallait y faire passer l'insolent qui osait
résister à l'évêque constitutionnel. Un cri de mort s'é-
leva contre le curé de Villieux : « Despaillère à la lanterne. » La scène aurait pu avoir un dénouement tragi-
que ; la calme et ferme attitude de M. Ruivet en imposa
aux plus violents, et il put se retirer.

Convaincu dès lors que son ministère serait infruc-
tueux dans une paroisse ainsi dominée par le schisme,
l'abbé Ruivet, avec l'autorisation de son archevêque,
quitta Loyes pour la cure du Montellier où il était demandé avec les plus vives instances.

Ce départ qui fit la désolation des bons catholiques
de Loyes ne calma point la colère des schismatiques.
Ils informent leur évêque : celui-ci se hâte de dénoncer
le curé du Montellier au procureur général-syndic du
département, Gauthier des Orcières. Un mandat d'arrêt
fut lancé.

M. Ruivet, en arrivant au Montellier, avait trouvé une
population religieuse soutenue et gardée dans la bonne
voie par les familles influentes du pays entre autres par
la famille Greppo ; sans se croire en parfaite sécurité,
ne jugeant pas le péril aussi proche, il espérait travailler
en paix, durant quelque temps au moins, au salut des
âmes. Son espérance fut de courte durée.

Par une matinée de printemps, le **21** mars, il taillait
les arbres de son jardin quand il vit deux gendarmes
arrêter leurs chevaux devant la cure. Ils étaient en-

voyés de Montluel pour donner un effet immédiat au mandat d'arrêt du procureur général Gauthier des Orcières. Ils déclarèrent leur mission : « Où me conduirez-vous? leur demanda l'abbé Ruivet. — A Meximieux. — Et de Meximieux? — Nous l'ignorons. — Alors comme la route peut être longue, continua tranquillement l'abbé Ruivet, je vais déjeuner et je vous invite. La cure est en réparations, je n'y suis point encore installé, allons chez M. Greppo qui, pour le moment, m'offre l'hospitalité. Les gendarmes refusèrent et voulurent partir immédiatement. « Du moins, insista l'abbé Ruivet, laissez-moi déjeuner chez ma voisine, M<sup>lle</sup> de Montchat. » Bonnes gens au fond, les deux gendarmes suivirent l'abbé Ruivet chez M<sup>lle</sup> de Montchat, fort étonnée et fort effrayée de cette visite inattendue ; elle avait alors quatre-vingts ans. Le déjeuner fut modeste et rapide : M<sup>lle</sup> de Montchat, très affligée, dit adieu à son curé, qu'elle ne devait plus revoir en effet.

Pour sortir du village, il fallait passer devant l'habitation de M. Greppo. L'abbé Ruivet y entra pour prendre son bréviaire. M. Greppo était absent. Apprenant ce qui arrivait, M<sup>me</sup> Greppo sort sur son balcon et, d'une voix animée, adresse une vigoureuse admonestation aux deux gendarmes, leur reprochant de poursuivre les prêtres au lieu de courir sus aux malfaiteurs. Le reproche était fondé : les gendarmes n'y répondirent rien, mais n'emmenèrent pas moins le prisonnier qui venait d'apparaître, son bréviaire à la main.

A une demi-heure du Montellier, la scène change. Un bourgeois était à la tête d'un grand nombre d'ouvriers, qu'il occupait dans son domaine. Ayant aperçu l'abbé Ruivet entre les mains des gendarmes, il rassemble ses hommes et vient avec eux sur la route pour l'insulter; il le menace même de le frapper. Les gendarmes durent lui signifier au nom de la loi de se taire et de se retirer; il le fit en murmurant. On avait cependant vu quelques jours auparavant ce bourgeois, ennemi juré des prêtres, se prosterner humblement dans la rue, un jour de pluie, aux pieds du sieur Royer, évêque de Bourg. Les paysans témoins de cette démarche, en furent si étonnés qu'ils se mirent à rire et se dirent les uns aux autres : Vois, vois donc N... qui se met à genoux pour la troisième fois de sa vie. Ils se rappelaient ne l'avoir vu que deux fois à genoux, le jour de sa première communion et le jour de son mariage. Cette anecdote démontre énergiquement quelle liaison étroite existait entre les impies et les constitutionnels.

Arrivé à Meximieux dans la soirée, l'abbé Ruivet fut immédiatement traduit devant le juge de paix, qui le déclara coupable de tous les griefs dont on le chargeait, et ordonna son incarcération dans les prisons de Montluel, en attendant sa comparution devant le jury de Bourg. Le lendemain, l'abbé Ruivet dut une seconde fois se mettre en chemin entre ses deux gendarmes. Sa première nuit de prison à Montluel faillit lui coûter la vie. On eut la cruauté de l'enfermer dans un cachot très bas, de quelques pieds carrés, dont les murs venaient d'être recrépis à neuf. En y entrant, l'abbé Ruivet appuya sa main sur la blancheur vive de la chaux, qui garda l'empreinte de ses doigts. « On veut donc me faire mourir ici? » s'écria-t-il en se retournant vers le geôlier; celui-ci sans répondre, ferma le verrou de l'énorme porte.

Brisé par la fatigue de deux grandes journées de marche, l'abbé Ruivet se jeta tout habillé sur un lit de camp qu'une personne charitable avait fait installer, pour qu'il n'eût pas à s'étendre sur la dalle toute froide. Le sommeil le gagna. Le lendemain, il s'éveilla transi de froid, suffoqué par les exhalations de la chaux. Pendant la nuit, ses cheveux avaient blanchi. Le geôlier entrant pour son service, ne reconnut plus son prisonnier et eut un moment d'effroi. Il s'approcha, vit l'abbé Ruivet tout glacé et à demi mort. Il eut alors l'imprudente pensée de placer au milieu de la cellule un réchaud allumé. Le remède était pire que le mal ; après quelques instants, l'abbé Ruivet presque asphyxié, fait un suprême effort pour se lever et aller à son étroite fenêtre chercher de l'air. Au moment où il y touchait, il se sentit défaillir et n'eut que le temps de pousser un cri en s'accrochant aux barreaux de fer. Le geôlier l'entendit et vint à son secours ; il l'emporta sans connaissance vers une galerie extérieure qui s'ouvrait sur la cour de la prison. Le ciel était sombre, la pluie tombait en rafales qui, poussées par le vent, entraient jusque sur la galerie où l'abbé Ruivet venait d'être déposé. Le grand air et la pluie qui lui fouettaient le visage le ranimèrent.

Il devenait manifeste que son cachot était inhabitable, une délibération du district lui assigna pour prison la sacristie basse des anciens Augustins (1). Bien qu'absolument dépourvu d'agrément, ce nouveau logis était plus sain. L'abbé Ruivet put y recevoir quelques visites, entre autres celle de M^me Greppo, venue avec son fils Honoré, qui, plus tard, devait être vicaire général de Mgr Devie. A la vue des chaînes scellées de distance en distance dans le mur, l'enfant eut un vrai mouvement de terreur qu'on eut de la peine à calmer. L'entretien fut court et triste : l'avenir paraissait si menaçant !

A quelque temps de là, il fut décidé que le prisonnier serait transféré à Bourg pour y être jugé. L'abbé Ruivet devait être conduit de Montluel à Bourg sur une char-

(1) Le bureau de la caisse d'épargne y est aujourd'hui installé.

rette, en compagnie d'un voleur arrêté depuis quelques jours et sous la garde de trois gendarmes à cheval. Des personnes pieuses l'apprirent à l'avance et s'empressèrent de prendre les mesures nécessaires pour empêcher à un prêtre la honte et la fatigue d'un voyage fait en de telles conditions. Grâce à la complaisance d'un gendarme qui se prêta à tous les arrangements, l'abbé Ruivet put monter dans une voiture fermée. La première étape était Chalamont. On y arriva le soir, les gendarmes permirent à l'abbé Ruivet de passer la nuit chez le R. P. Talon, aumônier de l'hôpital. La fuite aurait été facile, M. Ruivet n'y songea même pas, résolu qu'il était à se défendre lui-même, avec succès, espérait-il, devant le tribunal de Bourg.

Un prêtre entre les mains des gendarmes était encore à ce moment chose inouïe, et la population s'en émut; aussi le lendemain, à l'heure du départ, tous les habitants de Chalamont étaient-ils dehors sur le passage du prisonnier. Voyant cette affluence, M. Ruivet à qui il ne convenait point du tout de prendre l'attitude embarrassée d'un coupable, voulut traverser la ville à pied. Accompagné de M. Talon et de M. Ducret, prêtre de Saint-Sulpice, en résidence momentanée à Chalamont, il suivit la rue qui conduit à la route de Bourg, recueillant partout de la foule pressée autour de lui de vifs témoignages de sympathie. Derrière lui venait la voiture, puis celle du voleur auquel on l'avait accolé, les gendarmes à cheval fermaient ce singulier cortège. Cette première vision du sacerdoce traité en criminel frappa douloureusement les esprits; l'avenir leur réservait bien d'autres spectacles!

Arrivé à Bourg, l'abbé Ruivet après un rapide interrogatoire, fut écroué à la grande prison pour y attendre d'être jugé.

Son emprisonnement fit du bruit dans la ville, on n'y était pas encore accoutumé à l'incarcération brutale des prêtres, et les cœurs se remplirent d'une indignation unanime contre le procureur général-syndic du département et contre la constitution qui l'avait poussé à lancer son mandat d'arrêt, de pitié et de sympathie pour ce prêtre jeune, courageux et intelligent, à qui on ne pouvait reprocher d'autre crime que celui d'avoir refusé un serment schismatique. Les prêtres assermentés vinrent le voir sans crainte de se compromettre, et les simples fidèles rivalisèrent de générosité pour lui adoucir les rigueurs de la prison. M$^{me}$ de Belvey entre autres, femme de grande distinction et de grande piété, lui fit régulièrement apporter par ses domestiques sa nourriture de chaque jour.

Toutes ces marques d'intérêt données publiquement à leur prisonnier portèrent au plus haut point l'irritation des constitutionnels, et ils résolurent de ne rien négliger afin d'amener une éclatante condamnation. Les catholiques de leur côté, attachaient la plus grande importance au prononcé du jugement; favorable, il assurait, on le croyait du moins, la sécurité pour les prêtres non assermentés ; défavorable, il présageait une persécution qui pouvait être longue et terrible. On se passionnait de part et d'autre, il fut décidé dans les clubs qu'on se porterait en nombre au tribunal le jour de l'audience; les catholiques apprenant cette décision, voulurent s'y rendre eux aussi et en imposer aux violents par leur attitude calme et décidée. L'attente devint fiévreuse.

Pendant ce temps, l'abbé Ruivet s'occupait avec le plus grand calme dans sa prison de son plaidoyer qu'il voulait prononcer lui-même. Il eut tout le loisir nécessaire pour ce travail, car ce ne fut qu'après trois mois

3

de détention qu'il parut devant ses juges. Le 16 juin, la ville prit un aspect inaccoutumé, presque un aspect de combat, partout on voyait des groupes de constitutionnels et de catholiques se diriger vers le tribunal. En un clin d'œil, la salle d'audience fut remplie et ses abords entourés d'une foule compacte. A l'heure fixée, le prévenu fit son entrée entre quatre gendarmes. M. André, avoué fort expert en procédure, et M. Cozon (1), l'avocat le plus distingué du barreau de Lyon, s'assirent au banc de la défense. L'audition des témoins fut longue; elle emprunta un caractère particulièrement odieux à l'insistance avec laquelle le président interrogea les témoins sur les confessions faites à M. Ruivet, sans que celui-ci, condamné sur ce terrain au silence le plus absolu, eût la possibilité de répondre un mot.

Le jour finissait quand la parole fut donnée à la défense. M. Ruivet se leva; le spectacle était nouveau, et il se fit dans la salle un silence profond. D'une voix altérée au début par la fatigue de ces longues heures d'audience qu'il avait fallu subir, l'abbé Ruivet plaida sa cause au milieu de l'attention générale, avec la logique pressante d'un avocat consommé. On l'accusait de s'être fait ordonner par l'évêque de Fribourg, de n'avoir pas accepté les dispenses de l'évêque constitutionnel : il prouva clair comme le jour en s'appuyant sur le texte même de la déclaration des droits de l'homme commentée par Talleyrand et Robespierre, qu'en recevant la prêtrise des mains de l'évêque de Fribourg, qu'en refusant de reconnaître Royer pour son évêque, il n'avait nullement contrevenu aux lois de son pays et qu'il n'était

(1) « Chrétien véritable, a écrit plus tard M. Ruivet au sujet de M. Cozon, il donnait à tous l'exemple de la pratique de la religion et soutenait ses ministres avec zèle. Je soulage mon cœur, ajoute M. Ruivet, par cet épanchement de la reconnaissance; mais dans cet hommage que je lui rends, il n'y a rien que de conforme à la justice et à la vérité. »

passible dès lors d'aucune condamnation. Ce morceau d'éloquence judiciaire est curieux, il est probablement seul de son espèce. Aussi croyons-nous devoir le donner ici tout entier (1) :

« Messieurs,

« Ce n'est pas sans étonnement que je me suis vu traduit devant les tribunaux à raison de ma foi, et pour des actions impérieusement commandées par ma conscience. La loi divine est la première règle de la conscience de l'homme ; les lois humaines n'en sont que la règle secondaire. Si elles étaient en opposition avec la première, j'obéirais à Dieu plutôt qu'aux hommes : toute ma justification serait de subir la peine avec le courage qu'inspire la religion sainte que je professe. Mais ma conscience, en obéissant à la première loi, ne m'a pas dicté que je désobéissais à la seconde, puisque la loi protège également tous les cultes, puisqu'elle prend mon culte sous sa sauvegarde. C'est donc d'après la loi que je veux laver ma conduite des crimes dont on m'accuse. Exposer simplement les faits, rapprocher ces mêmes faits de la loi, ce sera suffisamment m'être justifié aux yeux des personnes raisonnables et modérées, car pour ceux qui n'écoutent que la voix de leurs préjugés et de leurs passions, comme il serait inutile de prétendre me disculper, auprès d'eux, aussi ne l'entreprendrai-je pas. Rassemblés au nom de la loi, pour faire exécuter la loi, vous rendrez justice, Messieurs, à celui qui demande non pas un adoucissement à la loi, non pas une infraction à la loi, mais la plus stricte observation de la loi.

(1) Plaidoyer prononcé en l'audience du tribunal criminel du département de l'Ain, du samedi 16 juin 1792 par Claude-Joseph Ruivet, prêtre accusé et détenu dans les prisons de Bourg. — Broch. in-8°, 32 pages. Bourg, 1792. Imprimerie Bottier et Legrand. A la suite se trouve le jugement, 4 pages.

« Dans le mois de décembre dernier, j'ai reçu l'ordre de prêtrise à Fribourg, en Suisse. De retour dans ma patrie, je fus invité par M. le curé de Villieux à desservir son annexe de Loyes. Je lui déclarai que je n'y consentirais que dans le cas où les officiers municipaux n'exigeraient point de serment. Il leur fit ma proposition. Après une délibération, la municipalité arrêta qu'on me recevrait sans prestation de serment et qu'on me livrerait les clefs du presbytère pour y fixer ma résidence. Les registres de la municipalité de Loyes attestent ce que je dis. J'entrai donc en fonction à Loyes le 6 janvier. Tout paraissait d'un bon accord, il n'y avait que la difficulté de percevoir le traitement de vicaire. Mais en entrant dans cette place, je n'y avais jamais compté. J'espérais trouver dans l'instruction que j'étais convenu avec eux de donner à leurs enfants, ce qui pourrait manquer à ma subsistance. La municipalité comprit aussi que mon défaut de serment, condition essentielle, m'empêcherait de recevoir ce traitement ; elle me fit un certificat que je conserve pour obtenir au moins s'il plaisait au district, les honoraires de desservant à résidence, sur ma promesse expresse d'y exercer les fonctions de mon ministère. Néanmoins je n'en ai fait aucun usage, et n'oubliez pas, Messieurs, que je n'ai reçu aucun traitement quelconque.

« Quelque temps après, les nommés Ruivet et Trollier, cousins germains, ayant obtenu dispense de parenté de M. l'évêque du département de l'Ain, sommèrent par devant notaire M. le curé de Villieux de célébrer leur mariage : ils se contentèrent d'un simple refus de ma part. Le curé constitutionnel de Châtillon-la-Palud fut commis à notre défaut. Il vint donc à Loyes, célébrer ce mariage auquel nous nous étions refusés et écrivit l'acte sur nos registres. A la suite dudit acte, M. le curé de Villieux et moi fîmes conjointement notre protestation. Elle n'annonce autre chose sinon que ce prétendu mariage avait été célébré contre notre opinion et contre les règles de l'Église à laquelle nous sommes inviolablement attachés.

« Le premier dimanche de carême, un particulier m'apporta de la poste un mandement de M. l'évêque constitutionnel. Je ne le lus pas. Les officiers municipaux en ayant été instruits, je ne sais comment, me demandèrent pourquoi je ne l'avais pas lu. Je leur répondis qu'ils devaient savoir que je ne reconnaissais pas cet évêque.

« Ils s'emportèrent alors contre moi en menaces et en invectives, ils me crièrent tous qu'ils ne me reconnaissaient plus pour leur vicaire, ni M. Despaillière pour leur curé, et du milieu du tumulte s'éleva une voix : Despaillière à la lanterne. Je sortis, bien résolu de quitter au plus tôt cette paroisse. Eux de leur côté, envoyèrent au district pour demander notre renvoi. Ils en obtinrent un arrêté qui nous interdisait l'un et l'autre, dans les paroisses de Loyes et Villieux seulement, et commettait M. Dufour à la place des deux. Sur ces entrefaites, je quittai décidément Loyes et j'en fis emporter mes effets. Les habitants, indignés de la conduite des officiers municipaux, avaient formé la résolution de s'assembler, à la teneur du décret, pour faire leurs représentations au département. Avant de partir, j'entendis parler de ce dessein, qui n'avait rien que de très conforme à l'article 3 du titre I^er de l'acte constitutionnel conçu en ces termes : « La constitution garantit comme droit naturel et civil la liberté d'adresser aux autorités constituées des pétitions signées individuellement. » Tout ce qui se passa ensuite est étranger à ma cause; les arrêtés même de la municipalité de Loyes, ma dénonciatrice, ne parlent plus de moi en aucune manière.

« Telle est, Messieurs, l'exposition loyale et fran-
che de toute ma conduite. Qu'y peut-on apercevoir,
sinon l'exercice des droits consacrés par la constitution?
Pourquoi le directeur du jury d'accusation qui a promis
par serment de la maintenir, a-t-il envisagé des actions
qu'elle ne défend pas, qu'elle protège même, comme
autant d'infractions à la loi, dignes de la sévérité ;
puisque selon son acte d'accusation, je devrais être
condamné à six ans, ou tout au moins à deux ans de
peine et quatre heures de carcan. Il ne faut pas craindre
de dire la vérité toute entière. Ma conduite n'est pas
contraire à la loi, la conduite qu'on a tenue à mon
égard n'est qu'une suite d'infractions à la loi. Il ne faut
pour s'en convaincre qu'avoir lu les premiers articles de
l'acte constitutionnel.

« Avant la constitution, la religion de mes pères était
dominante en France, elle était seule autorisée. Son
culte seul était public. L'Assemblée, en établissant pour
base la liberté et l'égalité, a permis à chacun d'embrasser telle religion qu'il lui plairait, sans qu'il pût être
poursuivi. « Nul ne doit être inquiété pour ses opinions,
même religieuses. » ( Article 4, déclaration des droits
de l'homme. ) Elle a permis de les communiquer. « La
libre communication des pensées et des opinions est un
des droits les plus précieux de l'homme. » ( Article 7. )
Au mépris de cette déclaration, le juge de paix de Meximieux, le directeur du jury de Montluel m'ont interrogé
scrupuleusement sur mes pensées touchant la constitution
du clergé, touchant le sieur Perret, curé constitutionnel de Châtillon ; m'ont demandé pourquoi je ne reconnaissais pas M. Royer; si j'avais quelquefois eu des en-
tretiens avec M. le Curé de Villieux sur la religion.
J'aurais pu leur répondre : mes sentiments sont à moi,
ils sont hors de votre compétence, il n'appartient qu'à

l'amitié de sonder ma pensée. Cependant, comme je ne rougis pas de ma foi devant les hommes de peur que le Sauveur ne rougisse un jour de moi devant son Père, je les ai satisfaits, je leur ai expliqué mes sentiments avec toute la candeur de la religion.

« La loi qui me permet ces sentiments, qui m'en permet la manifestation m'en assure l'exercice et protège les divers actes qui en émanent. « Tout homme a la liberté d'exercer le culte religieux auquel il s'est attaché. » (Acte constitutionnel, article 3, titre l.) S'il doit être libre à chacun aux yeux de ses semblables, d'avoir une opinion religieuse différente de celle des autres, il est clair, dit M. Talleyrand, parlant au nom du comité de constitution (7 mai 1791), « il est clair qu'il est également libre de la manifester, sans quoi il mentirait éternellement à sa conscience, et par conséquent aussi il doit lui être libre de faire tout acte qui lui est commandé par cette opinion. » De là il résulte que j'ai pu recevoir les ordres à Fribourg en Suisse. En cela, j'ai exercé un acte commandé par ma religion; un acte, qui n'est point susceptible de la connaissance ni de la recherche de la puissance temporelle; un acte privé qui par lui-même n'a aucun rapport a l'ordre publique; son effet se borne à imprimer une qualité intellectuelle qui rend capables des fonctions extérieures, mais qui ne donne pas la mission, Il ne peut offrir une matière à la décision des tribunaux qui ne doivent s'occuper que d'objets extérieurs et relatifs au régime social. Cependant cet acte, tout spirituel en lui-même, est devenu pour moi un chef d'accusation. De quels prétextes s'appuie-t-on? M. le Directeur du jury cite le décret du 24 août 1790 qui « défend à toute église ou paroisse de France et à tout citoyen français de reconnaître en aucune manière, sous quelque prétexte que ce soit, l'autorité d'un évêque ordinaire ou métro-

politain dont le siège serait établi sous la domination
d'une puissance étrangère, ni celle de ses délégués rési-
dant en France ou ailleurs. » Mais on sait qu'il y a dans
l'évêque deux pouvoirs distincts : celui de l'ordre et celui
de la juridiction : le premier qui a pour objet la colla-
tion des sacrements ; le second qui attribue des sujets
confiés à sa conduite, soumis à son autorité. Or, il est
certain que ce n'est que le second de ces pouvoirs que
l'assemblée a eu en vue par le décret que je viens de
rapporter ; cela résulte évidemment des termes du décret qui défend de reconnaître l'autorité d'un évêque
étranger. Ce n'est donc que l'autorité, la juridiction de
l'évêque étranger qu'elle a voulu écarter ; elle n'a défendu
que ce qui emporte reconnaissance d'autorité. Son but
était, en un mot, de détacher de la domination étrangère, quant au spirituel, certains pays français qui reconnaissaient les évêques étrangers, telle une partie du
Bugey, dépendante de l'évêque d'Annecy.

« Mon recours à l'évêque de Fribourg n'emporte pas
la reconnaissance de son autorité. J'ai simplement employé son ministère sans appartenir à sa juridiction. On
ne peut soutenir que recevoir l'ordination des mains d'un
évêque, soit le reconnaître pour son évêque. Parce
qu'un catholique reçoit la communion dans une paroisse
voisine, dira-t-on qu'il en reconnaît le curé pour le sien?
J'ai fait une chose aussi indifférente que celui qui prend
des grades dans l'université d'Oxford ou d'Alcala. Il
ne peut en résulter aucun trouble, aucun préjudice pour
la société, rien qui l'intéresse véritablement ni dans
son régime, ni dans ses droits. On ne peut donc me faire
un crime de cette démarche, puisque suivant l'article 5
de la déclaration des droits de l'homme, « la loi n'a
le droit de défendre que les actions nuisibles à la société. »

« Mais pourquoi, me demande-t-on, avez-vous exercé les fonctions à Loyes sans prêter le serment ordonné aux fonctionnaires publics? Et moi je demande à mon tour: est-ce un crime d'obliger les personnes, d'obliger une paroisse entière, une paroisse de six à sept cents communiants, qui, depuis plus d'un an, n'avaient point de prêtre à résidence? J'y suis donc allé, touché de leurs besoins spirituels, pour suppléer au défaut de prêtre, et sous ce rapport, je n'étais pas tenu au serment. « Les filles de la Charité, selon M. de Lessart, ministre de la justice, dans un avertissement envoyé aux quatre-vingt-trois départements le 30 novembre 1791, « ne doivent « pas être regardées comme fonctionnaires publics, sous « prétexte que dans quelques endroits elles donnent des « soins à l'éducation des pauvres : parce qu'elles sup- « pléent volontairement dans ces cas particuliers au dé- « faut d'une institution de la même nature et qu'elles « renonceraient, au surplus, à s'en occuper plus long- « temps, si ce pouvait être pour elles un sujet de per- « sécution. » Tel est précisément le cas où je me trouve.

« D'ailleurs, eussé-je dû prêter le serment, qui était chargé de me le demander? La municipalité? Elle ne l'a pas exigé. J'ai mis la condition expresse que je ne les servirais qu'autant qu'on ne l'exigerait pas. On a consenti, j'y suis allé. Ils avaient le droit de s'adresser à moi. S'il est libre à un particulier de s'attacher au ministre qu'il veut, plusieurs individus, une paroisse entière doivent jouir du même avantage. Supposons un village composé de protestants, les forcerait-on de recevoir un prêtre salarié par la nation? Pourquoi une paroisse dont les habitants suivent la religion catholique romaine, ne pourrait-elle s'adresser exclusivement qu'à des prêtres non conformistes? La loi garantit cette propriété. « Les citoyens, est-il dit (article 3, titre I$^{er}$ de l'Acte constitutionnel), ont le droit de choisir les ministres de leur culte. »

« Quoi qu'il en soit, on m'avait reçu à Loyes avec pleine connaissance de cause, il était clair que je ne suivais pas la religion constitutionnelle, que je ne reconnaissais pas M. Royer pour mon évêque et que je ne m'adressais pas à lui pour les pouvoirs nécessaires. Comment la municipalité a-t-elle donc voulu me contraindre à célébrer le mariage des nommés Ruivet et Trolliet d'après ses dispenses, à lire son mandement de Carême? Elle m'aurait donc supposé aussi inconséquent qu'elle. Car quelle inconséquence plus révoltante que d'admettre une personne sans serment et deux mois après la dénoncer parce qu'elle ne l'a pas prêté? N'est-ce pas blesser la bonne foi et la justice? Au moins ils ne pourront pas se laver de la tache d'ingratitude. Leurs enfants n'avaient pas eu de catéchismes depuis longtemps, je les ai faits avec la dernière exactitude. Ils n'avaient personne pour les instruire. Je me suis chargé de ce soin. Il régnait à Loyes dans ce temps-là une maladie très dangereuse. J'ai eu jusqu'à dix malades à la fois : j'étais sans cesse en course auprès des uns et des autres, la nuit comme le jour. Je ne crains pas qu'ils me contredisent. Cependant je n'ai reçu aucun traitement. Pour récompense de mes services, ils m'ont dénoncé, ils m'ont fait emprisonner. Je n'ai jamais compté sur leur reconnaissance; néanmoins je vous avouerai de bonne foi que je comptais encore moins sur une récompense de cette nature.

« La protestation que j'ai faite avec M. le Curé de Villieux fournit matière à un autre chef d'accusation. Il semble qu'elle est représentée comme un délit très grave aux yeux de la loi. Cependant elle n'est qu'une suite de mon opinion religieuse, qu'une conséquence de la liberté garantie par la constitution. Je ne me lasse pas

de vous citer les principes de cette constitution : « Il est
libre à chacun de manifester son opinion religieuse, il
lui est libre de la manifester de vive voix, libre de la
manifester par écrit. La loi garantit comme droit naturel et civil à tout homme la liberté de parler, d'écrire,
d'imprimer et publier ses pensées. » C'est mon opinion
que le mariage des nommés Ruivet et Trolliet est fait
contre les règles de l'Église ; si je puis le penser, je
puis le dire ; si je puis le dire, je puis aussi le mettre
par écrit, parce que j'ai comme tout homme la liberté
de manifester ma manière de penser, quelle qu'elle soit.
Je pourrais donc l'écrire sur des registres, qui, après tout,
sont peu connus du public, que personne n'a le droit de
fouiller, dont tous les actes doivent demeurer se-
crets, à moins que les citoyens qu'ils concernent n'en
demandent des extraits et ne leur donnent une publicité
qu'ils n'auraient pas sans cela. Je pouvais même encore
divulguer cette protestation par la voie de l'impression.
Si je l'eusse fait, que n'aurait-on pas dit? Combien on se
serait récrié? et cependant je n'aurais pas outrepassé
les bornes fixées par la loi. La loi défendait de m'infliger aucune peine, cette assertion ne paraît hardie qu'à
ceux qui ignorent les décrets.

« Il n'est pas permis, dit formellement l'article 17
du Chapitre V de l'Acte constitutionnel, « de rechercher
ni de poursuivre une personne à raison des écrits
qu'elle aurait même fait imprimer ou publier sur quelque matière que ce soit, à moins qu'elle n'ait provoqué à dessein la désobéissance à la loi, l'avilissement
des pouvoirs constitués, la résistance à leurs actes ou
quelques-unes des actions déclarées crimes ou délits par
la loi. Or, je n'ai pas provoqué à la désobéissance à la
loi, en exprimant mon opinion sur ce mariage constitutionnel. Mais désobéit-on à la loi en exprimant des

pensées qu'elle permet d'avoir et qu'ainsi elle est bien éloignée de déclarer crime ou délit? Par la même raison, il est manifeste que je n'ai avili aucune autorité constituée, que je n'ai opposé aucune résistance à leurs actes. Ma protestation contient seulement que le mariage dont il est question avait été célébré contre mon opinion religieuse. Dire cela, est-ce avilir quelqu'un? Est-ce opposer une résistance aux autorités constituées? d'ailleurs, quelles seraient ces autorités constituées? Ce ne serait pas la puissance temporelle, il n'en est nullement question. Serait-ce l'évêque du département de l'Ain que nous disons M. le Curé et moi ne pas reconnaître, ou M. le curé de Châtillon que nous désavouons dans l'entreprise qu'il a faite sur notre paroisse? Mais ne puis-je avoir une opinion différente de la leur? Au surplus, Messieurs, les ministres du culte salarié ne sont point des autorités constituées; l'avancer, ce serait une hérésie constitutionnelle. On doit l'obéissance aux pouvoirs constitués, mais on ne la doit pas aux ministres salariés. Qu'un administrateur m'intime quelque ordre dans les limites de sa juridiction ; juif, protestant, catholique, je suis tenu de lui obéir. Qu'un ministre salarié me commande d'aller à la messe, aux offices, etc., je lui réponds : Qu'êtes-vous? Je ne vous connais pas. De cette différence, il résulte que les ministres constitutionnels ne sont pas des autorités; eussions-nous dit quelque chose à leur désavantage (ce qui n'est pas), notre protestation ne mériterait aucunement la flétrissure de la loi.

« Mais pour mieux faire connaître toute l'étendue religieuse, pour mieux faire sentir la force de mes preuves, je veux les appuyer des suffrages de personnes qu'on ne peut suspecter, des principaux auteurs rédacteurs de la loi, disons mieux, de l'Assemblée nationale elle-même. L'ancien évêque d'Autun, dans son discours prononcé au nom du comité de constitution imprimé par ordre de l'Assemblée, s'exprime ainsi : « Il n'est plus ce temps où l'on doive se borner à cette tolérance hypocrite qui se réduisait à souffrir la diversité des opinions religieuses pourvu qu'elle ne se manifestât par aucun acte extérieur. Il n'est plus ce temps où l'on se contentait de dire qu'il était permis de penser, mais sous la condition bien expresse qu'il ne serait jamais permis d'exprimer ce que l'on pensait, ni d'agir conformément à sa pensée. Il faut enfin prononcer la vérité toute entière, et savoir ne s'effrayer d'aucune de ses conséquences. S'il doit être libre à chacun d'avoir une opinion religieuse différente de celle des autres, il est clair qu'il lui est également libre de la manifester sans quoi il mentirait éternellement à sa conscience, et par conséquent aussi il doit lui être libre de faire tout acte qui lui est commandé par cette opinion, lorsque cet acte n'est nuisible aux intérêts de personne. De là suit également la liberté des cultes. Tout cela est renfermé dans la déclaration des droits de l'homme, tout cela est la déclaration des droits elle-même. Il est temps que l'on sache que cette liberté d'opinions ne fait pas en vain partie de la déclaration des droits de l'homme, que c'est une propriété réelle, non moins sacrée, non moins inviolable que toutes les autres et à qui toute protection est due. Ne parlons pas des tolérances, cette expression dominatrice est une insulte et ne doit plus faire partie du langage d'un peuple libre. » Un instant après, il ajoute : « On ne peut se dissimuler que plusieurs ne croient ou du moins ne soutiennent que la prestation du serment, en ce qui concerne la constitution civile du clergé, blesse le dogme catholique et nous constitue dans un état de schisme. Je pense, j'espère que de quelque autorité qu'elle s'appuie, cette opinion s'affaiblira de jour en jour, que la bonne foi ne tardera pas à s'éclairer, la mauvaise foi à se décourager, et la vérité à reprendre tous ses droits; mais par ce motif autant que par amour pour la liberté que l'on doit respecter jusque dans ses plus violents adversaires, il faut que cette opinion ne soit pas tyrannisée; il faut que tous ceux qui le penseront, puissent sans crainte dire que nous sommes schismatiques. Il faut par conséquent que le culte qu'ils désireront célébrer à part soit aussi libre que tout autre culte. Sans cela, la liberté religieuse n'est qu'un vain nom : on redeviendrait un peuple intolérant, on justifierait toutes les persécutions quelconques.

« On ne peut, dit M. Robespierre, dans la séance du « 19 mars 1791, on ne peut exercer de rigueur contre « toutes personnes pour des discours, on ne peut infli- « ger une peine pour des écrits. Rien n'est si vague que « ces mots de discours, écrits excitant à la révolte. Il « est impossible que l'Assemblée décrète que des dis- «' cours tenus par un citoyen quelconque puissent être « l'objet d'une procédure criminelle. Il n'y a pas de dis- « tinction à faire entre un ecclésiastique et un citoyen. « Il est absurde de vouloir porter contre des ecclé- « siastiques une loi que l'on n'a pas encore osé porter « contre tous les citoyens. Un ecclésiastique est un ci- « toyen. »

« M. Chapellier s'en expliquait de la même manière « le même jour : On ne peut prononcer isolément une « peine contre des discours et encore moins contre les « discours des ecclésiastiques. »

« La liberté, dit M. Pastoret, portant la parole au « nom du directoire du département de Paris, la liberté « dans les discours, dans les écrits est un feu sacré qui « doit être conservé religieusement. »

« Vous venez d'entendre, Messieurs, quels sont mes apologistes ; ce ne sont pas de simples particuliers, c'est l'Assemblée nationale elle-même, puisqu'elle a approuvé leurs discours, puisqu'elle a envoyé celui de l'évêque d'Autun à tous les départements pour leur servir de témoignage de ses intentions. Il est donc permis de dire que la prestation du serment blesse le dogme catholique, qu'elle constitue ceux qui l'ont fait dans un état de schisme ; il est permis de dire que les nouveaux évêques sont des schismatiques, il est permis de ne pas les reconnaître pour des évêques légitimes, de regarder leurs dispenses comme nulles. Il est permis de faire tout acte qui est commandé par cette opinion, lorsque cet acte n'est nuisible aux intérêts de personne. Il a donc été permis à M. le curé de Villieux et à moi de faire la protestation dont il s'agit, qui nous était commandée par notre opinion. L'on ne peut pas dire que cet acte soit nuisible aux intérêts de quelqu'un. Il ne pourrait l'être en effet qu'à ceux que regarde la célébration de ce mariage constitutionnel. Mais il ne leur apporte aucun trouble, n'empêche pas qu'ils ne jouissent de l'effet de leur union, quelle qu'elle soit, autant qu'ils peuvent en jouir. Que dans cet acte j'ai pris la qualité de vicaire, peu importe, les termes de vicaire et de desservant, en parlant d'annexe, ne sont-ils pas synonymes ?

« Si ces principes eussent été gravés dans l'esprit du juge de paix de Meximieux et du directeur du jury d'accusation, s'ils n'eussent pas perdu de vue les leçons si importantes de l'Assemblée, m'auraient-ils fait un crime des actions si évidemment permises, des actions que la loi défend de regarder comme crimes ? Comment surtout auraient-ils osé entendre accréditer les témoignages tirés du tribunal sacré de la pénitence, des six femmes qui rapportent que je leur ai défendu d'assister à la messe

des prêtres assermentés ? J'ignore si elles se sont adres-
sées à moi, j'ignore ce que je leur ai dit, mais ce que
je sais, c'est que ce genre d'accusation est inouï, immo-
ral, injuste, anticatholique, inconstitutionnel. Il est inouï.
Parcourez tous les codes criminels de tous les peuples,
et dans aucun trouvez-vous qu'on ajoute foi au témoignage d'un pénitent contre son confesseur ? Il est immo-
ral : si l'honnête homme regardait comme digne de
son mépris celui qui trahit le secret de son ami, lorsqu'il n'est pas nuisible à la société, de quel œil peut-on
voir celui qui révèle le sceau de la confession ? Il est
injuste : on ne doit accuser personne pour des faits
sur lesquels il est notoire qu'il ne peut répondre. Qu'on
m'accuse aussi d'avoir conseillé les meurtres, les incen-
dies ? Il serait bien aisé de me condamner, puisque je
ne pourrais me justifier qu'en me vouant au sacrilège.
Il est encore injuste parce que si le confesseur est tenu
au secret le plus inviolable, le pénitent lui doit le réci-
proque. Il est anticatholique, car la religion prescrit ce
secret au fidèle quoique moins strictement qu'au prêtre.
Il est inconstitutionnel, puisque l'Assemblée a refusé de
décréter le serment pour les confesseurs et que par là elle
a mis la confession dans la classe des actes privés, des
actes libres et indifférents dont elle ne s'occupe pas.
Il est inconstitutionnel, puisqu'il heurte de front tous
les principes de la liberté. Oui, Messieurs, si vous ac-
cueillez de pareilles dépositions, dès lors il faut effacer
du tableau des décrets, que « la libre communication
des pensées et des opinions est un des droits les plus
précieux de l'homme » : dès lors la liberté est un vain
nom ; on justifie toutes les persécutions quelconques, on
redevient un peuple intolérant, on introduit en France
une véritable inquisition, on forge des fers d'une main,
pendant que de l'autre on élève l'édifice de la liberté.

Mais pourquoi m'arrêter plus longtemps à développer ces conséquences, puisque je suis certain que votre probité, Messieurs, n'aura aucun égard à des dispositions si singulières, si déraisonnables.

« Tout ce que j'ai dit jusqu'à présent a dû vous convaincre qu'il n'est aucune de mes actions en opposition avec la loi. Dans ce qu'elle permet, j'ai usé de mes droits ; j'ai suivi mon opinion religieuse ; j'en ai exercé les actes ; j'ai rendu à Dieu ce qui appartient à Dieu. Dans ce que la loi m'a commandé, j'ai obéi. J'ai rendu à César ce qui appartient à César. Je pourrais donc m'arrêter ici, mais parce que l'acte d'accusation du jury de Montluel doit servir de base à votre jugement, il est important de vous faire apercevoir qu'il n'a pas été médité dans le silence des passions, comme la loi le recommande aux juges.

« Il cite contre moi les articles 6, 7 et 8 de la loi du 26 décembre 1790 dont le premier condamne comme perturbateurs du repos public « les fonctionnaires publics qui après avoir prêté leur serment, viendraient à y manquer ». Or, je n'en ai prêté aucun. Le septième condamne à la même peine les fonctionnaires qui, malgré la suppression de leur bénéfice, continueraient leurs fonctions publiques, ou bien encore ceux qui, n'ayant éprouvé aucune suppression, mais ayant refusé le serment, s'immisceraient dans leurs fonctions après leur remplacement, comme il est expliqué par un décret postérieur. Mais j'avais quitté Loyes avant cette époque. Enfin le huitième regarde ceux qui se coaliseraient pour combiner un refus d'obéir aux décrets. Il n'est aucune action de ma part qui annonce cette coalition. M. le directeur du jury voudrait-il parler de l'assemblée tenue par les habitants de Loyes? Sans entrer dans aucun détail à ce sujet, qu'il me suffise d'observer que j'étais déjà parti,

4

si j'en avais entendu dire quelque chose auparavant, c'était comme d'une assemblée permise par la loi, mais non pas d'une coalition contre la loi.

« M. le directeur du jury me trouve encore dans le cas exprimé par les articles 5 et 6 du titre Ier de la cinquième section de la loi du 6 octobre, qui porte que « tout fonctionnaire public, qui par abus de ses fonctions et sous quel prétexte que ce soit, provoquerait directement les citoyens à désobéir à la loi ou aux autorités légitimes ou les provoquerait à des meurtres ou à d'autres crimes sera puni de la peine de six ans de gêne. »

« Ainsi me voilà donc placé par M. le directeur du jury sur la même ligne que les conseillers des meurtres et des assassinats!

« J'en appellerai ici à tous ceux qui me connaissent ; j'en appellerai à la conduite que j'ai toujours tenue. Mais pour éviter de vagues déclarations et répondre avec précision à des inculpations jugées très graves par la loi, voyons si j'ai provoqué les citoyens à la désobéissance à la loi. On ne dira pas qu'on désobéit à la loi même indirectement lorsqu'on omet ce qu'elle permet de ne pas faire, qu'on suit une opinion religieuse différente du culte salarié. Fut-il vrai que j'eusse conseillé de suivre une autre religion, il est de la dernière évidence que je n'aurais pas même indirectement porté à la désobéissance aux lois ou aux autorités légitimes. Comment pourrait-on donc m'accuser d'une provocation directe qu'annonce le décret? L'article 6 me regarde encore moins.

« Tout fonctionnaire public, est-il dit, révoqué ou destitué, suspendu ou interdit par l'autorité supérieure qui avait ce droit, sera puni de la peine de deux années de gêne. » Il ne faut que rapprocher les faits. Dès que le dis-

trict m'eut défendu les fonctions à Loyes, je quittai ce pays. L'arrêté du directoire du département qui m'interdit a été publié à Montluel, par le district, le 19 mars ; on ne m'en donna aucune connaissance juridique : et je fus pris le 21.

« L'application de ces décrets ne semblerait-elle pas annoncer que M. Eynard voulait me faire paraître et me trouver coupable ? Est-ce le calomnier ? Mais la manière dont son acte est rédigé, confondant ce qui regarde M. le curé de Villieux avec ce qui me concerne ; la manière dont les faits sont présentés ; la manière insidieuse dont il m'interrogea ; les demandes obscures et d'une longueur démesurée qu'il me fit ; les épithètes de prêtre séditieux et rebelle qu'il me prodiguait ne prouvent-elles pas que je ne dis rien de trop ? Selon lui, je n'ai cessé de me coaliser pour combiner un refus d'obéir aux lois, de donner des preuves de ma rébellion ; j'ai abusé de l'influence de mon caractère pour jeter le trouble et la terreur dans la conscience scrupuleuse et timorée des gens simples ; j'ai appelé sur la tête du sieur Perret, la haine et la vengeance des fanatiques échauffés par mes discours ; j'ai professé l'esprit d'intolérance et de persécution ; j'ai allumé les torches du fanatisme ; j'ai soulevé le peuple contre les autorités constituées ; j'ai forcé par la crainte des horreurs d'une guerre religieuse, la municipalité à garder le silence sur l'infraction journalière à la loi. Ces expressions outrées n'annoncent pas le sang-froid d'un juge qui doit être impassible comme la loi.

« Dès mon arrivée à Montluel, il me fit enfermer dans une prison très étroite ; les murs recrépis et réparés depuis trois jours étaient tout mouillés, mes mains s'y imprimaient profondément.

« La vapeur meurtrière de la chaux me suffoquait ; l'humidité pénétrait dans mes habits, j'étais tremblant et saisi. Je n y pus tenir longtemps, on fut contraint de me transférer ailleurs, parce que je tombai dans une défaillance dont la première cause fut l'insalubrité de ma prison. Le lendemain lorsque je fus remis, M. Eynard commanda au geôlier de m'y conduire ; il fallut en faire sortir les maçons qu'on y avait mis pendant cet intervalle pour achever les réparations. Plusieurs personnes sensibles lui firent des observations sur le danger évident que je courais, on ne put rien gagner. Il fallut que le district intervînt pour me tirer de là.

« Ce n'est pas le ressentiment, Messieurs, qui m'a engagé à rappeler ce trait, je n'en conserve aucun contre M. le directeur du jury. Mais il est intéressant à ma cause et à celle de bien d'autres, de faire connaître que souvent on excède envers nous les bornes de la modération. Il suffit que nous soyons prêtres pour devenir les objets de l'animosité, de l'aversion de certaines personnes qui ne manquent pas de s'envelopper du manteau usurpé du patriotisme pour mieux pallier leur injuste prévention.

« J'ai cette confiance, Messieurs, que je parle à des hommes qui justes appréciateurs, établissent leur jugement sur des faits et non sur des préjugés. Mais qu'avons-nous fait pour mériter cet anathème ? Nous avons refusé un serment que nous avons cru ne pouvoir prêter. La loi ne nous en laisse-t-elle pas l'option ? Nous demeurons constamment attachés à notre religion, mais la loi ne la permet-elle pas, ne la protège-t-elle pas même ? C'est sous la protection de la loi que je suis allé à Fribourg ; c'est sous la protection de la loi qui permet aux citoyens de quelque religion qu'ils soient, de choisir les ministres de leur culte, que j'ai exercé les fonctions à Loyes, d'après l'agrément et l'acceptation de la municipalité, constatés par écrit et sous la condition expresse qu'on n'exigerait de moi aucun serment.

« Je ne suis donc pas coupable, si je me suis conformé dans cette place à mon opinion religieuse que la loi me permettait d'avoir, de manifester et d'exercer. J'ai pu refuser de faire un mariage contre mes principes, j'ai pu coucher par écrit mon opposition, parce qu'il est libre de ne pas reconnaître les évêques constitutionnels, parce qu'il est libre de rendre ses sentiments publics même par la voie de l'impression et à plus forte raison de les consigner dans des registres. Pourquoi donc a-t-on sévi contre moi ? Pourquoi ai-je été dénoncé au département dont l'arrêté a été publié à Montluel au son de la caisse, un jour de foire, matin et soir, proclamé ensuite dans toutes les municipalités du district et envoyé au ministre de l'Intérieur ?

« Pourquoi ai-je été conduit par la gendarmerie nationale de village en village et dans ma patrie même ? Pourquoi ai-je été traduit dans les prisons où je suis détenu depuis trois mois ? Pourquoi parais-je enfin devant vous, Messieurs, vous, entre les mains desquels la loi a déposé le glaive qui doit punir les scélérats ? N'ai-je donc pas raison de me plaindre ? Messieurs, mes plaintes outrageraient-elles la loi ? Mais je réclame la protection qu'elle a assurée à mon culte. La loi ôterait-elle donc aux malheureux la douce consolation de se plaindre ? Les condamneriez-vous ces plaintes, Messieurs ? mais s'il est défendu de les adresser à mes juges, à qui faudra-t-il donc que je les confie ? Aurais-je parlé avec trop de franchise et de liberté ? Mais ne doit-il pas être libre à un accusé de dire tout ce qu'il juge nécessaire à sa défense ? Ma liberté, Messieurs, fait l'éloge de votre modération et de votre sensibilité. Le jugement que vous allez prononcer sera, je n'en doute pas, l'éloge de votre justice. »

« RUIVET, *prêtre.* »

Les preuves, comme on le voit, solides, étaient habilement présentées, la langue était sobre et ferme, la voix faible en commençant s'était animée par degrés et se faisait entendre claire et vibrante, dans la péroraison, où toutes les preuves résumées et groupées avec art devaient porter la lumière dans tous les esprits. L'abbé Ruivet parla plus d'une heure. L'impression fut profonde. Son avocat ne fit qu'appuyer ses conclusions, il était onze heures du soir. L'abbé Ruivet fut emmené dans sa prison pour permettre de délibérer.

Des groupes nombreux n'avaient cessé de stationner depuis le matin au dehors du tribunal. Dans la soirée, ils s'étaient grossis de tous les ouvriers qui, leur journée faite, venaient aux nouvelles. Cette foule, en grande partie hostile, apprit, au moment où l'abbé Ruivet quittait la salle d'audience, l'effet produit par son plaidoyer et la possibilité de l'acquittement. Des cris s'élevèrent alors : « Assommons-le, s'il est absous. » L'abbé Ruivet entendit ces menaces de mort, et elles auraient bien pu être exécutées, comme nous allons le voir, sans le dévouement et le sang-froid de deux catholiques hardis.

Après délibération du jury, l'abbé Ruivet fut ramené de sa prison dans la salle d'audience pour entendre prononcer son acquittement et sa mise en liberté immédiate. Voici le libellé du jugement.

*Extrait du registre des jugements du tribunal criminel du département de l'Ain, séant à Bourg.*

« Louis, par la grâce de..., etc.

« Vu par le tribunal criminel du département de « l'Ain, l'acte d'accusation dressé contre sieurs Claude-« Joseph Despallières et Claude-Joseph Ruivet, prêtres ; « la déclaration du district de Montluel ; le certificat de « remise de la personne du sieur Ruivet en la maison

« de justice du département; autre certificat du gar-
« dien de ladite maison portant que ledit sieur Des-
« pallières n'a point été amené; l'ordonnance de per-
« quisition de la personne et celle qui le déclare déchu
« du titre de citoyen français, rendue par le Président
« du tribunal et la déclaration du jury du jugement
« portant :

« Que le sieur Despallières, etc. ;

« Qu'il n'est pas constant que le sieur Ruivet ait dit
« et manifesté dans la paroisse de Loyes qu'il ne fallait
« pas reconnaître M. l'évêque du département pour évêque
« légitime, attendu qu'il n'avait pas reçu les pouvoirs de
« la cour de Rome, ni qu'il ait dit qu'il ne fallait pas as-
« sister à la messe des prêtres assermentés, parce qu'ils
« étaient schismatiques ;

« Qu'il est convaincu d'avoir dit que les dispenses de
« mariage pour cause de parenté accordées par l'évê-
« que constitutionnel était nulles, qu'on ne devait y
« avoir aucun égard et que les mariages n'étaient pas légi-
« times en ce cas ;

« D'avoir protesté par écrit contre le mariage fait
« par le sieur Perret, curé constitutionnel de Châtillon-
« la-Palud, ensuite de la commission et des dispenses
« accordées par le sieur Royer, évêque, comme contraires
« aux lois de l'Église catholique ;

« Enfin d'avoir refusé de lire au prône un mande-
« ment de cet évêque.

« Mais qu'en développant et manifestant ainsi ses opi-
« nions, le sieur Ruivet n'a fait qu'user de la liberté
« que lui accorde la Constitution sur la manifestation
« des opinions religieuses, puisqu'il a été demandé
« pour desservir l'annexe de Loyes, quoiqu'il n'eût pas
« prêté le serment et déclaré qu'il ne le prêterait pas,
« à quoi la municipalité a consenti ;

« Qu'il n'a point troublé l'ordre public ni provoqué
« les citoyens à désobéir à la loi ;

« Qu'il n'a point excité d'attroupements séditieux ni
« troublé l'exercice du culte salarié ;

« Le tribunal, après avoir entendu le commissaire du
« roi, a déclaré lesdits sieurs Despallières et Ruivet
« acquittés de l'accusation portée contre eux, ordonne
« en conséquence que ledit sieur Ruivet sera remis en
« liberté après le délai prescrit par la loi, et que le
« présent jugement sera mis à exécution à la diligence
« du commissaire du roi auquel le tribunal a donné acte
« de ses réserves de se pourvoir en cassation.

« Fait à Bourg, le 16 juin 1792, en l'audience du
« tribunal où étaient présents MM. Meunier, président,
« Merlino, Larochette, Breghot, juges du tribunal, qui
« ont signé la minute du présent jugement. Collationné,
« *signé* Collet, greffier. »

Aussitôt le procureur du roi, Perrot, interjeta *appel* en
cassation ; et au mépris de toute justice, l'exécution d'un
jugement *en dernier ressort* n'ayant jamais été suspendue
par un appel, il ordonna de reconduire en prison celui
qui venait d'être acquitté en plein tribunal.

A ce moment, la nouvelle de l'acquittement parvient à
la foule du dehors qui s'irrite, s'agite et violemment
essaye de pénétrer dans la salle d'audience comble déjà.
A la faveur du désordre que les gendarmes ne peuvent
plus arrêter, des menaces de mort de tout à l'heure, les
forcenés peuvent passer aux actes, c'est alors que
MM. André et Mathieu attachés au tribunal l'un comme
avocat, l'autre comme huissier, saisissent rapidement
M. Ruivet et au risque de recevoir les coups de couteau
destinés au prisonnier, l'entraînent en lui faisant un rem-
part de leurs corps.

Le lendemain, la séance des clubs fut orageuse. Merlino, un des juges de la ville, déposa cinquante francs entre les mains du président pour en appeler contre sa propre sentence ; Gauthier des Orcières, le syndic du département qui avait fait casser le jugement de l'abbé Ruivet, y déclara qu'il perdrait son nom si le jugement n'était pas cassé (1). En effet, après cinq mois d'intrigues, le jugement fut cassé et le prisonnier renvoyé pour être de nouveau jugé, devant le tribunal criminel du Jura.

L'abbé Ruivet aurait dû être mis en liberté, au plus tard, quarante-huit heures après son acquittement, malgré le pourvoi du procureur du roi en cassation, l'exécution d'un jugement en dernier ressort n'ayant jamais été suspendu par un appel, néanmoins Gauthier des Orcières le garda sous les verrous. C'était injuste, mais c'était plus sûr, car le prisonnier relâché aurait été peut-être difficile à ressaisir, et le syndic du département ne voulait pas abandonner sa proie. De juin à décembre 1792, M. Ruivet resta donc en prison, préparant son âme à la lutte ou à la mort, suivant que Dieu déciderait de le laisser encore en ce monde, pour y défendre les âmes des dangers du schisme et de l'apostasie, ou de l'en retirer pour lui épargner la vue des horreurs que tout faisait prévoir.

Un matin de décembre, on vint lui annoncer son transfert à Lons-le-Saunier. Le costume ecclésiastique était dès lors interdit : il quitta sa soutane et prit les vêtements que la charité prévoyante des catholiques de Bourg lui avait procurés. Cette même charité manœuvra de façon à éviter à celui que tous regardaient comme un confesseur de la foi, l'humiliation d'un voyage entre

(1) Gauthier des Orcières devint député à la Convention et vota la mort du Roi.

deux gendarmes, et elle obtint qu'il fût accompagné de deux huissiers près le tribunal de Bourg : MM. André et Bataillard. Ceux-ci durent s'engager à répondre sur leur tête du prisonnier qui leur était confié. Ils le firent volontiers, sachant que M. Ruivet était incapable de les compromettre en essayant de fuir. La suite prouva que leur confiance était bien fondée. La route se fit sans incident. Arrivés à Lons-le-Saunier, les deux huissiers dirent à l'abbé Ruivet que sa rentrée en prison était fixée à six heures, qu'ils allaient en attendant, rendre visite à leurs confrères et que jusque-là, il avait pleine liberté. Rendez-vous était donné pour cinq heures et demie dans l'hôtel où ils étaient descendus. De là on irait à la prison.

A cinq heures et demie, l'abbé Ruivet arriva exactement. Les deux huissiers, amicalement reçus par leurs confrères qui s'étaient réunis en leur honneur, oublièrent totalement l'objet de leur voyage et le rendez-vous fixé. Las d'attendre, l'abbé Ruivet se mit à leur recherche et les trouvant enfin : « Eh bien, leur dit-il, et la rentrée en prison, l'heure est passée. » L'aventure ne manquait pas d'une certaine gaieté. Une hilarité générale accueillit ce prisonnier qui courait après ses gardiens pour se faire incarcérer.

D'ailleurs, toute cette affaire de Lons-le-Saunier parut vouée aux incidents comiques et devait finir, malgré le féroce réquisitoire du procureur général qui demandait la tête de l'accusé, par un grand éclat de rire.

Après un mois d'attente en effet, l'abbé Ruivet comparut devant le tribunal. Dix-huit témoins sont venus de Loyes et de Villieux et ont fait vingt lieues de chemin, par un temps d'hiver d'une extrême rigueur, pour déposer contre leur ancien vicaire. L'audience s'ouvre. Le procureur national requiert la peine de mort. L'audition

des témoins commence. Vient le tour d'une femme de
Loyes appelée Claudine Belon. Le président Marmet
de Salins l'interroge : « Reconnaissez-vous M. Ruivet,
prêtre accusé, ici présent ? » Claudine Belon qui n'avait
jamais vu M. Ruivet qu'en soutane ne le reconnut
pas sous ses habillements laïques et répondit : — Moi, je
ne le connais pas. — Comment, s'écrie l'abbé Ruivet
en se retournant, vous ne me reconnaissez pas ? — Ah
oui, c'est vous, c'est bien vous, pauvre M. le Curé !
s'écrie Claudine Belon en entendant la voix. — Vous
vous êtes confessée à lui, reprend le président. — Mais
oui.— Alors, continue avec solennité Marmet de Salins,
déposez ce qu'il vous a dit en confession. — Ce qu'il
m'a dit, répond ingénument Claudine Belon, mais il ne
m'a dit que de bonnes choses, et moi je ne lui en ai dit
que de mauvaises. Ce fut à cette parole inattendue une
explosion de rires universelle. Le président, les juges,
les jurés, les greffiers, tout le monde se laissa gagner
par une folle hilarité qui dura bien un grand quart
d'heure. La cause était gagnée; la réponse simple mais
au fond très vraie et très fine de cette pauvre femme,
spirituelle sans le savoir, en provoquant une gaieté con-
tagieuse dans l'assistance, fut un trait de lumière qui
montra dans une évidence éclatante, ce qu'il y avait de
ridicule et d'odieux à vouloir condamner ce prêtre, sur
les révélations de ses pénitents. L'abbé Ruivet fut acquitté et cette fois mis immédiatement en liberté. C'é-
tait le 18 janvier 1793.

Il était temps : car, trois jours et c'eût été trop tard.
Après le crime du 21 janvier, qui grandit l'audace des
Constitutionnels et affermit le sanglant régime de la
Terreur, inauguré par les massacres de septembre, les
prisons ne s'ouvrirent plus guère que pour envoyer des
victimes à l'échafaud. La Providence qui voulait faire

de l'abbé Ruivet, l'apôtre de notre pays en ces jours de
sinistre mémoire, veillait sur lui et lui rendit à temps sa
liberté. L'abbé Ruivet comprit les desseins de Dieu. La
plupart des prêtres fuyaient alors à l'étranger. Les amis
de M. Ruivet l'invitaient à prendre la même route
pour mettre ses jours en sûreté. Son zèle et son courage
ne purent goûter ces conseils timides : « *Si nous fuyons
tous,* répondit-il, *qui vous soutiendra au milieu des persécutions, qui vous portera à l'heure de la mort, les secours de la religion ?* » Rejetant donc loin de lui toute
pensée d'émigration, il résolut de consacrer toutes ses
forces au périlleux ministère qui devenait sa vocation et
pour lequel d'ailleurs il était admirablement préparé.
Il avait une santé robuste, capable de supporter toutes
les fatigues, un esprit plein de ressources et toujours en
mesure de trouver sur l'heure, sans que les dangers les
plus pressants pussent le troubler, des combinaisons
à la fois prudentes et hardies pour échapper à toutes
les recherches, une volonté à décision rapide et ferme
que rien ne pouvait abattre ni changer, surtout un grand
esprit de foi qui entretenait dans son cœur l'amour passionné des âmes. Il avait alors 26 ans, il était de haute
taille, les traits réguliers et accentués respiraient l'énergie. Ses lèvres un peu fortes et proéminentes auraient
donné à sa physionomie quelque chose d'un peu maus-
sade si deux grands yeux limpides et bienveillants n'a-
vaient jeté sur son front et n'y avaient fait rayonner un
air de bonté qui enveloppait cette tête que le *suaviter*
et le *fortiter* de l'Évangile avaient manifestement marquée de leur empreinte.

# CHAPITRE III

## LE MISSIONNAIRE : 1793.

M. Ruivet à Condrieu. — Merlino à Bourg en qualité de commissaire de la Convention. — Averti que Merlino le fait chercher, M. Ruivet vient à Bourg. Son aventure au château de M. Verdet de la Grange. — Sa montre à répétition. — Son arrivée à Bourg. — Ses courses à Saint-Etienne-du-Bois et à Marboz. — Pochon de Peysolles. — Il part pour Montluel ; rétractation du curé de Meximieux.

Suivons maintenant l'abbé Ruivet dans ses courses apostoliques. Il sort de prison, à force d'habile audace, il saura bien n'y jamais rentrer. A peine délivré, il apprend que les catholiques de la petite ville de Condrieu dans le Rhône, le désirent vivement et l'appellent pour remplir, à l'aide de son ministère, le devoir pascal. Il part aussitôt. Après plusieurs jours de marche, il arrive et reçoit la plus large et la plus cordiale hospitalité dans la famille de M. Pouzols, notaire fort honorable de l'endroit. Pendant un mois, il passa ses journées et quelquefois ses nuits à entendre les confessions. Le secret de sa présence est parfaitement gardé : rien ne vient troubler son ministère. L'impression qu'il laissa de son rapide passage à Condrieu fut si profonde, et les âmes reçurent de son ministère tant de force et de consolation que les années suivantes un grand nombre d'habitants allèrent, au péril de leur vie, le chercher à Montluel et à Bourg pour leur confession annuelle.

Pendant qu'il s'occupait ainsi tranquillement des catholiques de Condrieu, il était sans le savoir sous le coup d'une nouvelle arrestation. Merlino, le juge qui avait déposé cinquante francs entre les mains du président du club pour en appeler de la sentence d'acquittement prononcée par le tribunal de Bourg, était envoyé comme député à la Convention. Or, le 9 mars 1793, la Convention votait l'envoi de quatre-vingt-deux députés dans les départements pour réchauffer le patriotisme et pousser la nation aux frontières; Merlino revenait à Bourg le 18 mars en qualité de commissaire des départements de l'Ain et de l'Isère. Sa première visite fut pour le club où il apprit l'acquittement définitif de l'abbé Ruivet par le tribunal de Lons-le-Saunier. Il ressentit, à cette nouvelle, un accès de rage folle, et il jura de retrouver l'abbé Ruivet et de lui passer lui-même une épée à travers le corps.

Un avoué de Bourg, M. André, devenu l'ami dévoué de l'abbé Ruivet pendant la détention, s'était glissé furtivement à la séance du club et avait entendu les menaces de Merlino. Il dépêcha un courrier à l'abbé Ruivet pour l'avertir du danger. En quittant Condrieu, M. Ruivet était venu à Montluel, le courrier l'y rencontra. Sa décision fut prompte et hardie : « C'est bien, dit-il à l'envoyé, les renards font plus de mal loin que près de leur tanière : annoncez au cher M. André que je vais à Bourg. » Il renouvelait le trait d'audace de saint Athanase qui, pour mieux échapper à ses ennemis, tournait brusquement sa barque vers le vaisseau qui le poursuivait.

M. Ruivet partit immédiatement avec le dessein d'achever la première étape, près de Villars, chez M. Verdat de la Grange qu'il connaissait beaucoup et à qui souvent il avait promis une visite. C'était la faire en des circonstances bien critiques. Il arriva sur le soir au château et n'y trouva personne si ce n'est une femme de chambre et un fermier. On lui apprit que M. Verdat de la Grange, accompagné de son frère cadet rentré de l'émigration, se trouvait à Villars et que son retour ne pouvait tarder. Il prit place devant le feu qu'on avait allumé, car la journée avait été froide et humide, et se mit à causer. Tout à coup des bruits de pas et des cliquetis d'armes se font entendre. La femme de chambre s'inquiète et pâlit. M. Ruivet se redresse et questionne. « Oh, ce n'est rien, n'ayez pas peur, dit le fermier avec un sourire méchant, on ne veut prendre qu'un émigré. » Le traître, il était allé dénoncer son maître à Montluel comme cachant des émigrés, et la garde nationale venait prendre le jeune Verdat de la Grange.

Un prêtre aurait été d'aussi bonne prise qu'un émigré, aussi l'abbé Ruivet, bien que ne portant pas de costume ecclésiastique, jugea-t-il prudent de ne pas se montrer à des gens qui auraient pu le reconnaître, et il sortit. Pour mieux échapper aux regards et gagner du temps, il allait vite et marchait le long d'un sentier, qui bordait les fossés du château ; il fit un faux pas, et il y roula. Ce fut son salut. La garde nationale arrivait bruyamment et n'aurait pas manqué d'arrêter un homme qui semblait fuir. Les gardes nationaux une fois rentrés au château, l'abbé Ruivet se releva, et chercha du regard un endroit plus sûr. Apercevant une meule de paille, il y courut, s'y creusa une cachette et s'y blottit de son mieux. A peine y était-il installé qu'il entendit des cris de colère s'élever du château. Les deux frères Verdat de la Grange qui rentraient sans défiance venaient de tomber

entre les mains des patriotes introduits chez eux par tra-
hison. Tous deux furent emmenés à Bourg et jetés en
prison; le plus jeune monta sur l'échafaud un mois
après; l'aîné ne recouvra sa liberté qu'après le 9 thermidor.

Peu à peu la nuit s'était faite, une nuit sombre et
pluvieuse qui ne permettait pas à l'abbé Ruivet de
trouver son chemin dans un pays qu'il connaissait à
peine; il attend le jour : les heures furent longues en
cet abri fort incommode. Aux premières lueurs du matin,
l'abbé Ruivet est debout; tout est silencieux et désert
autour de lui : il tombe à genoux, se recommande à Dieu
et part à travers les champs.        .

De gros nuages chassés par un vent du nord, froid et
violent, courent dans le ciel qui s'éclaire maintenant
d'une lumière blanche et pâle; l'abbé Ruivet se hâte, il
aperçoit là-bas le toit allongé d'une ferme où il pourra
demander la route et trouver du pain.

Il heurte à la porte. L'heure matinale à laquelle il se
présente le rend suspect, et de l'intérieur, on lui répond :
« On ne vous connaît pas, passez votre chemin. » Sans
insister, il continue la route un peu au hasard, il est plus
heureux à une seconde ferme. On lui ouvre, un jeune
homme le reçoit : « Que voulez-vous ? lui dit-il. — Déjeuner, répond M. Ruivet, mais en paysan. » Le jeune
homme hésite un instant, fixe le voyageur, son examen
le rassure : « Venez, lui dit-il, on vous servira. »

Après son déjeuner qu'il paye largement, l'abbé Ruivet demande la direction à suivre pour rejoindre la route
de Bourg. Son hôte que sa générosité avait séduit s'offre
à l'accompagner dans l'intention de tirer de ce service
une nouvelle pièce d'argent. Chemin faisant, l'abbé Ruivet fait causer son guide qui s'ouvre de ses projets d'a-
venir. Il fait un petit commerce de grains qui prospère,

et il voudrait bien avoir un correspondant à Lyon. « Et si vous étiez ce correspondant, dit-il à M. Ruivet dont la conversation avait achévé de le séduire, je vous ferais une part dans mes bénéfices. » Pendant qu'on élabore le projet de commerce, M. Ruivet tire sa montre à répétition en or et la fait sonner. Cette imprudence faillit lui coûter la vie. Son guide jeta sur la montre des regards d'ardente convoitise : une montre qui sonne devait être un trésor! En assommer le possesseur et s'en emparer, c'était sa fortune faite. Heureusement la route de Bourg était proche, et puis le maître du trésor était de haute taille, de solide carrure, et il était probable qu'il saurait se défendre. On se quitta. Ce ne fut que bien plus tard que M. Ruivet apprit le danger qu'il avait couru.

Visitant comme vicaire général la paroisse de Villars confiée alors à l'abbé Gros, il lui conta son aventure, ajoutant qu'il reverrait volontiers son prétendu associé. — Je connais votre histoire, Monsieur le Vicaire général, lui dit l'abbé Gros, et vous l'avez échappé belle. — Comment cela? — Votre marchand revint chez lui extrêmement agité, il rencontra un de ses amis qui lui demanda ce qui lui était arrivé. — Ce qui m'est arrivé, s'écria-t-il, avec accent du plus profond désespoir, j'ai manqué ma fortune. — Tu as manqué ta fortune? — Eh oui, je viens d'accompagner un voyageur qui a une montre en or merveilleuse, lui sauter à la gorge, l'étrangler, lui saisir sa montre, et j'étais riche, mais il est grand et fort, et je n'ai pas osé. — Quoi, pour une montre, tu aurais tué un homme? — Pourquoi pas? on en tue bien souvent pour moins; jamais si belle occasion ne se présentera... Voilà ce qu'on assure dans le pays, ajouta M. Gros : voulez-vous donc voir cet assassin? — Oui, j'insiste, répondit M. Ruivet. On le fit venir en effet, on se reconnut de part et d'autre.

Ce jeune paysan qui n'eût pas reculé devant un meurtre

5

pour une montre et qui ne craint pas de le dire, ce fermier qui trahit son maître pour un mince profit montrent bien quelles impressions malsaines faisaient dans les esprits et les cœurs les excitations ardentes qui retentissaient dans les clubs contre les riches et les nobles et aussi quels dangers nombreux et pressants l'abbé Ruivet dut chaque jour braver pour remplir son sublime mais difficile ministère.

La nouvelle du retour de M. Ruivet se répandit rapidement parmi les catholiques de Bourg. Ceux-ci ne l'avaient point oublié; ils étaient restés très sympathiques à ce prêtre intelligent et hardi qui s'était lui-même si éloquemment et si heureusement défendu devant le tribunal. Aussi l'accueillirent-ils avec une joie confiante mais discrète, confiante, car ils savaient bien qu'ils pouvaient compter en toute occasion sur son intrépide dévouement ; discrète, car la plus légère maladresse pouvait le trahir et le livrer au farouche Merlino.

En allant de Condrieu à Bourg, M. Ruivet avait traversé Lyon et y avait vu MM. Linsolas et de Castillon, les deux vicaires généraux qui administraient le diocèse sous la haute direction de Mgr de Marbeuf exilé à Lubeck, et il avait reçu d'eux les pouvoirs les plus étendus. Ils étaient nécessaires, car le régime des missions qui devait plus tard circonscrire le terrain d'action de chaque prêtre n'était pas encore établi et il fallait pouvoir exercer le saint ministère partout en pleine liberté.

A Bourg, M. Ruivet se logea dans un grenier : « Je l'ai visité, ce grenier il y a vingt ans, écrivait en 1889 un curieux des Annales révolutionnaires de l'Ain. Il était perdu au milieu d'un îlot de maisons du quatorzième siècle enchevêtrées les unes dans les autres. On y arrivait par un labyrinthe d'étroits et noirs corridors, de cours ressemblant à des puits, de degrés disloqués, aux marches décrépites et remuant sous les pieds. Ce logis qui portait encore le nom de *logis du prêtre* se composait de deux pièces superposées ; la principale éclairée d'en haut par une claire-voie, l'autre dessous absolument sans lumière où l'on descendait par une trappe et une échelle de meunier. » C'est dans ce réduit que M. Ruivet passait les heures de travail, de prière et ses rares moments de sommeil.

Aux premiers appels des âmes, il partait. Sa première course, au dehors de Bourg, fut à Saint-Étienne-du-Bois. Le curé M. d'Hurville avait prêté serment, et ses exemples n'étaient rien moins qu'édifiants. Appelé par les catholiques restés fidèles, M. Ruivet leur apporta les secours de son ministère. Il reçut la plus large hospitalité chez M. Poirsier, homme d'une foi vive et parfois audacieuse jusqu'à la témérité. Souvent en effet, pendant la nuit, il allait au péril de sa vie chercher dans les sacristies des couvents de Bourg des ornements précieux et des vases sacrés qu'il mettait en lieu sûr pour les soustraire à la profanation et les conserver à leurs légitimes propriétaires.

L'abbé Ruivet passa l'été à Saint-Etienne. Quand il rentra à Bourg, en automne 1793, il n'y trouva plus Merlino, mais la situation n'offrait pas plus de sécurité, car les Javogues, les Gouly, les Albitte qui représentèrent successivement la Convention dans le département de l'Ain, ne faisaient aucune grâce aux prêtres fidèles qui tombaient entre leurs mains. D'ailleurs, le décret que venait de rendre la Convention pour établir dans la France entière le culte de la Raison, la fête de Marat que la municipalité de Bourg venait de célébrer à travers les rues de la ville et dans l'église profanée de Brou avec cette exaltation fiévreuse et ce mélange de grotesque et d'ignoble, qui caractérisaient toutes les solennités impies

de cette époque, lui disaient assez haut l'importance et aussi le danger qu'il y avait à travailler au salut de ces pauvres âmes que l'on voulait arracher à l'Église et à Dieu.

Le spectacle de ces iniquités et la perspective de ces dangers ne firent qu'exciter l'ardeur de son zèle. Ses jours, ses nuits surtout furent employés au service des âmes.

Un soir d'hiver, que succombant à la fatigue accumulée de plusieurs nuits passées sans sommeil, il va prendre dans son grenier quelques heures de repos, on frappe à sa porte sept coups rythmés d'une façon particulière, et une voix prononce les mots de passe : « *Jesus omnium Salvator.* » M. Ruivet ouvre et dirige la lumière de sa lanterne sourde sur son visiteur. C'est un jeune homme de Marboz, Pochon de Peyssoles (1). — Qu'y-a-il? dit le prêtre. — On vous attend à Marboz, répond l'envoyé de la paroisse, pour baptiser des enfants et administrer des moribonds. C'est toute une nuit de marche et d'insomnie qu'il faut traverser encore : M. Ruivet n'a pas d'hésitation : Partons, dit-il. Nos deux voyageurs se glissent furtivement par des ruelles détournées pour ne faire aucune fâcheuse rencontre, et les voilà bientôt en pleins champs. La neige qui est tombée abondamment couvre au loin la campagne, éclairant des pâles reflets de sa blancheur cette froide nuit de décembre. L'abbé Ruivet et son compagnon marchent longtemps en silence, à la fin les forces de l'abbé Ruivet trahissent son courage : « Je ne puis plus avancer, dit-il, le sommeil m'accable, laisse-moi dormir. — Vous n'y pensez pas, dit le jeune homme, le sommeil par ce froid et cette neige, c'est la mort. — Impossible d'aller plus loin, répond M. Ruivet, tu m'éveilleras au bout d'un quart d'heure. » A quelques

(1) La tradition en fait le grand-oncle du député de l'Ain.

pas de la route est un bois de bouleaux dont les troncs se dessinent en colonnettes blanches sur le ciel gris et terne ; deux ou trois arbres ont été abattus. L'abbé Ruivet s'y étend et s'endort aussitôt. Son guide le couvre, pour le garantir du froid, de sa pesante limousine dont il s'est généreusement dépouillé, et il se promène en faisant la grue. Le quart d'heure parut long ; dès qu'il le vit écoulé, il réveilla l'abbé Ruivet qui se levant de son lit de bouleau, se trouva réconforté et put continuer son chemin.

Ils arrivèrent à Marboz au petit jour. Pochon conduisit immédiatement l'abbé Ruivet au hameau du Devin dans la famille Darnand, une petite fille née depuis quelques jours attendait le baptême. M. Ruivet commence immédiatement les prières et les cérémonies qui accompagnent ordinairement l'administration de ce sacrement ; le frère de la petite fille âgé de sept ans tenait le cierge béni et répondait aux prières ; cela devait lui porter bonheur. Il devint prêtre dans la suite et fut curé de Saint-Rambert-en-Bugey où il a laissé de vivaces souvenirs. On cite de lui plusieurs mots qui attestent la belle simplicité d'une foi aussi naïve dans ses expressions que profonde dans sa réalité. Une personne pieuse vient un matin lui demander la sainte Communion. Son vicaire ayant pris le ciboire pour aller donner le viatique à un malade, le tabernacle est vide. S'approchant de la personne qui attend à la sainte Table, le bon M. Darnand lui dit cette parole vraiment admirable : « Notre-Seigneur est sorti en ville, mais il ne tardera pas de rentrer, prenez patience. »

Cependant la cérémonie est à peine commencée qu'on heurte violemment à la porte. L'enfant éteint son cierge ; M. Ruivet omettant les onctions, donne rapidement le baptême et disparaît. Pendant que les patriotes dont les soupçons avaient été éveillés parcourent la maison, M. Ruivet conduit par le courageux Pochon, se retire au hameau de Peyssoles, chez une pauvre veuve qui ne put lui offrir que du pain, de l'eau et un œuf dur cuit sous la cendre. Après ce maigre repas, l'abbé Ruivet vaincu par la fatigue, s'endort, oublieux pour un moment des dangers qui l'entourent.

La nuit suivante devait être marquée par une très vive alerte. Aux dernières heures du jour, une vieille demoiselle vêtue de noir à cause d'un deuil récent et d'ailleurs fort originale, se promenait malgré le froid et la neige sur la lisière d'un bois voisin du bourg ; un patriote l'aperçut ; c'est M. Piquet, le curé de Marboz, bien certainement, se dit notre homme qui avait la tête échauffée par les déclamations du club et qui prenait pour des curés tous les points noirs de l'horizon. Il donne l'alarme, la garde nationale se réunit et organise une battue en règle. Pendant ce temps, M^lle Berthet rentrait tranquillement chez elle sans se douter le moins du monde qu'elle avait mis toute la garde nationale sur pied.

Pochon voit le danger qui menace M. Ruivet ; on va chercher le curé de Marboz, et c'est M. Ruivet qu'on va trouver. Il court à travers champs vers l'habitation de la veuve où M. Ruivet est caché. Il heurte à la porte : Vite, vite, s'écrie-t-il, levez-vous, la visite, la visite ! M. Ruivet comprend, se lève à la hâte, s'habille à moitié et prenant ses vêtements sous le bras, s'enfuit avec Pochon. Tous deux se précipitent en se dissimulant le long des haies là-bas vers ce pli de terrain où un bouquet d'arbres peut leur donner abri ; ils y arrivent heureusement. De là, ils voient les feux errants des lanternes que les gardes nationaux avaient prises pour éclairer leurs recherches, surgir autour d'eux, se croiser en tous sens et marquer l'obscurité de la nuit de points brillants qui scintillent comme des étoiles mobiles. Ils entendent les cris des patriotes qui s'interpellent. M. Ruivet se confie à la Providence et songe à compléter sa toilette, car le froid commence à le saisir. Il s'aperçoit seulement alors qu'il a perdu ses bas. La perte pouvait avoir des conséquences. M. Ruivet, quand il avait les pieds glacés, était sujet à des douleurs d'entrailles extrêmement violentes. Pochon se dévoue, il se glisse à travers les haies qu'ils ont longées déjà, cherche et retrouve heureusement les bas et les rapporte au plus vite, puis prenant les pieds de l'abbé Ruivet, il les frotte vigoureusement l'un contre l'autre pour y ramener la chaleur.

Pendant ce temps, les pariotes las de courir sans rien trouver, se sont repliés sur le village. M. Ruivet et son compagnon ne voyant plus s'agiter à travers champs la flamme des lanternes et n'entendant plus rien, rentrent eux aussi au village de Marboz. Le reste de la nuit, avec mille précautions, fut tranquille.

M. Ruivet qui avait fait de Bourg son quartier général y revint quelques jours après son expédition de Marboz.

Cependant sa présence était soupçonnée, et les patriotes de Bourg se mirent en quête pour le trouver. L'abbé Ruivet le sut. Aller au-devant du danger pour y échapper plus facilement fut sa première pensée ; cette tactique convenait à sa nature hardie, et son esprit pénétrant y voyait le moyen le plus efficace pour se soustraire à toutes les poursuites. Il se déguisa donc en rémouleur et s'installa tranquillement à l'angle de la place principale de Bourg. Il y était à peine depuis une heure, aiguisant consciencieusement et d'un air fort entendu les couteaux dont il avait fait étalage, quand il fut abordé par deux gendarmes : « Citoyen, lui dirent-ils, tu n'as pas vu passer sur la place ce scélérat Ruivet, on nous a dit l'avoir vu il y a quelques instants. — Et comment est-il donc, ce scélérat de Ruivet? répliqua le faux rémouleur sans qu'un muscle de son visage trahît la plus légère émotion. — Il est de haute taille, avec de larges épaules et un visage tout jeune avec des cheveux déjà blancs. — Je reconnais votre homme, répliqua l'abbé Ruivet : il vient de passer par là. » Et du doigt, il indiquait aux gendarmes la rue qu'il avait suivie pour entrer dans la place. Les deux gendarmes partirent sans se douter qu'ils n'auraient eu qu'à étendre la main pour saisir l'introuvable abbé.

M. Ruivet toutefois, jugea prudent de quitter Bourg au moins pour quelques jours, et il résolut de se rendre aux instances des catholiques de Montluel qui le réclamaient pour les fêtes de Noël. Il partit : ce voyage fut le salut du curé constitutionnel de Meximieux. Écoutons M. Ruivet raconter le fait. C'est une page de ses souvenirs dont nous ne possédons malheureusement plus que des lambeaux.

« La veille de Noël 1793, j'étais secrètement occupé dans la ville de Montluel à confesser un certain nombre de catholiques fervents qui désiraient s'approcher de la Table sainte, lorsque tout à coup on vient me prévenir en toute hâte qu'il se préparait dans la ville quelque expédition sinistre, que la garde nationale était sous les armes avec un canon sur son affût prêt à partir. Je renvoie aux enquêtes, et cependant je prends mes précautions. L'exprès ne tarda pas à revenir et m'annonça que la garde nationale était partie avec son commandant, le canon en tête, se dirigeant du côté de Meximieux. Je célébrai donc en paix le messe de minuit.

« Le lendemain matin, on me rapporte que la force
armée de Montluel sur l'ordre du district, est allée surprendre à Meximieux le prêtre constitutionnel qui devait
célébrer l'office de minuit avec l'assentiment de l'autorité locale; qu'en effet elle avait emmené en prison le
curé, M. Papillon et plusieurs membres de la municipalité qui avaient assisté à la messe. Meximieux réclama
les prisonniers : les conseillers municipaux furent élar-
gis, le curé constitutionnel resta sous les verrous.

« La pensée me vint de profiter de la circonstance
pour engager M. Papillon à rétracter son malheureux
serment; je lui écrivis par une personne sûre. La grâce
lui parla au cœur; il accepta avec plaisir l'entrevue que
je lui proposais, mais cette entrevue n'était pas sans
dangers, car quelle joie pour les frères et amis si
pareille proie eût été prise à la souricière!

« Je parvins, non sans beaucoup de peine, à entrer
dans la prison. J'y trouvais M. Papillon assis, coiffé par
dérision sans doute, du bonnet de la liberté. Je le plai-
santais sur le contraste de sa coiffure avec le local qu'il
habitait, à peine nous parlâmes sérieusement d'affaires.
J'obtins de lui une rétractation en règle, bien et dûment
signée, et je partis de suite parce qu'il y avait péril à rester davantage.

« Il persévéra dans ces bons sentiments, et ayant été
relâché quelque temps après, il se retira dans le Forez, sa
patrie, où par sa bonne conduite, il mérita de rencon-
trer grâce et d'être approuvé dans la suite comme missionnaire. »

C'est la première rétractation obtenue par l'abbé
Ruivet : bien d'autres devaient la suivre. Ramener dans
le sein de l'Église les âmes sacerdotales égarées fut une
des grandes consolations de l'intrépide missionnaire
pendant cette époque désastreuse où la surprise d'abord,

la crainte ensuite, poussèrent trop de prêtres peu clair-
voyants ou peu courageux à prêter un serment schismatique. M. Ruivet les recherchait, et lorsqu'il pouvait
les aborder, il les décidait toujours par la vive persuasion
de sa parole et les élans de sa charité, à renoncer à leur
faute et à demander leur réconciliation.

# CHAPITRE IV

LE VICAIRE GÉNÉRAL DE LYON (1794-1804).

M. Ruivet nommé vicaire général de Lyon. — Albitte. — Fêtes de la
Raison. — Organisation des missions : les chefs de mission, les adjoints, les missionnaires et les catéchistes. — Diverses courses de
M. Ruivet : les dangers auxquels il échappe. — Il obtient un grand
nombre de rétractations. — Quelques collaborateurs de M. Ruivet.

Avec l'année 1794 s'ouvrit l'époque la plus périlleuse
de la vie de M. Ruivet.

Mgr de Marbeuf, toujours exilé, à Lubeck, n'avait
jamais personnellement pris possession du siège de Lyon.
Deux vicaires généraux, MM. de Castillon et Linsolas,
administraient le diocèse quand survint la grande tempête. Le premier, avant la Révolution, faisait partie du
chapitre de Saint-Just, le second comptait dans les
rangs des chanoines de Saint-Nizier. L'un et l'autre
avaient émigré, mais dès la fin de 1792, ils étaient rentrés en France.

Dans les premiers jours de novembre 1793, M. de
Castillon fut arrêté, jugé et condamné à mort. M. Linsolas
resta alors seul à la tête du vaste diocèse de Lyon.
« C'était un de ces hommes intrépides, comme Dieu en

suscite dans les temps d'épreuves, pour qu'ils dirigent les fidèles dans les luttes, les soutiennent par leurs conseils et les fortifient par leurs exemples. »

Cependant, il ne pouvait à lui seul administrer, surtout dans de semblables circonstances, un aussi vaste territoire. Aussi, d'accord avec Mgr de Marbeuf, il résolut de s'adjoindre un certain nombre de collaborateurs.

Le zèle et les travaux de l'abbé Ruivet pendant les premières années de la période révolutionnaire avaient eu trop d'éclat pour n'être pas connus et appréciés par ses supérieurs légitimes. Mgr de Marbeuf, instruit de son intrépidité à soutenir la sainte doctrine, pensa qu'il ne pouvait mieux lui témoigner sa satisfaction qu'en le nommant *vicaire général* pour le département de l'Ain.

Cette nomination datée du 16 mars 1794 est curieuse par sa forme. L'archevêque prend le nom de patron d'une maison de commerce qui a beaucoup de relations avec le département; il charge M. Ruivet de remplir les fonctions de *commis général,* de surveiller toutes ses affaires et de lui en donner un rapport fidèle ; il ratifie d'avance tous les traités qu'il fera avec les chrétiens. C'était un style obligé dans les circonstances où l'on se trouvait.

M. Ruivet fut donc un des *sept* qui, sous le nom de *Préposés,* recurent mission pour administrer le diocèse de Lyon et dont la nomination fut confirmée par Pie VII.

A l'époque où M. Ruivet était nommé *vicaire général,* le trop fameux Albitte venait d'arriver à Bourg. Envoyé par le *Comité de Salut public* en qualité de représentant du peuple, dans le département de l'Ain, cet homme de débauche et de sang allait donner à la persécution un caractère plus aigu et plus violent.

L'ÉGLISE DE BROU, AVANT LA RÉVOLUTION

Il fit son entrée dans Bourg-Régénéré « avec l'appareil d'un sultan d'Asie », au témoignage d'un document contemporain (1). Il en avait d'ailleurs les mœurs honteuses, la cruauté raffinée, le despotisme intense et brutal. Agé de 33 ans, il était dans toute la fougue des passions les plus insatiables du cœur humain : la passion de la volupté et la passion du pouvoir. Il réquisitionnait pour sa table les vins les plus exquis sans les payer (2). Il accaparait tout le lait qu'on apportait à Bourg et le faisait verser à flots dans la baignoire où il se plongeait ensuite. Son titre de représentant du peuple ne suffisant pas à son ambition, il se faisait nommer adjudant général de l'armée des Alpes, sans avoir jamais porté les armes, et de la sorte, il élargissait la sphère de son autorité (3).

Il passa dans notre pays comme un fléau. Le premier acte de son gouvernement fut de mettre à la tête de la ville de Bourg et du département la fine fleur de la canaille, puis il décréta rapidement la démolition des clochers et des châteaux. Dans leur empressement imbécile à exécuter de pareils ordres, les agents poussèrent le zèle jusqu'à faire abattre les tourelles des maisons bourgeoises et même les colombiers des fermes, car tourelles et colombiers ressemblaient aux donjons des châteaux forts.

Quant aux 600 clochers qui dominaient les églises et les villages et qui portaient au ciel, sur leur flèche élancée, la croix rédemptrice, tous excepté un ou deux furent renversés; l'un des clochers épargnés fut celui de Pouilleux près de Trévoux : un paysan hardi s'y

(1) Les citoyens de la commune de Belley, réunis en société populaire, à la Convention.
(2) Bachez et Roux : tome XXXIII, page 416.
(3) Dénonciation des citoyens de la commune de Bourg contre Albitte.

installa, armé d'un fusil, déclarant qu'il ferait feu sur tout ouvrier qui mettrait la main à la besogne sacrilège. Personne n'osa, et le clocher resta debout, sauvé par le courage intrépide d'un seul, tant il est vrai que la peur des bons est presque toujours la plus grande force des méchants.

Albitte fit d'autres ruines bien plus lamentables ; pour jeter les âmes dans l'apostasie, il imagina de faire de l'arbre de la liberté une espèce de divinité à laquelle il fallait apporter ses hommages en exécutant des danses. Le culte décrété était un mélange d'impiété et de bouffonnerie. Il y eut des refus héroïques, et l'on cite à Montluel une jeune femme nommée Marie Cendre qui mourut des suites d'un traitement honteux et barbare infligé à sa résistance inflexible ; mais d'autres, hélas ! et en trop grand nombre plièrent aux caprices scélérats du despote.

Les prêtres surtout excitaient la rage du représentant. Ceux-mêmes qui avaient apostasié ne trouvaient pas grâce devant lui, et il les tenait enfermés au couvent de Brou sous la consigne la plus sévère (1). Il rédigea et fit rédiger par le renégat Gramet, ancien vicaire général du malheureux cardinal de Loménie, devenu d'abord administrateur du département de l'Ain, et dans ce moment détenu en prison comme fédéraliste, une formule d'apostasie abominable où le caractère sacerdotal du prêtre était traité d'imposture, les fonctions sacerdotales de métier, et il trouva des curés, des vicaires et des religieux, qui, aux fêtes dédicatoires, lurent et signèrent ces horreurs aux pieds de la déesse Raison devant une foule hurlante d'impiété.

Au mois de janvier 1794, M. Ruivet revenu de Mont-

(1) Registre municipal à la date du 12 pluviôse.

luel à Bourg, fut non pas le témoin d'une de ces fêtes, mais l'auditeur attristé des clameurs qu'elle fit monter jusqu'à lui au moment même où il célébrait le saint sacrifice de la messe. C'était le 19 janvier. A neuf heures du matin, des feux sont allumés sur toutes les places, le canon tonne, et un immense concours de peuple se dirige à travers les rues ornées de banderoles tricolores vers l'église Notre-Dame. Autour des chars, que la foule escorte et sur lesquels sont montées deux femmes qui figurent l'une la Patrie avec un drapeau à la main, l'autre la Raison avec le tableau des Droits de l'homme sur la poitrine, aux chants d'hymnes impies, le roi, les prêtres et le pape sont livrés à la risée publique sous des symboles grotesques. Derrière le char de la Raison, de malheureux prêtres constitutionnels vont lire à Notre-Dame la formule d'apostasie rédigée par Albitte. Celui-ci avec toutes les autorités en grand costume, préside cette saturnale. Dans les intervalles des roulements de tambour, des hymnes révolutionnaires, on n'entend que d'horribles blasphèmes contre la religion, des cris de mort contre les rois et les prêtres. L'exaltation, le délire ou plutôt une sorte de folie diabolique tourmente cette innombrable cohue emportée par le déchaînement fou de toutes les passions.

A l'heure où ce cortège impie et burlesque arrive à la rue Clavagry, dans le salon hermétiquement fermé d'une maison devenue pour un moment le temple de Dieu chassé de son sanctuaire, l'abbé Ruivet célèbre la sainte messe. « Lorsque cette procession démoniaque entra dans la rue Clavagry, où j'étais alors caché, écrit M. l'abbé Ruivet, je célébrais la sainte messe à laquelle assistaient un bon nombre de fidèles, entre autres un membre du tribunal civil, le pieux M. Chesne. Les cris affreux des cannibales, les chants impies, le bruit des tambours réunis, formaient un ensemble épouvantable qui fit sur moi et

6

sur tous les assistants un effet impossible à décrire. La
douleur profonde qui m'affectait me fit oublier les règles
de la liturgie, et quoique je me trouvasse entre la consécration et la communion, moment où le prêtre doit être
recueilli dans un silence respectueux, j'adressai à mon
auditoire un petit discours qu'interrompirent souvent
leurs sanglots et les miens. Triste moment qui ne sortira
jamais de ma mémoire. » Ce que fut le discours de ce prêtre arraché à la célébration des saints mystères par les
sacrilèges clameurs d'une foule qui étalait cyniquement
le culte impie de la Raison déifiée, nous ne le savons pas
aujourd'hui, car il ne nous a pas été conservé, mais notre
cœur peut le deviner. La tristesse, l'amour, l'espérance devaient dicter toutes les paroles : la tristesse
d'entendre les plus diaboliques outrages adressés publiquement au vrai Dieu et au vrai Sauveur; l'amour pour
ce Dieu trahi qu'il fallait aimer avec une ardeur d'autant
plus vive et plus généreuse qu'il était plus persécuté ;
l'espérance, l'invincible espérance de revoir ce Dieu
exilé du milieu des hommes, chassé de ses temples, remonter bientôt sur les autels purifiés et reprendre possession du monde. Les lointains et fortifiants souvenirs
des catacombes devaient, ce semble, revenir en foule à
ce prêtre qui célébrait et à ces fidèles qui, au péril de
leur vie, assistaient au saint Sacrifice, et tous, en entendant les bruits étranges qui venaient jusqu'à eux, devaient sentir dans leur cœur le ferme espoir qui faisait
battre celui des premiers chrétiens quand l'écho prolongé
des fêtes de Rome venait à eux au fond de leurs glorieux
souterrains. Dieu qui avait vaincu l'empire romain et fait
servir à l'édification de son église les débris du colosse
renveré aurait bien encore la puissance de triompher d'un
peuple en délire d'impiété. Pendant que cette espérance
ranime les âmes, les bruits de la procession démoniaque

se sont éloignés, et c'est dans le silence du recueillement le plus profond que s'achève le saint Sacrifice.

Albitte était très efficacement secondé dans son œuvre de persécution haineuse par deux hommes qui se firent à travers le département les missionnaires fanatiques de son impiété. Baron et Rollet étaient deux médecins qui, par une dévotion farouche, avaient ajouté à leur nom ceux de Challier et de Marat, pour déclarer publiquement qu'ils se vouaient à poursuivre, par les mêmes moyens sanglants, l'œuvre révolutionnaire entreprise par ces deux monstres à Paris et à Lyon. Marat était tombé sous le couteau de Charlotte Corday, les Lyonnais s'étaient ressaisis un jour et avaient guillotiné Challier. Pour Rollet et Baron, c'étaient deux martyrs dont ils allaient venger le sang et continuer la tâche glorieuse ; ils s'étaient donné libre carrière sous le représentant Javogue ; Gouly son successeur, moins sanguinaire, les avait tenus en laisse et avait même fait emprisonner Rollet-Marat ; Albitte s'empressa de le mettre en liberté et de lui donner ainsi qu'à Baron-Challier tout pouvoir. Les deux fanatiques allaient dans les villages, réunissaient les habitants dans l'église profanée, montaient en chaire et y faisaient en termes emphatiques l'éloge d'Albitte et de la République émancipatrice, puis ils vomissaient contre les prêtres restés fidèles, des menaces qu'ils réalisaient parfois. C'est ainsi que Rollet-Marat fit saisir et incarcérer M. Arnaud, curé de Cuet; M. Alliez, curé de Coligny et M. Jacquemet, curé de Confrançon.

Il n'était pas aisé pour M. Ruivet de se mouvoir d'une paroisse à une autre et d'échapper à la surveillance soupçonneuse d'Albitte, de Rollet-Marat de Baron-Challier et des municipalités ombrageuses qui gouvernaient et qui plus souvent terrorisaient chaque village. A force d'habiles déguisements, d'industrieuses précau-

tions et, dans le moment du danger, d'audace et de sang-froid, non seulement il gardait sa liberté, mais encore il couvrait le pays d'un réseau de missions qui finalement furent la contre-partie victorieuse des courses malfaisantes organisées par les séides du représentant.

Ce fut M. Linsolas, vicaire général de Lyon, qui en eut la première idée. Il avait passé sa jeunesse sacerdotale au séminaire des Missions-Étrangères à Paris, croyant que Dieu le destinait à évangéliser les infidèles. Les défaillances de sa santé le contraignirent à renoncer à ce rude apostolat. Mais il avait gardé le souvenir des moyens employés au temps des persécutions pour assurer le ministère du prêtre, et il résolut de les appliquer avec les tempéraments nécessaires dans toute l'étendue du diocèse. M. Ruivet qui venait d'être nommé vicaire général (16 mars 1794) pour le département de l'Ain par les lettres de Mgr de Marbeuf, fut chargé de réaliser dans notre pays le plan de M. Linsolas ; dans ce dessein, il partagea les communes du département par groupes de quarante à cinquante, et à la tête de chaque groupe, il plaça un chef de mission, un adjoint, des missionnaires et des catéchistes.

Le *chef de mission* avait la direction et la surveillance des prêtres de son ressort : il était leur conseiller dans les difficultés du ministère et l'âme de leurs travaux. Chaque année, il visitait deux fois toutes les paroisses de sa circonscription et rédigeait sur la situation religieuse un rapport qui était envoyé au vicaire général.

Les *missionnaires* exerçaient leur juridiction sur dix-huit à vingt paroisses. Leur vie était simplement héroïque. Le jour, ils demeuraient cachés dans la maison de quelque famille dont ils connaissaient la fidélité à toute épreuve. La prière, l'étude, l'administration en secret des sacrements, un peu de sommeil remplissaient les heures. Lorsque le soleil était couché, à la nuit tombante, ils quittaient leur asile, et par les chemins les moins fréquentés, ils s'en allaient, l'été, sous la douce et tranquille lumière des étoiles ; l'hiver, à travers les rafales de neige glacée, dans un autre village pour y consoler des mourants, baptiser des nouveau-nés, bénir des mariages.

Habituellement le saint sacrifice de la Messe n'était célébré que la nuit dans quelque ferme isolée, sur la lisière d'un bois de bouleau ou sur le bord d'un étang. La scène est facile à imaginer ; des nappes blanches couvrent une petite pierre sacrée placée sur une table que domine un crucifix entouré de quelques pâles flambeaux ; devant cet autel improvisé, le prêtre qui célèbre ; dans la pièce, toutes portes et toutes fenêtres soigneusement closes, les hommes debout, l'air grave et recueilli, les regards fixés sur l'autel et l'oreille ouverte comme malgré eux aux bruits suspects du dehors, les femmes à genoux sur le sol, absorbées dans leurs prières et les enfants entre les bras de leurs mères, étonnés et comme affligés de toutes ces précautions prises, et aussi parfois des larmes brûlantes qui, des yeux maternels, tombent sur leur front. Ceux qui ont assisté à ces messes nocturnes n'en ont jamais perdu le souvenir.

Les catéchistes étaient divisés en trois classes : les *sédentaires*, les *gardes du corps* et les *précurseurs*. Les sédentaires ne quittaient pas leur paroisse. Ils donnaient l'instruction religieuse aux enfants, préparaient les premières communions, présidaient de petites assemblées furtives où l'on s'encourageait à la fidélité, cherchaient à ébranler les familles schismatiques, annonçaient la venue des missionnaires et indiquaient l'heure et le lieu de la prochaine messe qui serait célébrée.

Les gardes du corps accompagnaient partout les missionnaires, leur préparaient des asiles sûrs, en cas d'alerte, des moyens de fuite rapide; pour parer plus facilement à tout danger, ils se tenaient au courant avec soin de toutes les menées du parti révolutionnaire.

Les précurseurs pénétraient dans les villages en majorité schismatiques et impies. Ils sondaient l'esprit public, prenaient une idée exacte des périls à courir, des succès à espérer, cherchaient une famille dévouée et après avoir ainsi préparé les voies, introduisaient le missionnaire dans ces foyers d'athéisme et d'irréligion qu'il s'agissait d'éteindre.

Lorsque le vicaire général avait reçu les rapports des chefs de mission, il se rendait à un jour fixé d'avance et connu de tous ses collègues à Lyon, au conseil qui gouvernait pour l'archevêque exilé. Composé à cette époque (1794) de M. Linsolas, du P. Desprès, ancien Jésuite, du P. Jaillard, prieur de l'Observance de Lyon, de M. de Villiers chanoine de la Primatiale, il reçut après le 9 thermidor, M. Paret, curé de Bourg, M. Daudet, supérieur des Lazaristes, et M. de Bois-Boissel, comte de Lyon qui revinrent alors de l'étranger. Devant les membres de ce conseil, on lisait les rapports, on examinait la situation, on prenait des mesures, on rédigeait des lettres et des circulaires qui imprimées clandestinement, étaient emportées par les vicaires généraux. Ceux-ci les déposaient en des maisons sûres où les missionnaires et les catéchistes les prenaient pour les faire circuler à travers les fidèles.

Quant à Mgr de Marbeuf exilé à Lubeck, il recevait les communications de son conseil par un service de courriers qui allait de Lyon à Lubeck en passant par Saint-Maurice-en-Valais. Les réponses de l'archevêque venaient par le même chemin. De Saint Maurice à Lubeck, le trajet était facile, mais combien périlleux de Lyon à Saint-Maurice! Toutefois, les dévouements nécessaires à ce périlleux message ne manquèrent jamais.

Ainsi donc il y avait toute une organisation sûre, à peine soupçonnée des révolutionnaires et qui permettait à des prêtres hardis et dévoués de sauver dans un grand nombre d'âmes l'amour et la pratique de cette religion sainte qu'une rage impie s'acharnait à détruire.

M. Ruivet chargé comme vicaire général de la Bresse, des Dombes, du Bugey jusqu'aux Neyrolles, au delà de Nantua, fit sa résidence habituelle à Bourg, à Bény ou à Marboz, parce que la situation centrale de cette région lui assurait des communications plus faciles avec les chefs de mission. Il ne s'interdisait pas cependant, lorsque c'était utile, des courses rapides dans l'une ou l'autre partie de son vaste territoire, à travers les montagnes du Bugey, sur les bords pittoresques de la rivière d'Ain, sur les rivages de la Saône, dans les plaines de la Valbonne; mais il revenait toujours dans la Haute-Bresse. Dans ces excursions, il courut mille dangers auxquels il échappa toujours grâce à la protection visible de la Providence qu'il secondait d'ailleurs par une extrême prudence mêlée de beaucoup d'audace.

Un jour de décadi, il arriva en équipage de pauvre charretier aux portes de Montluel. Il sait que la société populaire de cette petite ville est d'un fanatisme outré et qu'elle en a donné des preuves en faisant démolir la chapelle de Saint-Jacquème, les clochers de Notre-Dame et de Saint-Étienne. Mais avant d'arriver à la ville, il voit que la population en fête se répand à travers les rues, et il se dit qu'il est perdu si on le reconnaît. Pendant qu'il songe au moyen d'éviter toute rencontre fâcheuse, il aborde aux premières maisons un groupe de jeunes filles en goguette qui l'interpellent, le plaisantant sur la maigreur de son cheval. Une subite inspiration l'écl air

« Citoyennes, répond-il, du ton d'un homme piqué, l'air ne fait pas toujours la chanson, montez sur ma voiture, et vous allez voir l'allure de ma bête. » En veine de gaîté, les citoyennes applaudissent joyeusement et escaladent la charrette. Le pauvre charretier rassemble ses guides, se recommande à Dieu et, à coups de fouet, enlève son cheval. L'attelage part comme une flèche et traverse la ville au triple galop. La nouveauté du spectacle fait éclater les rires de la foule, provoque d'ici de là des quolibets assez piquants, mais pendant ce temps, la voiture avec son chargement improvisé passe sans éveiller aucun soupçon.

Au delà de Montluel, les jeunes filles descendent de la charrette; toutes sont ravies de leur équipée; plus ravi encore, le voiturier continue son chemin et laisse échapper à la fois un soupir de soulagement et une prière d'actions de grâces.

Un autre jour, à Chalamont, il va donner tête baissée au milieu d'un corps de canonniers dont il ignore la venue. La Providence l'arrêta. A l'entrée de la ville, entre quatre murs de pisé se trouve un four banal, une jeune fille hardie M$^{lle}$ Chaffanel s'y blottit, attendant l'arrivée de M. Ruivet. Le voyant venir, elle l'aborde, l'avertit et vite rentre dans la ville pendant que le vicaire général s'échappe à travers champs.

Les révolutionnaires ont envahi le château de Longes sur la paroisse de Sulignat et ont enlevé la famille Garron de la Bévière (1) sous les yeux de M. Ruivet. Le

<hr />

(1) M. Garron de la Bévière, chevalier de Saint-Louis, député à l'Assemblée constituante, homme d'un savoir peu ordinaire dans la science de la religion, avait composé, en réfutation d'une brochure du principal et de quelques professeurs du collège de Bourg, un écrit solide et raisonné. Cet acte courageux le dénonçait tout spécialement aux fureurs des révolutionnaires; la persécution n'eut pour effet que de mettre dans un plus grand jour sa fermeté héroïque. Les ancêtres de M. Garron de la Bévière avaient été convertis par saint Vincent de Paul, curé de Châtillon-les-Dombes.

père est emprisonné à Ambronay, la mère à Poncin et leur fille aînée à Bourg. Seuls quatre jeunes enfants sont laissés, dans le château dévasté, à la garde d'un concierge dur et défiant. M<sup>me</sup> de la Bévière avant d'être prise et emmenée, a eu le temps de les recommander à M. Ruivet, et celui-ci, héroïquement fidèle à la promesse qu'il a faite de veiller sur eux, maintes fois au péril de sa vie, trompe la vigilance du gardien, pénètre jusqu'aux malheureux prisonniers, les confesse, les communie et les réconforte.

A Foissiat, il bénit d'un seul coup quatre mariages. Entre tous les actes du saint ministère, le plus périlleux est de donner la bénédiction nuptiale ; les patriotes en effet épient les jeunes gens et les jeunes filles qu'ils soupçonnent en voie de mariage, ils suivent toutes les démarches et souvent parviennent à cerner la maison où les fiancés se rencontrent pour s'unir devant le prêtre et devant Dieu. Cette fois heureusement, aucune alerte ne vint troubler la cérémonie qui eut au contraire son côté pittoresque : « Je vis paraître huit personnes qui n'avaient point encore vu de prêtres dans mon costume. N'ayant pas d'ornements à ma disposition, je bénis ces quatre mariages, ne portant d'autres habillements que ceux du village, c'est-à-dire un habit de paysan et un tablier de peau. Ces braves gens pénétrés de foi et de reconnaissance, ne s'occupaient que de la faveur qu'ils recevaient et ne voyaient en moi que ce que j'étais en réalité, l'envoyé du Seigneur. »

Il est difficile de peindre l'activité de M. Ruivet pendant les sept années qu'il exerça les honorables et périlleuses fonctions de *préposé;* c'est le nom qu'on donna aux sept grands vicaires qui furent chargés avec lui, au plus fort de la révolution, d'administrer le diocèse de Lyon. Pendant près de trois ans, de 1792 à 1795, il fut presque le seul prêtre catholique dans tout le département de l'Ain ; puis à mesure que les prêtres restés fidèles revenaient de l'émigration, il nomma des chefs de mission dans les divers arrondissements et des missionnaires dans les principales paroisses.

Il s'attacha d'une manière particulière, un ancien religieux de Brou, d'un courage à toute épreuve et d'un zèle vraiment apostolique, qui servait comme d'avant-garde

aux missionnaires, pénétrait le premier dans les paroisses les plus dévouées au schisme et aux idées révolutionnaires et dissipait peu à peu leurs préventions contre le catholicisme. Quand ce catéchiste, connu longtemps sous le nom de *Perret* et plus tard professeur de huitième à Meximieux, avait gagné quelque famille notable, il appelait un missionnaire qui achevait

M. LE CHANOINE THÉLOZ

l'œuvre si heureusement commencée ; ainsi au prix de fatigues incroyables et de périls sans nombre, il ramena à la religion catholique plus de cinquante paroisses.

Pendant les trois années les plus orageuses, M. Ruivet ne manqua jamais de se rendre au conseil de Lyon pour se concerter avec ses collègues sur les moyens de combattre le schisme et l'impiété. Les périls qu'il courait n'étaient pas moins multipliés que ses fatigues. Mais, admirablement servi par son génie, inépuisable en ressources, toujours il savait se soustraire au danger.

Vingt fois il dut la vie à la vitesse de son cheval.
Sans cesse harcelé, poursuivi, traqué dans des
maisons où on l'avait vu entrer, il échappait comme
par miracle, tantôt, sous un déguisement, tantôt sous un
autre.

Mais il eut la douleur de voir plusieurs de ses zélés et
fervents missionnaires arrêtés et conduits dans les prisons de Bourg. Prévoyant qu'ils ne pouvaient échapper
à une condamnation à mort et comprenant combien leur
disparition deviendrait nuisible à l'œuvre de Dieu, il fit
l'impossible pour les arracher des mains de leurs ennemis ; il pria et fit prier beaucoup pour leur délivrance.
Le ciel touché de tant de supplications, lui inspira
subitement l'idée d'une machine en fer d'une force éton-
nante, facile à manœuvrer et d'un faible volume. Placée entre deux barreaux de fer, sans bruit, elle les faisait plier et ménageait une issue assez large pour qu'un
homme pût y passer ; alors, à l'aide d'une corde, le
missionnaire captif descendait le long du mur et prenait la fuite. Par ce moyen industrieux, un grand nombre de prêtres furent délivrés et échappèrent à la mort.
Un jour cependant, la machine fut saisie ; on la porta
au tribunal, on la fit examiner par des gens de l'art.
Ceux-ci furent surpris d'une pareille conception et de la
perfection de l'appareil, que l'on appela la *machine
infernale.*

Tous néanmoins n'échappèrent pas, et nombre de prêtres, de religieuses et même de fervents chrétiens mon-
tèrent sur l'échafaud et scellèrent de leur sang leur
fidélité à l'Église : « J'ai eu, écrit M. Ruivet, l'avantage
bien précieux de connaître le plus grand nombre de ces
généreux athlètes ; et quelle satisfaction pour moi,
quelle indicible consolation d'avoir à célébrer leurs victoires sur l'enfer conjuré contre Dieu et son Christ.

Nous avons combattu sur la même arène, été agités par
la même tempête, ils sont arrivés de bonne heure au
port du salut, et nous avons encore à lutter. Combien de
fois, ô tendres amis, chers compagnons de milice spirituelle, modèles de courage et de vertus admirables,
combien de fois j'ai envié votre sort, qui m'aurait comme
vous placé au sein de l'Éternel! Mais je n'étais pas digne de ce bonheur, car il n'est accordé qu'à des âmes
privilégiées. Quelques moments de supplices, effrayants
il est vrai, mais bientôt suivis d'une indéfinissable féli-
cité. Puissé-je, en rappelant vos exemples et vos triomphes aux générations futures, avoir part aux puissants
suffrages de votre charité et à l'efficacité de vos prières
pour celui qui les implore avec la confiance de la foi et
le désir ardent de vous être un jour réuni! »

A M. Colliex, l'apôtre de la Michaille et du pays de
Gex sur le point d'être condamné à mort, il écrivait :
« Vous me demandez ce que l'on veut faire de vous,
je vais vous le dire en véritable ami : on veut que nous
vous honorions comme un martyr. Il est arrivé hier une
lettre du ministre qui vous envoie au ciel dans huit jours,
sans quoi les juges seront condamnés à quatre ans de
fers et à quatre heures de poteau. Tous vos amis sont
inquiets et voudraient bien vous voir dehors; ils en sont
fatigués à l'excès : on ne sait de quel côté se tourner,
mais vous conserverez la paix dans l'espérance qui vous
attend; vous glorifierez Dieu dans votre sang. Votre mission est finie, Dieu est content de vous, il vous appelle:
*Euge, serve, bone et fidelis intra in gaudium Domini tui.*
Mais je vous adresse les mêmes paroles que le bon lar-
ron: *Memento mei, cum veneris in regno tuo;* n'oubliez
pas ma prière. Je vais ordonner des prières à nos confrères jusqu'à votre triomphe; on ne manquera pas de
vous serrer de plus près. Renvoyez-moi l'écrit que je

vous ai communiqué, de crainte qu'on ne vous le ravisse (1). »

Les amis de M. Ruivet ne pouvaient se lasser d'admirer son intrépidité à braver les dangers; ils ne cessaient de l'engager à se retirer dans un lieu sûr, pour conserver une vie si utile à l'Église, mais il leur répondit avec une fierté tout apostolique : « Ce n'est pas au moment du combat que le général d'une armée abandonne le champ d'honneur. Jamais pasteurs et troupeaux n'ont eu un plus pressant besoin de ma présence pour soutenir leur courage. »

Toutefois à Bourg, à Marboz, à Bény où il séjourne au retour de ses excursions, M. Ruivet ne manque pas de périlleuses aventures. A Bourg, il est obligé de passer en plein jour devant le corps de garde qui stationne sur la place d'Armes. Comment faire? Il arrange avec une fervente mère de famille une petite comédie qui eut plein succès. Il a l'air de sortir d'un cabaret d'où sa femme est venue le déloger. Son bonnet de laine mis en travers sur le front pour mieux jouer son personnage et cacher un peu ses traits, il marche du pas hésitant d'un ivrogne et menace alternativement les deux murs de la rue. La ménagère irritée le poursuit et l'accable de reproches formulés dans la langue la plus verte. Le pittoresque de la scène attire dehors tout le poste qui rit aux éclats et ne ménage ni les quolibets à l'ivrogne ni les malicieux encouragements à la femme. Au tournant d'une rue, la scène cesse, et M. Ruivet subitement raffermi en son allure, se hâte d'aller à la maison qui demandait son ministère.

A Marboz où il est depuis quelques jours, sa présence est connue et on le cherche; il s'échappe du village mais

(1) M. Colliex parvint à s'échapper de sa prison et devint plus tard curé de Collonges.

c'est déjà trop tard. Les patriotes disséminés partout
à travers champs, forment une ligne qu'il est difficile de
percer. En Bresse, les sentiers se croisent et s'entre-croi-
sent indéfiniment le long des haies et à la lisière des bois.
M. Ruivet en profite, et il avance, recule, tourne, revient
sur ses pas, mais le cercle qui l'entoure se resserre toujours davantage et le péril s'accroît. Les allées et venues
pourtant, ne l'ont pas encore trahi, on le poursuit, mais
on ne le voit pas. Le fugitif prend tout à coup une de ces
rapides et hardies décisions qui l'ont sauvé tant de fois.
Il redresse sa haute taille qu'il courbait pour mieux se
dissimuler dans les plis de terrain et, du pas tranquille
d'un homme qui n'a rien à craindre, il rentre dans le
bourg. Il se dirige vers la place où s'agitent des bandes
de patriotes, les aborde et les interpellant avec audace
en regardant la facade de l'église, s'écrie : « La nation
française reconnaît l'existence de l'Etre suprême : pourquoi le décret de Robespierre n'est-il pas affiché? Marboz
est sans doute administré pas des aristocrates ? Je ferai
mon rapport au comité du salut public. » Les assistants
interdits et effrayés croyant avoir affaire à un commis-
naire de la République, le suplient d'être clément, de
ne pas les dénoncer, promettant que l'on va sans plus
tarder afficher le décret de Robespierre. Le faux commissaire promet sa clémence et disparaît.

A Bény, une pieuse femme que l'on arrête au lieu de
M. Ruivet, laisse échapper une parole de simplicité sublime :

« Je dois à l'édification publique, écrit M. Ruivet,
de faire ressortir le courage et la foi d'une mère de douze
enfants vivant tous ensemble alors. On vint me chercher à Bourg pour baptiser le douzième, né depuis
quelque temps. Cette femme admirable était la femme
Convert, du Poizat, hameau de Bény. J'étais arrivé assez

tôt pour faire le baptême et collationner avant minuit. A peine étais-je couché qu'on vint heurter fortement à la porte du domaine. On examine et l'on aperçoit autour de la maison une troupe armée de piques. Qu'on juge de l'inquiétude de cette pauvre femme! Elle croit qu'on vient me saisir chez elle, moi qui suis venu lui rendre service... Elle s'approche doucement de moi et me dit à voix basse : Monsieur Claude, on vient faire la visite, retirez-vous bien à la ruelle du lit; elle me couvre de linges et de chiffons. Puis elle va à la porte demander qui a heurté. On lui crie : Au nom de la loi, ouvrez! Elle ouvre, douze individus de ceux que l'on appelait patriotes entrent avec leurs longues piques en main; elle les fait ranger autour de la cheminée circulaire et fait bon feu. Ils ne disaient mot. Elle rompt le silence : Vous autres, qu'êtes-vous donc venus faire ici?... —Nous sommes venus vous prendre et vous mener en prison parce que vous n'allez pas à la messe de M. Toiron. Or, ce M. Toiron, tant vanté alors, ne tarda guère à devenir fou. — Mais, leur dit-elle, si vous me menez en prison, que ferai-je de l'enfant que je nourris? — Hé bien, vous l'apporterez avec vous. — Cela suffit, je vais m'apprêter, ce sera bientôt fait. Puis elle vient, le cœur en joie, et me dit à l'oreille : «Monsieur. Claude, ce n'est pas vous, ce n'est que moi... Mon monde vous reconduira à Bourg un peu avant le jour, je vais donner des ordres. » Cela fait, elle marche gaiement en prison, emportant son enfant dans le berceau. On trouva et on amena encore avec elle plusieurs personnes fidèles n'allant pas à la messe du prêtre intrus. Après un séjour de quelques mois dans la maison de la veuve Perdrix, convertie alors en prison, habitée aujourd'hui par les religieuses, on la transféra à la Charité de Bourg avec beaucoup d'autres, puis aux Saintes-Claires où elle était confondue avec plusieurs prêtres, plusieurs nobles et, même plus tard, avec des révolutionnaires dont le parti était culbuté. Mais que le lecteur pèse la portée de ce mot : Ce n'est que moi ! Qu'il dit de choses ! Quelle foi vive ! Le bon Dieu récompensa dans la suite la fidélité de cette mère par celle de ses enfants qui ont tous suivi la véritable et solide voie et ont été bénis par la Providence d'une manière visible. Plusieurs existent et déposent en faveur de ce que j'affirme. Quant à elle, étant sortie de prison, elle vécut longtemps encore, servant de modèle à sa famille et à la paroisse ainsi que son beau-frère le pieux et zélé Joseph Convert, catéchiste de Bény. On se complaît à parler de ces fervents chrétiens. »

Joseph Convert, dont il est ici question, avait la grandeur d'âme de sa belle-sœur, car c'était un homme de Dieu dans toute la haute acception de ce mot. Sa vie pure, laborieuse était d'une austérité antique. Durant le carême, il jeûnait avec une extrême rigueur et couchait sur la dure. D'un zèle ardent, il recherchait le titre de parrain pour en contracter et en observer les obligations. Il prenait soin d'instruire ses nombreux filleuls dans la religion et veillait à leur persévérance. Avait-il un domestique qui connût peu son catéchisme ou qui l'eût oublié, pour le lui apprendre, il lui faisait partager son lit et l'instruisait pendant la nuit. Ses mains, toujours ouvertes par la charité, donnaient largement aux pauvres. On le regardait comme un saint, aussi, lorsqu'il eût rendu le dernier soupir et qu'on procédait à ses funérailles, le curé nommé Bernard Dormes put-il dire aux porteurs du cercueil sans étonner personne : « Mes enfants, touchez cette bière avec respect : vous allez porter un saint ! »

Une autre maison où, dans cette paroisse de Bény, M. Ruivet recevait le plus souvent l'hospitalité, était celle de la famille *Robin* au Poiziat. La disposition des bâtiments de la ferme permettait de s'esquiver rapidement dans un bois voisin, et donnait ainsi une grande facilité pour les allées et venues, comme pour les entrevues avec les personnes à recevoir.

M. Ruivet y convoquait de temps en temps les prêtres qui exerçaient le saint ministère dans les environs, en particulier les deux MM. Camus (morts plus tard l'un à Bény, l'autre à Saint-Didier), M. Joseph Roux, mort à Saint-Etienne-du-Bois, et le chartreux Dom Guerçain dont les aventures à Marboz et dans les environs sont aussi édifiantes que curieuses.

Au Poiziat, le vicaire général était ordinairement déguisé en garçon de ferme, et le propriétaire de la ferme avait ordre de l'appeler *Claude* et même souvent, en patois bressan, *liaudou*, tout court. Au besoin, il devait l'injurier bien fort et à gros mots dans les moments critiques. Les initiés seuls pouvaient lui donner son titre officiel : *M. le Préposé.*

Quand il y avait réunion de prêtres, M. Ruivet indiquait le *menu,* toujours très simple, à la fermière qu'il appelait *Marion* de sa voix un peu rude; et il n'eût pas été prudent de s'écarter de ses indications.

Malgré toutes les précautions, il y avait des alertes. Le fermier Robin fut arrêté comme suspect et emprisonné à Bourg. Soit frayeur, soit privations, il contracta en prison une maladie dont il mourut quelque temps après, laissant une jeune famille de douze enfants, dont le dernier ne vint au monde que trois mois après sa mort.

Comme la famille Convert dont nous parlions plus haut, la famille Robin fut bénie par la Providence, et plusieurs prêtres, encore vivants aujourd'hui, descendent de cette famille.

7

Sans être nombreux, ils n'étaient pas rares les chrétiens de cette trempe qui aidaient M. Ruivet et ses missionnaires dans ces temps difficiles. Dans cette même paroisse de Bény, au Poiziat, Jean Joly était un digne émule de Joseph Convert. Il parcourait le pays, allait d'une paroisse à l'autre, cherchait les malades, les nouveau-nés, les fiancés, puis, à travers mille dangers, amenait le missionnaire qui administrait les moribonds, baptisait les petits enfants et donnait la bénédiction nuptiale aux époux. Dans ses courses, il emportait toujours avec lui les saints Évangiles qu'il lisait en chemin, aussi avait-il acquis de ce livre divin une connaissance si complète qu'à tout propos dans ses conversations il en citait les traits et les sentences. De là vint le beau nom de Jean l'Évangéliste sous lequel on le désignait habituellement entre fidèles.

Un chirurgien d'Ambronay, M. Corsain, fut héroïque. La taille courbée et les jambes alourdies par l'âge, il accompagnait quand même les prêtres au prix de fatigues accablantes. « Reposez-vous, lui disait le missionnaire. — Non, non, répondait-il, avec un accent de tristesse poignante, il faut bien que je fasse quelque chose pour réparer les fautes de mon malheureux fils. » Et il allait toujours pour expier le double crime de son fils qui, autrefois curé à Saint-Denis, avait eu le malheur de prêter le serment schismatique et de se marier.

On cite un catéchiste, Jean Durafourd qui travaillait le jour pour nourrir sa famille et qui passait quinze nuits de suite sans se coucher pour conduire les missionnaires et contribuer ainsi au salut des âmes.

A Bourg, de nombreuses familles se disputaient l'honneur de donner asile à M. Ruivet, M. Du Marché entre autres, chevalier de Saint-Louis qui avait affronté pour son roi la mort sur les champs de bataille, ne craignait pas de l'affronter pour son Dieu en cachant celui de tous les prêtres qui pouvait davantage le compromettre, le vicaire général. Quoique, sur la fin de sa vie, il eût perdu la mémoire, jamais il n'oublia dans les conversations qu'il fallait taire ce nom. Il s'endormit paisiblement et saintement dans les bras de M. Ruivet à l'âge de quatre-vingt-huit ans, laissant à ses enfants des exemples qui n'ont pas été perdus.

Mᵐᵉ Pelletier s'exposa souvent à tous les dangers et à la mort même avec une intrépidité héroïque, pour donner asile à M. Ruivet et aux prêtres persécutés. Elle ne comptait pour rien les peines, les fatigues et les embarras dès qu'il était question de la gloire de Dieu. Elle mourut à Meximieux.

Ainsi M. Ruivet trouvait autour de lui, parmi les fidèles, d'intrépides dévouements pour l'aider dans son périlleux ministère.

Il n'était pas moins puissamment secondé par ses missionnaires et surtout par ses chefs de mission.

Dans la région de Nantua, l'abbé Rivoire, ancien curé de Saint-Denis près Bourg, soutenait les intérêts de la religion avec un zèle à la fois prudent et hardi.

Dans la région de Chalamont, l'abbé Lagay se livrait tout entier aux âmes, et aux heures de danger, il se réfugiait dans le château isolé de la Moutonnière à Villette, dont le fermier M. Bardot qui était de ses amis savait dépister toutes les recherches.

Dans la région de Pont-de-Veyle, M. l'abbé Favier continuait à enseigner l'Évangile avec le même talent et avec le même succès qu'autrefois à Châtillon-la-Palud dont il avait été le curé avant la Révolution. Aux approches de l'orage, il avait donné à ses paroissiens une notion si claire et un amour si généreux de leurs devoirs de chrétiens qu'ils y furent en très grande majorité inébranlablement fidèles.

Dans la région de Montluel et de Meximieux, M. l'abbé Cartier toujours vigilant, échappait à tous les périls en se cachant à Montluel chez la famille Vallat (1), à Meximieux chez la veuve Favier, à la Côte chez M. Thévenet ou aux Ursulines de Bourg. La veuve Favier avait un extraordinaire talent de catéchiste; elle enseignait à ravir les vérités de la religion, et les enfants accouraient autour d'elle. Parmi eux fut le jeune Portalier qui devint plus tard professeur au petit séminaire, directeur du grand séminaire de Brou, directeur des Sœurs de Saint-Joseph, et qui a laissé la réputation d'un homme de Dieu, d'un théologien et d'un écrivain.

Dans la région du Montellier, M. l'abbé Tripier luttait contre le mal toujours envahissant et trouvait de vigoureux auxiliaires dans les membres de la famille Greppo.

Dans la région de Trévoux, M. Piquet travaillait avec activité. Ancien curé de Marboz, il en était sorti à la suite d'une émeute provoquée dans l'église même par la lecture du mandement de Mgr de Marbeuf, et toujours fidèle, il sanctifiait les âmes au péril de sa vie.

A Montmerle, M. Peysson exerçait le saint ministère depuis quarante ans, lorsque, en 1793, ayant refusé de prêter le serment, il fut emmené dans les prisons de Bourg. Il resta en détention jusqu'à la mort de Robespierre; il fut alors un des premiers prêtres à revenir dans cette région, et, jusqu'au Concordat, il procura aux fidèles de Montmerle et des paroisses environnantes, les secours

(1) M. Vallat, ancien négociant, vieillard aussi religieux que respectable, secondé par sa pieuse fille Mᶫˡᵉ Clémence, rendit de grands services à M. Ruivet et aux missionnaires. Deux de ses filles, Mᵐᵉ veuve Pelletier à Bourg et Mᵐᵉ Pouzols à Condrieu imitaient le zèle de leur père.

de la religion. Pendant les seules années de 1795 et 1796, il administra le baptême à 1,427 enfants, et bénit un grand nombre de mariages.

Dans la région de Pont-de-Vaux, M. Levrat avait une mission particulièrement difficile et la remplissait avec grandeur d'âme. Le doyen du chapitre de cette petite ville avait prêté le serment à la Constitution civile du clergé, et cette coupable défaillance avait exercé sur les courages l'influence la plus dissolvante, mais l'abbé Levrat sut les raffermir.

Ce fut surtout lorsque le 9 thermidor (27 juillet 1794) eut mis un terme aux horreurs qui désolaient la France, que les prêtres rentrèrent de l'exil et que M. Ruivet trouva ainsi dans chaque région de généreux collaborateurs.

Il put lui-même dès lors continuer sa mission avec moins de péril, mais avec non moins de zèle et de dévouement. Il purifia et rendit au culte un grand nombre d'églises profanées par le schisme. Voici le récit d'une de ces touchantes cérémonies. La scène se passe à Saint-Didier-sur-Chalaronne, un gros village près de Thoissey, non loin des bords de la Saône.

Le dimanche, à l'heure fixée, tous les habitants se trouvèrent réunis devant la porte de l'église. La joie animait tous les cœurs et rayonnait sur tous les visages; car l'église rouverte, c'était pour tous la liberté de se montrer publiquement chrétiens et de prier enfin avec sécurité au pied du tabernacle redevenu le sanctuaire de l'Eucharistie.

M. Ruivet arrive et traverse les rangs pressés de la foule. Sur le seuil de l'église, il se retourne. Sa haute taille, son air vénérable, l'auréole que son long et périlleux ministère sous la Terreur, bien connu de tous, a mise sur son front, imposent le respect. Un silence profond s'établit. Alors d'une voix grave et solennelle, M. Ruivet s'écrie : « Désirez-vous tous que je rouvre votre église? » — « Oui, oui, » répond la population impatiente.

M. Ruivet introduit la clef dans la serrure, qui rouillée, grince sans ouvrir. Une femme, croyant que l'abbé Ruivet hésitait encore, ne peut retenir ce cri qu'elle pousse en sanglotant. « Oh! monsieur, mais ouvrez donc, s'il vous plaît. » La porte cède enfin; M. Ruivet d'un geste, arrête la foule qui va se précipiter; et seul, à pas lents, traverse la nef déserte, monte au chœur et s'y jette la face contre terre. Les paroissiens saisis d'une invincible émotion à la vue de ce prêtre à cheveux blancs, étendu sur le pavé, dans le prosternement de la prière, pénètrent silencieux et recueillis, dans cette église, si remplie pour tous de souvenirs religieux.

Quand M. Ruivet se relève, ses yeux sont pleins de larmes, il parle, et l'assistance mêle ses larmes à celles qu'elle voit couler.

Les prêtres revenaient alors plus nombreux de l'exil, et M. Ruivet put remplir les postes vacants. Il reçut ainsi un grand nombre de rétractations.

Lorsqu'il rencontrait sur son chemin, à travers ses courses, des prêtres tombés dans le schisme, il éclairait leur conscience, éveillait leurs remords et les amenait à signer leur rétractation. A Feillens, la signature de M. Gilet eut quelque chose de dramatique, ce qui était bien d'ailleurs dans le caractère ardent et original du personnage. Avec la pointe aiguë d'un couteau, le vieux curé se fit une blessure au bras, il trempa sa plume dans le sang qui coulait et signa.

M. Delagarde, autrefois professeur de théologie de M. Ruivet, avait eu la faiblesse et le malheur de signer l'exécrable formule d'Albitte. Retiré à Pont-de-Veyle,

il comprit sa faute, et ce fut entre les mains de son
ancien élève qu'il déposa la rétractation solennelle
de son apostasie. M. Ruivet reçut ainsi la rétractation
d'un grand nombre de prêtres, qui, reconnaissant leurs
erreurs, condamnèrent leur serment et rentrèrent dans
le sein de l'Église ; à lui seul, il en reçut plus de 150.

Cependant les événements s'étaient succédé en France.
Les chefs de la Révolution avaient porté leur tête sur
l'échafaud, des hommes moins cruels avaient saisi les
rênes du gouvernement et laissaient les catholiques
respirer quelque peu. On commençait à célébrer l'office
divin en plein jour avec un concours prodigieux de
fidèles ; on désertait de tous côtés les églises occupées
par les intrus, le grand deuil des fidèles semblait disparaître. La joie était peinte sur tous les fronts. M. Ruivet
parut se multiplier ; on le vit partout, encourageant
l'un, fortifiant l'autre, inspirant à tous le feu du zèle
divin qui l'enflammait.

Mais le 27 octobre 1795 (4 brumaire an IV), le Directoire remplaçait la Convention, et bientôt les lois
persécutrices contre les émigrés et les prêtres non assermentés étaient remises en vigueur. Ce fut la seconde
Terreur qui dura de 1797 à 1799 ; plus de 10,000 prêtres
qui étaient alors revenus de l'émigration furent condamnés à la déportation. Ce fut une nouvelle et dure
épreuve à subir.

« Je me rappelle, dit M. Ruivet, qu'après avoir
réconcilié l'église de Cerdon et au milieu de l'allégresse
religieuse de ce bon peuple, au sortir de la cérémonie,
notre joie fut convertie en deuil par l'arrivée du courrier
qui annonçait cette nouvelle catastrophe. Dès lors, cette
église fut fermée, le jour même où elle avait été ouverte.
Mais on eut la consolation qu'aucun intrus n'osa venir
la souiller, il en fut de même de plusieurs autres parois-

ses, qui, bien que menacées de nouveau par le schisme, surent préserver leurs églises de l'invasion des loups ravisseurs. »

Cette fois encore, M. Ruivet eut le bonheur d'échapper aux poursuites de ses ennemis.

Enfin le coup d'État du 18 brumaire (9 novembre 1799) mit le pouvoir aux mains de Bonaparte, et le 15 juillet 1801, le Concordat était signé par Pie VII et le premier Consul.

Des jours meilleurs allaient briller désormais pour l'église de France. De généreux apôtres, comme M. Ruivet et ses collaborateurs dans notre région, avaient conservé dans les âmes, au prix de labeurs acharnés, les lumières de la foi, qui, la tempête apaisée, allaient briller dans la France pacifiée avec l'éclat d'autrefois.

Le Concordat avait désigné pour le siège de Lyon l'abbé Fesch, archidiacre d'Ajaccio, et oncle du premier Consul. L'abbé Fesch ne voulut pas prendre immédiatement possession de son siège, et Mgr de Mérinville fut nommé administrateur du diocèse de Lyon; il continua à M. Ruivet ses pouvoirs de vicaire général de Lyon. Ils ne lui furent retirés qu'en 1803; à cette date, le cardinal Fesch qui avait pris possession de son siège, se vit obligé de les lui enlever pour satisfaire aux exigences du gouvernement.

Mais il est temps de parler d'une œuvre que M. Ruivet avait conçue au plus fort de la Terreur. La persécution, l'échafaud, les souffrances et l'exil avaient considérablement éclairci les rangs du sacerdoce. Les prêtres s'usaient vite dans ce ministère tout plein de travaux écrasants, d'alertes incessantes, et eux tombés, personne ne se levait pour prendre leur place. Il fallait songer à l'avenir; la création d'un petit séminaire s'imposait, et dès 1795, M. Ruivet avait résolu de l'essayer.

# CHAPITRE V

LE SÉMINAIRE DE MEXIMIEUX.

La ferme de Pélagey. — La seconde Terreur : les bois de la Bresse, — Le château de Franclieu; les premiers collaborateurs de M. Ruivet. — Meximieux : le château des archevêques de Lyon. — Le séminaire actuel.— M. Portalier. — La direction que M. Ruivet imprime à la piété et au travail. — Le décret de 1811 : dispersion des élèves. — M. Perrodin, supérieur; M. Ruivet, curé de Saint-Chamond. — Invasion des Autrichiens. — Trois futurs évêques au séminaire de Meximieux. — M. Ruivet, curé de Meximieux; sa sollicitude pour son séminaire; il en cède la propriété au diocèse. — M. Loras, supérieur; ses rapports avec le curé d'Ars; l'abbé Gorini et le B. Chanel. — M. Pansu et M. Maîtrepierre, supérieurs.

C'est au plus fort de la Terreur que l'abbé Ruivet, alors vicaire général de Mgr de Marbeuf, archevêque de Lyon, chargé par lui d'administrer le département de l'Ain, conçut le projet d'un petit séminaire.

Ni les dangers incessants, ni les préoccupations multiples d'un ministère qui s'exerçait en pleine persécution et sur l'étendue d'un département, n'absorbaient l'activité de son esprit habitué depuis longtemps à voir plus loin que le moment présent. Ne fallait-il pas songer à l'avenir et former des prêtres pour cette époque prochaine peut-être où le terrible orage qui avait éclaté

sur la France, venant à cesser, il deviendrait nécessaire de réorganiser le service des paroisses!

M. Ruivet pensait avec raison que cette œuvre était absolument urgente, et il n'attendait que le moment favorable.

La Convention venait de céder la place au Directoire. Les élections s'étaient nettement prononcées contre les anciens Jacobins, et on pouvait en espérer un peu de calme; M. Ruivet jugea l'heure propice, et il réunit quelques jeunes gens dans la ferme de Pélagey sur la paroisse de Bény. L'endroit était bien choisi, au centre d'une paroisse qui avait su pendant les mauvais jours, défendre sa foi courageusement, héroïquement même, et au milieu de cette Bresse où allaient se multiplier les vocations sacerdotales qui devaient donner au diocèse toute une légion de prêtres éminents.

Le fermier de Pélagey, Pierre Fontaine, était un chrétien de vieille roche. Sans doute il cultivait avec soin son beau et vaste domaine, il aimait ses prairies qui s'étendaient sur les rives du Solnan, il aimait ses terres qui couvraient les pentes des collines, mais il cultivait son âme plus que ses champs, et il aimait son Dieu plus que ses richesses. Un trait montrera son caractère. Pendant la Terreur, il brisa les scellés apposés par la municipalité sur les portes de la chapelle du château attenant à la ferme pour permettre à M. Ruivet d'y célébrer la sainte messe. Cette audace aurait pu lui coûter la vie, il le savait, mais cela ne l'arrêtait point.

Il donna à M. Ruivet son fils et ses deux neveux, et ce fut le premier noyau du séminaire projeté. Après quelques mois, d'autres jeunes gens des paroisses voisines se joignirent à ce petit groupe. Aux yeux du public, ces jeunes gens de 14 à 18 ans passaient pour les domestiques de la ferme, et c'était vrai sous certains rapports. On les voyait aller aux champs, et suivant les saisons,

guider les bœufs à la charrue dans les sillons de labour, ou retourner les foins au soleil dans les prairies, ou couper les épis dans les terres ; mais ce n'était point là tout leur travail. Aux heures du repos, pendant que les bœufs ruminaient, que les foins ou les épis séchaient, les jeunes séminaristes assis sur un soc de charrue ou sur une meule de foin ou sur une gerbe de blé, ouvraient leur rudiment et apprenaient les premiers éléments du latin. En hiver où on avait plus de temps, on travaillait davantage surtout pendant les longues soirées, alors que la neige couvrait les champs, que la froide bise soufflait entre les branches dépouillées des bouleaux. Alors groupés dans la grande salle de la ferme, autour de quelque vieux tronc de chêne qui brûlait dans l'âtre, à la lueur d'une lampe à forme antique, qui pendait des poutres noircies du plafond, on faisait thèmes et versions avec un courage qu'aiguillonnait la prochaine visite du maître. Car M. Ruivet ne manquait pas de venir souvent visiter ses chers écoliers ; il corrigeait les devoirs anciens, en donnait de nouveaux, encourageait, stimulait l'ardeur au travail, puis, après quelques jours, parfois après quelques heures, il cessait d'être professeur pour redevenir missionnaire.

Cette vie d'études cléricales et de travaux manuels dura deux ans de 1795 à 1797. Survint alors la *seconde Terreur ;* les lois persécutrices de la Convention furent remises en vigueur ; des centaines de prêtres, déportés sous le climat meurtrier de la Guyane, payèrent courageusement de leur vie leur fidélité à l'Église. Une grande prudence devenait nécessaire.

M. Ruivet dispersa ses écoliers, mais sans les abandonner. Il les plaça isolément chez des fermiers dont il était sûr. Les études ne furent pas interrompues pour cela, il n'y eut de changé que le local des classes.

Au jour fixé de la semaine, chacun dans l'après
midi, quittait sa ferme, en dissimulant avec soin ses
livres sous ses vêtements. Rendez-vous était donné au
milieu des bois. Tous arrivaient à l'heure dite par des
sentiers différents. Le maître était là déjà, en costume
de Bressan : sabots en bois de bouleau, tablier de peau,
et bonnet de laine. Une statue de la sainte Vierge était
appuyée contre un arbre, et, à genoux on la priait de
couvrir la petite réunion de sa maternelle protection.
Puis groupés autour de l'abbé Ruivet, les jeunes gens
expliquaient Cicéron ou Virgile, pendant que les feuilles
des arbres jaunies par les derniers soleils d'été, tombaient détachées par le vent d'automne, sur les livres
des écoliers. Ce fut en octobre en effet que commencèrent les classes en plein air et en pleine forêt.

La leçon de grammaire ou de littérature finie,
M. Ruivet donnait à ses enfants des leçons de catéchisme. Il voulait former leur âme à la vertu encore
plus que leur esprit au savoir.

Quelles profondes impressions devait faire, en
pareilles circonstances, la parole de ce prêtre qui depuis
bientôt dix ans n'avait cessé de s'exposer à la prison et
à la mort pour procurer aux âmes les secours d'un
ministère proscrit! Et sa prédication même à ce groupe
d'enfants était aux yeux de la loi un crime qui pouvait le
conduire à la déportation ou à l'échafaud. Il faisait son
devoir sans s'inquiéter des dangers. Les jeunes gens
comprenaient, admiraient l'héroïsme de sa conduite ;
et leur vertu grandissait, s'affermissait au contact de la
sienne si forte et si généreuse.

Quand, à la nuit tombante, tout était fini, on faisait
une dernière prière, on se dispersait à travers les bois, et
chacun regagnait son logis.

La vie était dure aux écoliers de ce temps-là ; mais

quels hommes elle formait! Tous sont morts, et depuis
longtemps déjà, mais leurs noms sont restés en vénération dans la mémoire des paroisses qu'ils ont évangéli-
sées aussi bien que dans le souvenir du diocèse qu'ils ont
servi. Pour n'en citer que deux en passant : M. Darnand
n'est point encore oublié à Saint-Rambert-en-Bugey,
pas plus que M. Perrodin au grand séminaire de Brou.
La foi simple et naïve, et pour cela même, forte à trans-
porter les montagnes, de l'un a laissé chez les habitants
de Saint-Rambert d'ineffaçables souvenirs, et les séminaristes de Brou qui prièrent et qui travaillèrent abri-
tés sous les cloîtres du vieux couvent, s'entretiennent encore de l'esprit fin et caustique, surtout de l'inflexible
austérité de l'autre, resté dans les traditions du séminaire, comme une figure admirable de prêtre.

C'est ainsi que Dieu à cette époque, comme toujours
d'ailleurs, faisait concourir à la réalisation de ses desseins les conseils pervers des hommes. Ceux-ci pour détruire l'Église, voulaient éteindre la race sacerdotale, et
voilà que par suite même de leurs efforts criminels, dans
l'ombre et la solitude des bois grandissait toute une génération de prêtres dont le tempérament moral allait
être d'autant plus solide et résistant qu'il s'était formé
dans la lutte. Cette victoire se renouvelle à chaque persécution, et elle sera vraie demain, comme elle l'était
hier.

Cependant les élèves de l'abbé Ruivet se multipliaient
en dépit des dangers qu'il fallait courir, des fatigues
qu'il fallait s'imposer pour suivre des classes faites en
de si étranges conditions, et quand à la chute du Directoire, l'avènement du premier Consul rendit un peu de
liberté religieuse, les étudiants affluèrent de telle
sorte qu'il devint nécessaire de songer à une organisation nouvelle. M. Ruivet rappela ses enfants épars dans

les fermes et les réunit aux Vavres, à Marboz, dans une maison spacieuse.

Alors seulement il s'adjoignit quelques collaborateurs dont les noms vraiment mériteraient tous d'être tirés de l'oubli. L'abbé Merle, né à Chalamont, avait été ordonné prêtre à Friboug en Suisse. Devenu l'auxiliaire de M. Ruivet pendant la Terreur, il se laissa prendre un jour et fut écroué à la prison de Bourg. Jugé et condamné, il s'attendait à monter sur l'échafaud dès le lendemain, et il passait ses dernières heures à composer une pièce de vers sur la guillotine qui allait lui ouvrir les portes du ciel, quand une main habile vint lui ouvrir les portes de la prison. Il se sauva et reprit ses fonctions auprès de M. Ruivet. En **1800**, il devint professeur à Marboz. Il se livra tout entier à ce nouveau ministère, jusqu'au jour où le goût de la solitude l'emportant pour un moment sur les habitudes de la vie active, il se retira chez les Trappistes de Val-Sainte en Suisse. Mais cet homme était fait pour l'action. Ses supérieurs le comprirent et l'envoyèrent fonder un couvent de l'Ordre dans le haut Canada. L'établissement ne dura pas. L'Angleterre vit de mauvais œil ces religieux français, elle le fit savoir, et il fallut revenir. Un singulier incident retint le P. Merle. Au moment de monter à bord du vaisseau qui devait le rapatrier, il s'aperçoit qu'il n'a pas son bréviaire, et il va tranquillement le chercher dans la maison où il a passé sa dernière nuit. Pendant ce temps, le vaisseau lève l'ancre et gagne la mer. Il était déjà loin quand le P. Merle revint au port. En attendant un autre départ, il résolut, sans trop s'émouvoir de cette mésaventure, de travailler au salut des peuplades qui ne connaissaient pas encore Notre-Seigneur Jésus-Christ. Il s'enfonça dans le nord et prêcha l'Évangile aux Esquimaux. Il le fit avec un tel succès qu'il ne songea

plus au retour. Ces détails ont été racontés par lui-même, trente ans après, au séminaire de Meximieux où il vint passer quelques jours pendant un voyage qu'il fit en France. Il repartit pour sa lointaine mission, il y mourut en 1851, en odeur de sainteté. Son tombeau est resté en vénération.

L'abbé Perret, dont nous avons déjà parlé, avec son courage ferme, son caractère décidé, surtout sa foi profonde, est une physionomie plus saisissante encore. Il fut 15 ans professeur de huitième tant à Marboz qu'à Meximieux. La Révolution l'avait trouvé frère profès chez les Augustins de Brou. Son prieur, le P. Rousselot, ayant prêté serment à la Constitution civile du clergé pour devenir curé de Bourg, il n'hésita pas, avec son franc parler, à lui faire les plus respectueuses, mais les plus fermes représentations. A sa parole, il joignit l'éloquence de son exemple. Il se mit au service de M. Ruivet et fut un de ses auxiliaires les plus précieux. Doué d'un imperturbable sang-froid et d'une rare fécondité d'esprit, il savait se tirer heureusement des plus mauvais pas. Une de ses spécialités était de faire évader les prêtres détenus en prison ; il y réussissait habituellement, pas toujours cependant sans courir les plus étranges aventures.

Il vient de tirer l'abbé Corron, ancien curé de Charix, des prisons de Bourg et s'éloigne avec lui de cette ville peu hospitalière aux prêtres. Mais la campagne n'était guère plus sûre, car tous deux, près de Chalamont, tombent entre les mains des chauffeurs qui étaient alors la terreur du pays. Ceux-ci les dépouillent et les laissent pieds et mains liés sur les bords de la route, mais chacun sur un bord opposé. La largeur de la route les sépare. Toute la bande s'éloigne en jetant aux deux malheureux une dernière insulte. La situation était critique. Que faire? Prier d'abord. L'abbé Perret commence le *Miserere*, l'abbé Corron lui répond de l'autre côté du chemin. La nuit tombait, et ce *Miserere* psalmodié à demi-voix, en plein champ par deux pauvres prêtres, garrottés comme deux criminels, avait un air assez lugubre.

Tout à coup, à l' « *Asperges me hyssopo* », l'abbé Perret voulant changer de position, roula dans un fossé plein d'eau. Tomber dans l'eau juste au moment où il demandait à Dieu d'être aspergé, ne manquait pas d'un certain à-propos bien capable, semble-t-il, de jeter une note gaie dans la psalmodie du *Miserere*. L'abbé Perret qui était, du reste, d'humeur joyeuse, se mit à rire de fort bon cœur. Ce petit accident fut son salut; pour ne pas séjourner dans l'eau, il fit de suprêmes efforts, remonta le talus, puis se traîna avec des peines infinies jusqu'auprès de l'abbé Corron. Avec ses dents qu'il avait fort heureusement solides, il rongea la corde qui liait les mains de son confrère, et celui-ci une fois libre, eut bientôt fait de couper les nœuds qui resserraient l'abbé Perret. Tous deux rendirent grâce à Dieu et se mirent en sûreté pour la nuit. Le lendemain, ils recommencèrent leur périlleuse mission.

Ainsi donc en ce séminaire de Marboz, qui fut la préparation de celui de Meximieux, le supérieur et les professeurs étaient tous des confesseurs de la foi, des apôtres au cœur généreux qui pour donner aux populations le secours de leur ministère, avaient travaillé, avaient souffert, avaient bravé la mort. N'ont-ils pas dû laisser dans ce séminaire qu'ils ont fondé, quelque chose de leur âme si pleine d'héroïques dévouements? Ces ouvriers intrépides de la sainte Église n'ont-ils pas dû communiquer à l'esprit de ce séminaire, quelque chose du leur si éminemment sacerdotal. Cet esprit, ce sont eux qui l'ont formé, et ils l'ont fait de piété, d'austérité, de charité, d'une piété simple et forte, d'une austérité un peu monastique, d'une charité large et généreuse.

D'autre part, les premiers élèves, soit de la ferme de Pélagey, soit des bois de Bény, avaient pris des graves circonstances au milieu desquelles ils avaient vécu, quelque chose de ferme et de résolu dans le caractère, qui donna à leur vocation sacerdotale un singulier cachet de certitude et de générosité.

Ces traditions d'esprit si ecclésiastique chez les maîtres, de vocation généreuse chez les élèves, ont fait depuis tant d'années la gloire de Meximieux.

Cependant M. Ruivet ne pouvait donner à ses séminaristes qu'un temps limité ; chargé d'administrer au spirituel le département de l'Ain, il lui fallut avant tout s'occuper de ses devoirs de vicaire général. L'arrivée de Mgr Fesch, à l'archevêché de Lyon, en changeant sa situation, lui permit de se consacrer sans réserve à son œuvre de prédilection. Tous les vicaires généraux en effet, qui avaient pris soin du diocèse pendant la Révolution, furent remerciés ; d'autres temps réclamaient d'autres hommes.

L'abbé Ruivet mit immédiatement à profit la liberté d'action qui lui était rendue, pour s'occuper d'un projet médité depuis longtemps. L'heure était venue de choisir un emplacement définitif pour son petit séminaire. Mais où aller? Avec son coup d'œil sûr et son grand sens pratique, M. Ruivet avait compris qu'il ne fallait point songer à Marboz pour s'y fixer. Le climat n'y était point assez salubre, les routes à peine tracées, mal entretenues, défoncées par cinq mois d'hiver, rendaient les communications lentes et difficiles ; enfin le pays habité presque exclusivement par des fermiers, manquait de ressources. Si la Bresse avec ses bois et ses fermes isolées, avec

8

ses populations foncièrement chrétiennes, avait offert
à M. Ruivet un milieu parfaitement approprié à la création d'un petit séminaire, elle ne s'adaptait plus nullement au développement de cette œuvre qui allait désormais grandir, sinon sous la protection, du moins sous
la tolérance d'un gouvernement régulier. La suite
prouva que M. Ruivet avait vu parfaitement juste, car
le groupe de professeurs et d'enfants qu'il laissa à
Franclieu, sur la paroisse de Marboz, pour attirer et
recueillir les vocations sacerdotales de la Bresse vint
plus tard, poussé par la force des choses, se réunir à la
communauté de Meximieux. Car c'est là que M. Ruivet
résolut d'implanter son œuvre. Sans doute l'amour du
pays natal qui fut toujours très vif en lui eut quelque
force dans cette décision, mais il ne fut pas le motif
déterminant. Meximieux par sa situation, se prêtait admirablement aux vues du fondateur. Etagée sur les pentes
d'une colline au pied de laquelle passait la route de
Genève à Lyon, presque dans le voisinage de cette dernière ville, sur le parcours des voitures dont le service
régulier assurait des communications faciles avec toute
la région environnante, cette petite ville où M. Ruivet
était d'ailleurs certain, grâce à ses relations, de trouver
de généreux secours, était et demeure encore aujour-
d'hui une situation superbe pour un petit séminaire.

Pendant l'été de 1802, M. Ruivet loua donc l'ancienne
maison de campagne des archevêques de Lyon, devenue
le château de la famille de Blonay, et à l'automne, il y
installa ses séminaristes de Marboz au nombre de soixante-
treize, tout en laissant à Franclieu pour attirer les vocations sacerdotales de la Bresse, un groupe de professeurs
et d'élèves.

L'installation du petit séminaire au château de Mexi-

mieux laissait sans doute au début, beaucoup à désirer,
au point de vue de l'organisation intérieure, mais au point
de vue de l'agrément du site, elle était parfaite ! A proxi-
mité de la ville et pourtant indépendance complète, beaux
ombrages, surtout vaste et magnifique horizon borné au
nord par les montagnes du Bugey et fuyant loin, bien
loin, au sud par-dessus les plaines de la Valbonne.

M. Ruivet se chargea de la philosophie et de la rhétorique. Ses principaux collaborateurs étaient M. Chevalon qui avait fait les campagnes de la République ;
M. Détard qui devint dans la suite supérieur du petit
séminaire de Saint-Jean ; M. Perrodin que nous retrouverons à la tête de la maison et l'infatigable M. Perret.

Parmi les noms des élèves de cette époque déjà lointaine, nous relevons ici avec plaisir, peut-être pourrions-
nous dire avec fierté, ceux de MM. Cyrille et Ennemond
de Blonay, de M. Portallier, de M. Greppo. Cyrille de
Blonay fut lieutenant-colonel dans les armées sardes ;
son frère Ennemond, longtemps ambassadeur du roi de
Piémont, était resté l'ami intime de M. Ruivet, qui chaque année faisait un voyage pour aller le voir. M. Greppo,
vicaire général de Mgr Devie, acquit une grande compétence dans les questions d'antiquités chrétiennes ; ce fut
lui qui initia à ces belles études Mgr Martigny ; l'élève
devint plus fort que le maître, mais le maître garda la
gloire de l'avoir deviné et formé. M. Portallier fut avec
M. Perrodin, l'auxiliaire dévoué et intelligent de Mgr Devie dans l'établissement du grand séminaire de Brou.
Économe habile, il géra les intérêts matériels qui lui
avaient été confiés, avec sagesse ; d'une intelligence
supérieure et d'une activité incessante, il eut le goût
et trouva le temps d'écrire un *Manuel de Cérémonies*,
un *Mois de Marie*, tout en surveillant d'ailleurs les

épreuves du *Rituel* de Mgr Devie, à la rédaction duquel il ne fut point complètement étranger. Son *Manuel*
a vieilli, mais son *Mois de Marie* est sans contredit le
meilleur que nous connaissons. La doctrine en est solide,
quoique fort clairement et fort succinctement exposée ;
le style sobre et ferme est d'une élégance de bon aloi,
une piété à l'accent sincère anime toutes les pages
et impose les prières qui terminent les exercices de chaque
jour. Ce petit livre serait certainement fort lu et fort
goûté des âmes chrétiennes, si, dans une nouvelle édition, on le complétait par des histoires bien choisies.
L'abbé Portallier mourut en odeur de sainteté, et on
attribue à son intercession plusieurs faveurs remarquables obtenues sur son tombeau.

Comme on le voit, il y avait au milieu de cette petite
communauté réunie dans le vieux château des archevêques de Lyon, bien des talents, bien des vertus en
germes ; nul ne doute que l'influence de M. Ruivet n'ait
largement contribué au produit de ces germes d'abord
si riches de promesses et dans la suite si heureusement
fécondés.

Tout en suivant de près l'administration intérieure de
sa maison, M. Ruivet songeait à se soustraire aux entraves d'une simple location. Il rêvait un séminaire qui fût
chez lui, et il comptait pour cela sur la sympathie avec
laquelle les habitants de Meximieux avaient accueilli sa
fondation, sympathie, espérait-il, qui, Dieu aidant, se
manifesterait un jour ou l'autre par des actes de générosité qui l'aideraient dans l'accomplissement de ses
projets. Ce fut en effet ce qui arriva.

Une pieuse dame, veuve d'un M. Gabriel Pitrat de
Lagnieu, mais originaire de Meximieux et de la famille des Thevenin, légua par testament à M. Ruivet, la
propriété qu'elle avait habitée les dernières années de

sa vie. Située à mi-côte de la colline sur laquelle est
bâti le château, cette propriété qui se composait d'une
maison, d'un jardin et d'un verger, offrait assez d'espace
pour bâtir et avait, en partie du moins, les avantages de
site et d'horizon qui donnent tant de charmes à la résidence actuelle du séminaire. Aussi dès qu'il fut en possession de son héritage, M.Ruivet commença à bâtir.
La maison fut agrandie, et deux corps de bâtiments qui
se coupaient à angle droit, s'élevèrent lentement, car les
ressources dont on disposait n'étaient point assez abondantes pour qu'il fût possible de pousser le travail avec
beaucoup d'activité. M.Ruivet y installa, après deux
ans, les classes, les études, le réfectoire et quelques
chambres de professeurs. Les dortoirs restèrent encore
au château. En conséquence, les élèves, tous les jours,
après le lever, la prière et la messe, descendaient du
château au séminaire, et la journée faite, remontaient à
leurs dortoirs. En été, cette promenade ne manquait
sans doute pas d'agrément, mais en hiver, quand la
neige tombait, que le vent du nord arrivait tout glacé
des montagnes du Bugey, faire un demi-kilomètre à six
heures du matin dans l'affreuse obscurité d'une nuit de
décembre qui s'achevait, c'était dur. Personne ne se
plaignait pourtant. Le désir d'être prêtre faisait tout endurer. Et d'ailleurs les anciens parlaient de l'époque où
on allait en classe dans les bois de la Bresse, au péril
de sa vie, et par comparaison, on se trouvait heureux.
A la rentrée de 1807 enfin, les élèves de philosophie,
de rhétorique, d'humanités et de troisième vinrent définitivement se fixer dans les nouveaux bâtiments ; après
Pâques, les autres classes quittèrent le château et re-
joignirent leurs camarades.

Ce fut pendant cette année que M.Ruivet bâtit l'ancienne chapelle, il y employa les matériaux de la vieille

tour féodale qui dominait le château et qui avait été démolie pendant la Révolution. Elle formait avec les deux ailes du bâtiment achevé, un carré long fermé du côté du nord et ouvert au midi sur les plaines de la Valbonne. Il ne pouvait être question de grande architecture, on était si pauvre ! Une grande salle dont le plafond était soutenu par des colonnes, c'était assurément fort modeste, mais c'était sûr, et l'on pouvait y prier de tout son cœur, sans les préoccupations et les craintes qui agitaient l'âme des premiers séminaristes groupés autour de la statue de la sainte Vierge appuyée contre un bouleau de la Haute-Bresse.

M. Ruivet était donc arrivé à force de courage persévérant, à constituer définitivement ce petit séminaire dont il avait si bien compris la nécessité au temps de la Terreur et dont il avait si hardiment commencé l'exécution quand tout péril n'était point encore passé, voulant se hâter afin d'être prêt à donner des prêtres à l'Église, le jour où elle en redemanderait, et M. Ruivet avait été seul à concevoir et à réaliser cette grande œuvre. L'administration diocésaine, en effet, avait borné son concours à fournir les collaborateurs réclamés et nécessaires. Quelle prodigieuse et quelle intelligente activité il avait fallu déployer ! Après dix ans d'efforts, tout était fondé, mais tout n'était point fini. Il s'agissait d'abord de veiller à l'avenir matériel de l'œuvre, puis d'affermir et de compléter l'esprit qui devait l'animer, enfin de lui donner la consécration du succès. M. Ruivet entreprit cette triple tâche, et il sut la mener à bon terme.

Les fonctions multiples de supérieur, de directeur, de préfet de discipline absorbaient ses journées; il prit sur le repos de la nuit le temps de remplir les fonctions d'économe, et ce n'est pas sans une pofonde émotion que l'on parcourt ces vieux cahiers de compte sur lesquels les taches d'huile disséminées çà et là, trahissent les veilles prolongées, en même temps que l'inscription détaillée des dépenses et des recettes révèle la parfaite exactitude de son administration. A défaut de religieuses qu'il ne pouvait avoir, il mit à la tête des principaux services de la maison des personnes sûres qu'il avait formées lui-même à une vertu solide, à un dévoûment éprouvé. Les soins de l'heure présente ne lui suffisaient pas, il s'efforçait de fonder pour l'avenir, sur la charité, la grande œuvre des vocations ecclésiastiques. Le vénérable M.Vuillod a repris plus tard l'idée de M. Ruivet et l'a réalisée.

Tout en songeant aux moyens de faire élever pour l'Église et le sacerdoce, les enfants, il n'oubliait pas les maîtres. Il rêvait de former un corps de professeurs qui ne sortiraient jamais de l'enseignement, qui en feraient l'œuvre de leur vie et qui sur leurs vieux jours, trouveraient au château de Meximieux acquis pour cette destination, un asile assuré. Ce ne fut, hélas! jamais qu'un rêve, mais il prouve du moins un grand esprit et un grand cœur, un esprit capable des plus larges conceptions, un cœur ouvert aux plus généreux sentiments.

Une maison vit de son esprit encore plus que de ses ressources matérielles. Aussi M. Ruivet s'attacha-t-il avec le plus grand soin à former l'esprit de sa maison. La vie du petit séminaire dans la réalité des choses doit être une imitation de la vie du grand séminaire. C'est à ce point de vue que M. Ruivet se plaça pour fixer avec la règle, les habitudes et les traditions qui constituent un esprit de corps. C'est donc le plus pur esprit ecclésiastique qu'il voulait inspirer aux élèves et aux maîtres. En cela, il fut aidé par les souvenirs et les exemples laissés par les premiers professeurs et les premiers élèves du séminaire, alors qu'il était en fondation, à l'époque de la Terreur, dans les bois et les termes de la Bresse, ensuite par l'arrivée à Meximieux de quelques Pères Lazaristes qui durant deux ou trois ans furent employés au séminaire. Ce sont eux, en particulier, qui inspirèrent à M. Ruivet la pensée de placer le séminaire sous le patronage de saint Vincent de Paul.

La piété et l'instruction religieuse tenaient la première place dans le règlement de la maison et dans l'estime de tous. Chaque matin, les élèves faisaient 25 minutes de méditation; à onze heures trois quarts, on sonnait l'examen particulier. Les premières minutes de la première récréation à dix heures étaient consacrées à la visite du saint Sacrement; la lecture spirituelle se faisait tous les soirs. Avant de prendre le repos de la nuit, dans le grand silence du dortoir, tous récitaient ensemble les actes de foi, d'espérance, de charité, les litanies de la sainte Vierge, le De profundis. Les deux promenades de chaque semaine étaient sanctifiées par la récitation du petit office de la sainte Vierge et du chapelet. Rien de plus édifiant que de voir les deux divisions une fois arrivées sur le lieu où allaient s'organiser les jeux, se fractionner en groupes de huit ou dix élèves, qui pieusement psalmodiaient l'office de la sainte Vierge. Puis quand le dernier signe de croix était achevé, tous heureux d'avoir attiré sur eux le regard de Marie, se livraient avec entrain à ces fameuses parties de balles longues qui sont restées célèbres dans les souvenirs du séminaire. Lorsque sonnait l'heure du départ, au signal du surveillant, le calme de la prière succédait à l'agitation du jeu; on se plaçait sur deux rangs, et chacun, égrenant son chapelet, répondait à haute voix aux *Ave Maria* récités par un philosophe ou un rhétoricien.

Les cours de doctrine avaient lieu trois fois par semaine. Le dimanche, toute la communauté réunie assis-

tait au catéchisme fait par le supérieur. Les classes de chant et de cérémonies achevaient de donner au dimanche un caractère exclusivement religieux. Ce jour-là encore, les philosophes portaient la soutane. Comme tout le reste, le costume devait être ecclésiastique dans la mesure du possible; le collet blanc était obligatoire, et une ample redingote rappelait la soutane.

On était pauvre au séminaire et il fallait bien accepter les privations qui remplissaient la vie des parents. Mais surtout on était austère parce que toute vie sacerdotale doit l'être. Pour cette double raison, la nourriture était très simple; en hiver, il n'y avait jamais de feu ni dans les études ni dans les classes; les élèves servaient à table et s'employaient toujours avec dévoûment, quelquefois avec maladresse, aux divers ouvrages de la maison, car on n'avait que les domestiques strictement nécessaires.

A ces habitudes de piété et d'austérité se joignaient des habitudes de discipline et de travail. Pour maintenir celle-là dans toute sa vigueur, les plus grands élèves apportaient avec le secours de leurs exemples l'appui d'une autorité qui savait parfaitement se faire respecter. Chaque dortoir avait un chef responsable, et en étude toutes les trois tables il y avait un censeur chargé de maintenir le bon ordre et le silence. Cette méthode qui donne à des élèves choisis une part d'action est excellente en soi; elle n'est peut-être plus pratique aujourd'hui; elle assurait alors d'excellents résultats.

Quant au travail, l'ardeur en était maintenue par les cahiers d'honneur où étaient inscrits les meilleurs devoirs; par les croix décernées publiquement chaque semaine aux premiers en composition; par les examens publics; enfin par les concours avec les autres maisons du diocèse, Meximieux y remporta souvent de brillants succès; mais aussi comme on s'y préparait ! Le jour du concours, toute la communauté réunie à la chapelle récitait le *Veni Creator*. Chacun silencieusement retournait en sa classe pour y travailler. La solennité de cette composition, la gloire du succès qui rejaillissait sur la maison, frappait les esprits, et longtemps à l'avance on se disposait à la lutte par un redoublement de travail.

Le bon esprit, fait de piété, de discipline, de vie un peu austère, et les fortes études du séminaire étendirent vite au loin la réputation de M. Ruivet comme éducateur, et les élèves affluèrent de toutes parts non seulement de l'Ain, mais du Beaujolais, du Lyonnais, de l'Isère ; en quelques années, la communauté doubla. Les familles qui avaient pris aux jours mauvais de la Révolution, le périlleux honneur de cacher l'abbé Ruivet, s'empressèrent de lui envoyer leurs enfants. Les Robelin de Saint-Didier, les Duluye de Rigneux, les Revel de Marboz, les Duprat de Saint-Jean envoyèrent des élèves à Meximieux. La plupart devinrent prêtres. Dieu récompensa par des vocations sacerdotales le dévoûment admirable des pères et des mères.

Certes c'était là un succès pour l'œuvre de M. Ruivet, succès que l'avenir ne fit qu'affermir, que faire s'élever davantage, puisqu'il suffit de citer quelques noms pour montrer que les prêtres qui ont, en nos pays, régénéré les paroisses, furent presque tous élèves de Meximieux : le vicaire général Poncet, l'abbé Revel, curé de Pont-de-Veyle ; les Perrodin dont l'un, avons-nous dit, aida puissamment Mgr Devie dans l'organisation de son grand séminaire et dont l'autre fut cinquante ans curé de Meillonas ; les trois Duluye qui exercèrent sur la paroisse de Cormoz et sur toute la haute Bresse une si bienfaisante et si incontestable autorité.

Voué tout entier à son séminaire, l'abbé Ruivet était

heureux de le voir prospérer quand une épreuve inattendue vint lui faire craindre pour un moment que tout fut à jamais compromis. Napoléon alors arrivé au comble de son incroyable fortune, pensait qu'aucune puissance ne devait et ne pouvait se soustraire à la domination de la sienne. Afin de faire sentir son pouvoir à l'âme de la France, il créa l'Université, moyen efficace assurément de façonner à sa guise l'esprit et le cœur des nouvelles générations, et il entendait bien que les nouvelles générations sacerdotales n'eussent pas la liberté de grandir en dehors de l'influence de l'Etat que l'Université était chargée d'exercer. Un décret fut donc rendu par lequel étaient fermés tous les petits séminaires de France, les élèves devaient être astreints à suivre les cours universitaires. C'était habile pour avoir l'Église de France sous sa main. Le décret fut porté le 5 novembre 1811. Le cardinal Fesch, par son intervention, obtint une année de répit pour son diocèse. L'année scolaire commencée finirait ; mais on ne pourrait pas rentrer.

L'abbé Ruivet qui avait appris à lutter sous le despotisme sanglant de la Convention n'était point homme à subir le despotisme légal de l'empereur sans chercher au moins une échappatoire, car toute résistance directe était impossible.

A la rentrée de 1812, il fractionna ses élèves en trois groupes. L'un fut envoyé à Bourg, M. Greppo en était chargé ; le second à Villefranche sous la conduite de l'abbé Chevalon, le troisième à Belley avec l'abbé Borel. Les séminaristes suivaient comme externes les cours des collèges, mais leur éducation restait tout entière aux mains des prêtres choisis sur lesquels d'ailleurs M. Ruivet veillait, car il les visitait fréquemment. L'effet de la mesure violente prise par Napoléon était ainsi singulièrement atténué. Il n'y eut plus alors au séminaire vide que M. Ruivet, l'abbé Perret et un évêque d'Italie exilé de son siège l'année précédente, Mgr Francisco Giampe d'Assise.

En 1813, le cardinal Fesch nommait M. Ruivet à la cure de Saint-Chamond. Douloureusement frappé déjà par la dispersion de ses séminaristes, le cœur de M. Ruivet fut tout à coup absolument brisé. C'était donc fini; cette œuvre du séminaire qu'il avait conçue aux plus mauvais jours de la Terreur, qu'il avait commencée au péril de sa vie, qu'il avait continuée avec des sollicitudes infinies, qu'il croyait enfin définitivement assurée, elle semblait lui échapper tout à fait. Cette maison qu'il avait si péniblement édifiée, elle était déserte; et il s'en voyait éloigné peut-être pour toujours.

Ce n'était qu'une épreuve, et il devait revoir bientôt son séminaire plus florissant que jamais. La Providence se plaît à ces coups, afin qu'il paraisse bien qu'elle seule peut les soutenir contre les hommes et contre le temps et dès lors qu'à elle seule doit revenir toute gloire et tout honneur.

Cependant les événements se précipitaient en France. Après la désastreuse et terrible campagne de Russie, l'Europe tant de fois vaincue, mais jamais soumise, se coalisa pour la sixième fois contre Napoléon. Celui-ci eut d'abord quelques succès, puis la perte de la bataille de Leipsick ouvrit la France à l'ennemi. 80.000 Autrichiens prirent la route de Lyon par nos frontières de l'Est. Meximieux fut occupé, mais pas sans combat. L'action fut meurtrière, les blessés français et autrichiens furent reçus avec charité au séminaire transformé en ambulance. L'évêque d'Assise dont nous avons parlé se prodigua avec le plus admirable dévoûment. Il fut pour les pauvres soldats un ange de consolation et

de salut. Plusieurs expirèrent entre ses bras après avoir reçu de lui les derniers sacrements.

La grande vertu de l'évêque d'Assise avait été remarquée déjà au séminaire ; les nouveaux et éclatants témoignages qu'il en donna en ces douloureuses circonstances la firent admirer davantage encore ; aussi laissa-t-il dans la maison en la quittant, un souvenir qui lui a survécu longtemps. Il semble en vérité que Dieu ait voulu faire vivre quelques mois en ce séminaire destiné à former des prêtres, un évêque, c'est-à-dire un prêtre ayant la plénitude du sacerdoce, qui fut un modèle accompli des vertus sacerdotales afin d'y affermir à jamais l'esprit ecclésiastique.

La Révolution de 1814 rouvrit à Mgr Francisco Giampe les portes de son diocèse et aux élèves dispersés les portes du séminaire. L'administration, un peu prise au dépourvu, et n'ayant pas de supérieur sous la main, pria M. Ruivet de faire la rentrée des classes. Cette mission fut pour M. Ruivet à la fois très douloureuse et très douce. Revoir son séminaire peuplé à nouveau dut être assurément une grande joie à son cœur, mais en laisser la direction à un autre ne pouvait manquer aussi de lui causer un vrai chagrin. Il obéit pourtant, suivant sa coutume d'ailleurs, au désir de ses supérieurs, et il vint recevoir les élèves. Dès le lendemain de la rentrée qui eut lieu le 1er novembre, il organisa les classes et lança la communauté dans la voie du travail et de la discipline. Puis quand toutes choses eurent été réglées, que les difficultés multiples d'une rentrée faite ainsi après deux années d'interruption et avec un personnel en grande partie nouveau eurent été résolues, l'abbé Ruivet désigna son successeur et avec une générosité qui fit l'admiration de tous, lui présenta lui-même les clefs de la maison. Ce devoir accompli, il rentra à Saint-Chamond dans sa paroisse. Il venait de faire un des plus douloureux sacrifices de sa vie.

Le successeur choisi était l'abbé Perrodin, qui pendant la dispersion des élèves, avait été chargé, d'abord avec M. Ruivet, seul ensuite, d'inspecter les écoles cléricales de Belley, de Villefranche et de Bourg.

Né à Marboz, en 1785, d'une famille d'honnêtes cultivateurs, l'abbé Perrodin avait été un des élèves de M. Ruivet aux temps héroïques où les classes se faisaient au fond des bois de la Bresse. D'une grande maturité d'esprit, on l'avait nommé professeur de troisième à Meximieux avant même qu'il eût achevé ses cours de théologie.

De Meximieux, il passa à Largentière, devint professeur au grand séminaire de Lyon, puis supérieur à Brou où, comme nous l'avons dit, il a laissé d'impérissables souvenirs. Son passage au grand séminaire de Lyon où il vécut au contact des fils de M. Ollier et dans l'intimité du vénérable M. Gardette, avait laissé en son âme des traces profondes. Il fit régner l'esprit de Saint-Sulpice à Brou, et employa ses dernières années traversées par de continuelles souffrances à méditer et à écrire sur les fonctions sublimes du prêtre. Ses livres de *Méditations* et de *Lectures spirituelles*, son opuscule sur les *Caractères du prêtre* et les *Caractères du chrétien*, écrits dans une langue sobre et ferme, remplis d'observations fines et pénétrantes, de conseils judicieux, de pensées graves et d'une théologie sûre ont une réelle valeur et mériteraient mieux ici qu'une mention rapide si nous pouvions les étudier. L'abbé Perrodin mourut lorsqu'il travaillait à un opuscule sur la préparation à la mort.

Le successeur que M. Ruivet se donnait était donc un prêtre de grand mérite et de grande vertu. Il lui adjoignit comme collaborateurs des prêtres pour la plupart fort distingués qu'il avait su discerner. Le préfet des études, l'abbé Josserand, devint plus tard vicaire général d'Orléans. Le professeur de rhétorique, l'abbé Girod de Villebois, fort savant helléniste, introduisit l'étude du grec au séminaire ; il alla, dans la suite, fonder un collège en Pologne. Le professeur des humanités, l'abbé Horand, bon mathématicien autant que bon littérateur, consacrait les récréations et les congés à faire des cours d'arithmétique et d'arpentage fort suivis. Le plus remarquable de tous était l'abbé Loras de Lyon, professeur de troisième, que nous retrouverons bientôt à la tête de la maison.

Ces maîtres d'élite, sous la première et vigoureuse impulsion donnée par M. Ruivet au début, maintenue ensuite par l'abbé Perrodin, entraînèrent la communauté dans un travail ardent que rien ne vint troubler jusqu'en mai 1815. Mais alors on apprit que Napoléon s'était enfui de l'île d'Elbe et que l'armée toute entière, subjuguée par l'incomparable prestige de cet homme, avait remis entre ses mains le gouvernement du pays. Cette nouvelle jeta la consternation parmi les maîtres et les élèves, car le retour de Napoléon, c'était la guerre avec levées en masse de tous les jeunes gens de dix-sept à vingt ans. C'était par conséquent l'interruption des études pour un grand nombre, c'était peut-être même la fermeture du séminaire. Des désordres dont le séminaire faillit être la victime assombrirent encore ces tristes perspectives. Des bandes de paysans armés descendirent du bas Bugey, marchant sur Lyon, pour y soutenir, disaient-ils, l'empereur contre le roi. Ils s'arrêtèrent deux jours à Meximieux. Leurs chefs sans autorité sur eux, étaient absolument impuissants à les contenir. Les plus violents parcouraient les rues, vomissaient des blasphèmes et poussaient des cris de mort ; l'un d'eux pénétra dans le séminaire, arriva jusqu'à la porte de

l'étude et l'ouvrant brusquement, proféra les plus horribles menaces en dégainant son sabre. La ville était dans la
terreur. Meximieux fort heureusement avait alors pour
maire un homme fort énergique, M. Jacquemet. Sur son
appel, un certain nombre d'hommes de bonne volonté
prennent les armes. Il les divise en trois groupes qui,
rapidement, se portent l'un au séminaire, l'autre à la
cure, le troisième au château. Le chef de poste au séminaire est M. Blanchon ; M. Favier est à la cure ; M. Jacquemet commande au château. Au séminaire, à la nuit tombante, les plus jeunes furent envoyés au dortoir, les plus
grands armés de solides gourdins, se tiennent prêts à donner main forte au poste qui les protège. Ces dispositions
prises, le maire avertit les Bugeystes que ses hommes
se défendront sans ménagement et qu'à la première
alerte des exprès partiront pour faire sonner le tocsin
dans toutes les communes du canton. Devant cette attitude bien décidée, les Bugeystes n'osèrent pas réaliser
leurs menaces, et dès le lendemain, ils partirent pour
Lyon où le commandant de la place fort embarrassé de
ces recrues indisciplinées, les renvoya chez eux après les
avoir fait adroitement désarmer.

Cependant Napoléon ayant été vaincu à Waterloo, les
armées ennemies couvraient la France. Les Autrichiens
reparurent à Meximieux ; leur arrivée faillit être fatale
au séminaire qui fut sur le point d'être transformé en
hôpital militaire. Le général autrichien qui résidait à
Bourg envoya l'ordre de renvoyer les élèves à leurs familles. Les lits devaient rester garnis pour être mis immédiatement à la disposition des malades. M. Perret
que nous avons vu à l'œuvre et qui était l'homme de
toutes les audaces, part à Bourg, arrive jusqu'au général et le prie de révoquer ses ordres. Le général refuse,
M. Perret insiste, supplie et finit par gagner sa cause.

Rien ne fut changé à la vie des élèves, les études continuèrent paisiblement. Au lieu de malades, le séminaire n'eut à loger qu'un certain nombre de Hongrois avec leurs officiers. Ceux-ci pour la plupart possédaient très bien la langue latine et la parlaient avec la plus grande facilité. L'un d'eux groupa un jour autour de lui les élèves des hautes classes, et leur raconta en latin la bataille de Leipsick à laquelle il avait pris part. A mesure qu'il parlait, son récit s'échauffait et sa voix, au souvenir de ces terribles journées où furent tués près de cent mille hommes, prenait des accents qui impressionnaient vivement ses auditeurs. Quand il finit par ces mots : « *Totis membris tremens, credebam me esse in die universalis judicii,* » tout le monde partageait son émotion.

En cette année 1814-1815, il y eut au séminaire trois futurs évêques : M. Bonand, M. Debelay et M. Crétin. M. Bonand, nature aventureuse et énergique, devint évêque de Chandernagor dans les Indes. M. Debelay, né à Viriat, fit à Meximieux de brillantes études, il y revint comme professeur de rhétorique. Successivement vicaire à Nantua, principal du collège de cette ville, il remplit ces doubles fonctions avec tant de succès que Mgr Devie le nomma curé de la paroisse. Plein d'activité et de sens pratique, en quelques années il ouvrit un asile aux petits enfants, une école aux jeunes gens, un hôpital aux malades et restaura avec une sollicitude d'artiste sa vieille église, un des monuments les plus remarquables de notre pays.

Élevé sur le siège de Troyes, il fit preuve d'une telle activité à l'occasion des troubles qui agitèrent sa ville épiscopale pendant les journées de 1848 que la confiance du gouvernement l'appelait bientôt après à l'archevêché d'Avignon. Il fut un des premiers évêques qui introduisirent la liturgie romaine dans leur diocèse et par con-

séquent un des initiateurs de ce vaste mouvement litur-
gique qui s'achève en ce moment à la plus grande gloire
de Rome.

Mgr Crétin fut un saint en même temps qu'un administrateur à grandes vues. De bonne heure, il rêva d'apostolat et de martyre. Il voulait partir pour la Chine,
Mgr Devie l'envoya à Ferney. C'était en réalité une première sorte d'apostolat que celui de cette ville jetée
et retenue dans l'erreur par la philosophie de Voltaire et
le protestantisme de Genève.

Mgr Loras emmena enfin, en 1838, M. Crétin sur les
rives du Mississipi septentrional ; quelques années après,
en 1850, il le faisait nommer évêque de Saint-Paul.
Mgr Crétin fut le véritable créateur de cet évêché qui ne
comptait guère alors que 300 catholiques et qui depuis
est devenu un important archevêché. C'est encore un
ancien élève de Meximieux qui occupe aujourd'hui le
siège archiépiscopal de Saint-Paul, Mgr Ireland, dont
le souvenir est plus que jamais vivant dans le cœur de
ses maîtres et de ses condisciples d'autrefois (1).

A ces noms, nous pourrions en ajouter un troisième
qui ne jeta point le même éclat, mais qui n'en rappelle
pas moins en notre diocèse la dou ce et vénérable figure
d'un prêtre accompli. M. Vuillod, ancien supérieur du

_____

(1) « Mgr Crétin, a écrit Mgr Ireland, fut dans son apostolat marqué par
un zèle ardent et une brûlante charité, un nouveau Paul ; son nom est
profondément vénéré dans le Minnesota ; son abnégation, sa vie laborieuse,
son amour des âmes ont laissé après lui des parfums de sainteté que
les années en passant n'ont point encore dissipés.

« Sa haute intelligence avait prévu l'avenir magnifique réservé à la
cause catholique dans le Minnesota ; sa prévoyance et son habileté pré-
parèrent les voies et rendirent facile l'accomplissement des plans formés par lui. Il est mort en 1857 ; aujourd'hui ses exemples inspirent et
remuent ; ses prières attirent les bénédictions du ciel sur le diocèse
de Saint-Paul. » (Mgr Ireland, *Introduction à la Vie de l'abbé Robelin.*)

C'est Mgr Crétin qui a envoyé à Meximieux en 1853 John Ireland et
Thomas O' Gorman, aujourd'hui évêques, l'un de Saint-Paul, l'autre
de Sioux-Falls dans le Dakota.

grand séminaire, fut le condisciple de Mgr Debelay, de Mgr Bonand et de Mgr Crétin. Le trait le plus saillant de cette physionomie que n'oublieront jamais tous ceux qui l'ont connu, c'est une indéfectible régularité que rien au monde ne pouvait troubler. La prière, l'étude,

M<sup>gr</sup> IRELAND,
Archevêque de Saint-Paul.

l'administration se faisaient dans la vie du saint prêtre une part qui ne variait jamais. Un grand esprit de foi inspirait cette régularité qui avait pour but de ne point laisser perdre une minute d'un temps qu'il fallait utiliser tout entier pour l'éternité. Quelle belle et salutaire leçon donnait ainsi tous les jours le vénérable supérieur aux jeunes séminaristes qu'il préparait à leurs augustes fonctions.

Et comme il était bon sous ses dehors austères! Même, comme il était naïf, mais de cette naïveté de bon aloi qui est à l'extérieur le doux rayonnement d'une âme pure, candide, qui ne soupçonne qu'à moitié la malice des hommes et qui dit les choses comme elle les sent, comme elle les voit, sans trop s'inquiéter de ce que sera l'effet produit.

Avec le mérite d'avoir formé de nombreuses générations sacerdotales, M. Vuillod a encore celui d'avoir fondé la caisse des vocations. En homme pratique, il songeait tout ensemble et aux études, et à la formation morale, et aux dépenses nécessaires au développement d'une vocation. Cette œuvre, dès qu'il en eut conçu la pensée, il la poursuivit avec une patience, une ténacité, une générosité que le succès récompensa, mais pas encore hélas! dans la mesure où l'exigerait le malheur des temps.

M. Vuillod voulut mourir en ce séminaire qui avait abrité sa jeunesse. Après trois ans de repos et de préparation à la mort, il s'éteignit doucement à l'âge de quatre-vingt-sept ans, ayant paisiblement reçu les derniers sacrements et faisant un suprême effort pour réciter encore de ses lèvres mourantes le *Credo* qui avait été la force, la consolation et la règle de sa vie.

Un séminaire qui, dès ses premières années, préparait de tels hommes à l'Église semblait vraiment avoir reçu grâce et mission pour former le clergé d'un diocèse. Meximieux ne manquera dans la suite ni à cette grâce, ni à cette mission.

Et c'est peut-être pour affermir à jamais l'esprit et les traditions de cette maison que la Providence va ramener près d'elle son fondateur. M. Ruivet fut en effet, en

cette année 1815, nommé à la cure de Meximieux devenue
vacante par l'élévation de M. de Ponte de Vèz, qui l'occupait, au poste d'aumônier de Louis XVIII. Saint-Chamond fut abandonné, et M. Ruivet rentra dans son pays.
Son installation fut très solennelle, tout le séminaire y
assista. La cérémonie fut présidée par un prêtre vénérable, M. Burjoud, curé de Montluel, qui avait autrefois,
pendant la période révolutionnaire, travaillé en même
temps que M. Ruivet au salut des âmes, en exposant
mille fois sa vie.

M. Ruivet fut dès lors tout ensemble curé de Meximieux et supérieur du séminaire. A la vérité, il n'avait
pas ce dernier titre, mais il en avait l'autorité, et
quand il venait à la maison, il y tenait la première place
et présidait les exercices. Il avait au séminaire sa chambre et sa bibliothèque. Souvent il venait partager le dîner de la communauté ; jamais il ne manquait d'assister
aux examens.

La jeunesse avait le don d'émouvoir cet homme austère, et il se plaisait à vivre au milieu d'elle. Un matin,
l'on vient dans sa chambre lui demander conseil sur la
punition à infliger à un enfant qui avait fait à la règle
un manquement grave. Le jeune étourdi, dégoûté de la
vie du séminaire, s'était échappé. Après une journée de
recherches, on l'avait pris et ramené. « Eh bien ! qu'on le
mette à genoux au réfectoire, » dit M. Ruivet. La sentence portée fut exécutée. Seulement à midi, M. Ruivet
ne descendit point au réfectoire. Sitôt le repas terminé,
le supérieur monte à l'appartement de M. Ruivet, craignant quelque indisposition subite. Il le trouva les yeux
pleins de larmes. « Je ne suis point descendu, dit M. Ruivet,
devant cet enfant que j'ai fait mettre au pain sec, je n'aurais pas eu le courage de manger ; c'est un orphelin, vous
le savez, il n'a pas de mère. Ce souvenir m'a ému plus

que de raison peut-être. » Le supérieur qui ne connaissait pas cette tendresse au cœur de M. Ruivet resta tout interdit.

Toujours préoccupé d'écarter des vocations sacerdotales les dangers qui les menaçaient, surtout à certaines heures décisives, M. Ruivet conçut à cette époque le dessein de séparer la philosophie des autres classes. Le dessein était excellent s'il eût été réalisable.

La philosophie, c'est la dernière année du petit séminaire, c'est par conséquent l'année où il faut choisir sa voie, celle qui aboutit au sacerdoce ou celle qui aboutit aux carrières du monde. Et que d'influences se disputent alors le cœur du jeune homme ! Le sacerdoce l'attire par ses grandeurs, le monde le sollicite par sa vie facile. Si l'âme est généreuse, le sacerdoce a vite fait de l'emporter ; mais si elle est sans grande énergie, commune, la lutte est plus longue. Et il suffit d'une passion mal réglée, d'un condisciple léger, d'une lecture frivole, pour que le monde l'emporte et qu'une vocation soit perdue. Il faudrait donc, si la chose était toujours possible, créer autour de ces élèves de philosophie une atmosphère toujours pure où n'entrerait rien de malsain.

D'ailleurs cette année est celle où il s'agit de prendre le goût solide des habitudes de travail sérieux et de se faire à une vie disciplinée. N'est-ce pas pour cela encore une nouvelle raison pour entourer ces chers jeunes gens de sollicitudes plus attentives, de soins plus vigilants ? M. Ruivet le pensait. Et il avait acheté pour isoler ses philosophes et les maintenir dans un milieu uniquement sacerdotal, à deux kilomètres du séminaire, dans le bourg de Rapan, une vaste maison avec un enclos. Le site était un peu solitaire mais agréable. Au nord, les deux collines de Pérouges et de Meximieux avec le clocher du Bourg-Saint-Christophe font un paysage gracieux ; au midi, bien loin, les ondulations bleuâtres des montagnes de l'Isère forment un magnifique cadre à la plaine de la Valbonne. Tout était pour le mieux, seulement les philosophes ne purent jamais s'installer dans leur maison, et la propriété resta simplement un but de promenade.

Cependant M. Ruivet était parvenu à placer le séminaire de Meximieux à la tête des établissements diocésains. De concert avec M. Perrodin d'abord, ensuite avec M. Carran (1) qui était devenu supérieur au mois de juillet 1816, il veillait attentivement sur la marche des études et n'en laissait point diminuer la vigueur. Aussi à la fin de cette année 1816, d'éclatants succès vinrent-ils répandre au loin la renommée de Meximieux. Maîtres et élèves s'étaient préparés au concours général par la prière autant que par l'étude.

Le jour de la composition, toute la communauté réunie à la chapelle avait pieusement chanté le *Veni Creator*, le *Salve Regina* et l'*Inviolata,* puis dans le plus grand silence, chacun était rentré dans sa classe. Alix et Verrières furent complètement battus, Meximieux remporta la victoire sur toute la ligne et obtint tous les prix.

On savait souffrir au séminaire comme on savait travailler, avec courage et bonne humeur. La famine sévit durement en 1817, et le séminaire n'était point assez riche pour n'avoir que du froment cette année-là. On faisait du pain avec de la fécule de pomme de terre mélangée dans une large mesure avec de la farine de blé, heureux quand cette dernière échappait au plâtre qu'y jetaient les marchands avides et coupables. Et comme

(1) M. Carran fut supérieur du séminaire jusqu'en 1818; il devint ensuite préfet apostolique à la Martinique. Il est mort chanoine à Lyon.

les domestiques ne suffisaient pas à broyer les pommes
de terre, on avait installé sur les cours une machine destinée à cet office et que les élèves faisaient manœuvrer
pendant leurs récréations. Ils préparaient de la sorte,
en toute vérité, mais gaiement, leur pain à la sueur de
leur front, un pain qui n'était pas très savoureux, mais
que Dieu semblait bénir, car jamais la santé des élèves
ne fut meilleure.

M. Ruivet pouvait donc se réjouir de voir son œuvre
si prospère et si solidement établie. Jusque-là il était
resté l'unique propriétaire de son séminaire ; mais sa
maison était devenue assez importante pour que l'administration diocésaine de Lyon l'admît au nombre de ses
petits séminaires.

M. Bochard, vicaire général du Cardinal Fesch, faisait
alors construire à Menestruel près Poncin une maison
destinée à une œuvre semblabe à celle qu'il avait déjà
fondée à Lyon sous le nom de *Société des Chartreux*.
Le personnel de cette maison devait se livrer aux missions
diocésaines et à l'enseignement secondaire. Le bruit se
répandit alors que les élèves de Meximieux seraient trans-
férés à Menestruel. M. Ruivet alarmé partit pour Lyon,
il fit généreusement don au diocèse de son séminaire,
mais sous la condition expresse que si quelque jour
l'ancien évêché de Belley était reconstitué, c'est à lui
qu'en reviendrait la propriété.

Cette donation acceptée avec sa clause, les rhétoriciens
purent librement rentrer à Meximieux dont M. Loras
prenait alors la direction comme supérieur.

Esprit distingué, caractère ferme, cœur ardent, nature
active, l'abbé Loras faisait prévoir déjà la brillante destinée qui l'attendait.

Il était de Lyon où il avait traversé les mauvais jours
de la Terreur. Il en avait gardé un sombre et doulou-

reux souvenir. Enfant, il avait suivi avec son frère, par une froide matinée de janvier, la fatale charrette qui conduisait son père à l'échafaud. La terrible scène ne s'était plus effacée de sa mémoire.

Durant ses premières études de latin, il fut le condis-

Mᵍʳ LORAS,
Mort évêque de Dubuque.

ciple du futur curé d'Ars, avec lequel il se lia d'une étroite et persévérante amitié à la suite d'un fait qui aurait dû tout au moins créer de l'antipathie. Le jeune Loras qui avait l'esprit vif et la compréhension facile, impatienté par les lenteurs du jeune J.-B. Vianney et fatigué des explications qu'il lui demandait, répondit par un soufflet. L'écolier reçut cet affront, comme le

savent faire les saints. Touché jusqu'aux larmes d'une
vertu déjà si parfaite, l'offenseur tendit sa main à sa victime et lui voua une affection qui ne se démentit jamais.

Plus tard, quand il fut supérieur du séminaire, il
reçut la visite du curé d'Ars. Les détails de cette visite
sont restés dans les traditions du séminaire. Elle eut lieu
dans la semaine qui précédait la Fête-Dieu. Les deux amis
en se promenant, rencontrèrent les enfants que l'on exerçait à jeter des fleurs et de l'encens. L'abbé Vianney
s'arrêta et leur dit : « N'oubliez pas, mes enfants, quand
vous serez dimanche, devant le bon Dieu, de lui jeter
vos cœurs avec vos fleurs et votre encens. » Les paroles
des saints font de telles impressions que celle-ci ne fut
jamais plus oubliée.

Le soir, ces deux âmes si sacerdotales, si bien faites
pour se comprendre, s'entretinrent jusque bien avant
dans la nuit des choses de Dieu et de l'Éternité. Vint
l'heure du repos. Le supérieur conduisit le curé d'Ars
dans la chambre qui lui avait été préparée et qui était
celle de l'abbé Blanchon. Le séminaire n'avait pas
d'appartement à offrir, et quand un prêtre venait demander l'hospitalité, l'abbé Blanchon qui était de Meximieux, donnait sa chambre et allait passer la nuit dans
sa famille. Au matin, quand il rentra chez lui, il trouva
son lit intact; le curé d'Ars avait passé la nuit en prières.

Le lendemain, l'abbé Loras accompagna son ami à la
voiture publique qui devait l'emmener. Ils y rencontrèrent une pauvre vieille femme qui se mit à dire en les
regardant l'un après l'autre : « Il y en a un qui sera un
grand évêque et l'autre un grand saint. » Tout étrange
qu'il paraisse, le propos est certain; il a été raconté à
M. Blanchon par des témoins qui l'avaient entendu. Du
reste, plus tard, le curé d'Ars, se reportant à ce lointain
souvenir, répétait : « L'abbé Loras est bien devenu un

grand évêque, mais moi je ne suis point devenu un saint. » C'était son opinion, ce n'est point celle des pèlerins si nombreux qui viennent de bien loin parfois vénérer son tombeau.

M. Loras dirigé par M. Ruivet qui était loin de se

J.B.M. VIANNEY,
CURÉ D'ARS,
DÉCLARÉ VÉNÉRABLE LE 3 OCTOBRE 1872

désintéresser de son séminaire, bien qu'il en eût cédé la propriété au diocèse, donna à la maison une véritable prospérité. Le nombre des élèves dépassa trois cents. L'esprit était excellent, les études étaient fortes, et tous se préparaient dans la prière et le travail à l'avenir qui les attendait. Pour quelques-uns, cet avenir devait être vraiment glorieux. Le savant abbé Gorini, le bienheureux Chanel, en effet, étaient alors élèves du séminaire. Les remarquables travaux historiques de l'un, l'éclatante

sainteté de l'autre resteront toujours pour la maison
qui les a formés tous deux un honneur impérissable.

Qui ne connaît l'austère figure de l'abbé Gorini, de ce
curé de campagne qui, dans la solitude de son presbytère, perdu au milieu des bois et des étangs de la Dombe,
s'était imposé de remonter aux sources mêmes de
l'histoire ecclésiastique pour y trouver la réfutation des
erreurs que les maîtres de la science en ce temps-là
avaient accumulées contre l'Église. Le jour, il était tout
d'abord à son ministère, puis les heures libres, et elles
étaient nombreuses, il les employait au travail. Le jour
ne suffisant pas à l'ardeur passionnée avec laquelle il
recherchait la vérité pour la rétablir preuves en main,
partout où les Guizot et les Augustin Thierry l'avaient
altérée, il passait ses nuits courbé sur ses *in-folio*. Lentement, mais sûrement, son œuvre de réfutation se poursuit,
s'achève, et un jour, les historiens qui font autorité à
Paris apprennent que là-bas, dans un pauvre village de
la Bresse, un humble mais intrépide curé, sans renom
littéraire, dans un livre nouveau et déjà célèbre, vient
de leur faire la leçon avec autant de force que de cour-
toisie. L'événement fit du bruit et méritait d'en faire.
M. Guizot vint voir son réfutateur et fut ravi de cette
science aussi profonde que modeste. Les honneurs arrivèrent alors, hélas! et la mort aussi. La gloire eut à
peine le temps de jeter un rayon sur cette vie, si longtemps obscure, avant qu'elle s'éteignît; mais ce rayon
fut si vif que son éclat dure toujours immuablement
attaché au nom de l'abbé Gorini.

La physionomie du bienheureux Chanel est plus atta-
chante encore, car c'est celle d'un martyr. Raconter sa
vie serait un hors-d'œuvre, on nous permettra cependant d'en rappeler quelques traits.

C'est le **30** octobre 1819 que le jeune Pierre Chanel,

ÉGLISE ET ANCIEN PRESBYTÈRE D'ARS

âgé de 16 ans, quittant l'école presbytérale de Cras, arrivait au petit séminaire de Meximieux où il devait passer quatre ans. Dans son âme privilégiée, on vit grandir pendant ces quatre années la vertu la plus forte, la plus aimable, la plus bienfaisante, tout naturellement, comme sous la pluie et le soleil du bon Dieu, la fleur naît de la tige, le fruit de sa fleur.

Voici ce qu'écrivait plus tard à son sujet M. l'abbé Brouard qui fut son professeur en quatrième et en troisième : « Je ne crois pas qu'il ait jamais mérité ou reçu
« un seul reproche de ses supérieurs. Il était d'une
« modestie et d'une docilité parfaites. Il avait le cœur
« sensible et généreux. Le fond de son caractère était
« la mansuétude ; cette bonté d'âme était peinte dans
« ses traits ; elle se révélait surtout dans son regard et
« dans sa parole. Ennemi de tout ce qui trouble la paix
« et l'union, il n'eut jamais avec ses condisciples la
« moindre querelle. Sa timidité naturelle le portait à
« s'éloigner de ces jeux trop bruyants et trop animés d'où
« naissent d'ordinaire les conflits et les disputes. Il te-
« nait dans sa classe un rang distingué, sans briller par
« l'imagination, avec plus de constance que d'ardeur,
« ce que j'attribuais à la délicatesse de son tempéra-
« ment. Cependant il devait, je crois, plus de succès à
« son travail qu'à ses talents. Sa piété était réfléchie,
« solide et tendre. C'était en un mot un élève laborieux,
« bon, calme, docile et plein de piété, de ceux qui faci-
« litent la pénible tâche des maîtres. »

Nous avons entre nos mains les *palmarès* des années 1821 et 1823. En 1821, Pierre Chanel, alors élève de troisième, n'obtint que quelques nominations *d'accessits*. En 1823, il venait de terminer sa rhétorique, il obtint les *premiers prix* de diligence et de vers latins, et des *accessits* d'excellence, de discours latin, de discours français.

La conduite constamment édifiante de Pierre Chanel
n'échappa point longtemps à l'œil clairvoyant de ses
condisciples; dès sa première année, il fut admis dans la
congrégation de la Sainte-Vierge et chargé du soin de
l'oratoire en qualité de sacristain. Il s'appliqua par de
nouveaux efforts à n'être point indigne de cette nouvelle
faveur. Entraînés par sa conduite exemplaire autant que
séduits par les charmes de son heureux caractère, les
membres de la congrégation l'élevèrent bientôt par leurs
suffrages unanimes à la première dignité de la congrégation, celle de *préfet*.

Pendant sa dernière année de séminaire, Pierre
Chanel se lia d'une manière toute particulière avec deux
de ses condisciples Claude Bret et Denis-Joseph Maîtrepierre. Les trois amis se proposaient le même but : annoncer l'évangile aux infidèles. Dans leurs conversations
intimes, ils s'entretenaient en secret de leur vocation et
s'engageaient mutuellement à s'en rendre dignes par
une solide instruction et une piété sincère.

M. Loras eut connaissance de leurs projets. Comme il
songeait lui-même à se consacrer aux missions, il appela
auprès de lui les trois amis, leur ouvrit son cœur et les
encouragea fortement dans leur généreux dessein en
leur laissant entrevoir un rendez-vous prochain. Les
trois jeunes gens tressaillirent de joie, il leur semblait
voir leurs vœux les plus chers déjà réalisés : « Mes
enfants, ajouta M. Loras, qui devinait l'ardeur de leurs
désirs, ne précipitons rien, sachons attendre le moment
de Dieu ; nous aurons des obstacles à surmonter ; mais
ayons confiance et prions (1). »

(1) Tous les trois devaient un jour faire partie de la Société de Marie.
Le P. Bret s'embarqua pour les missions d'Océanie en même temps que
le P. Chanel et mourut pendant la traversée. L'abbé Maîtrepierre
après avoir été supérieur du petit séminaire de Meximieux, entra lui aussi
dans la même Société.

Avant de quitter le petit séminaire, Pierre Chanel devait encore y recevoir une nouvelle grâce, que sa piété lui fit hautement apprécier : le sacrement de confirmation ;

LE BIENHEUREUX PIERRE CHANEL

il le reçut des mains de Mgr Devie, la veille de la sortie, le 20 août 1823.

Le souvenir de cet élève modèle, devenu plus tard

prêtre, membre de la Société de Marie, apôtre et martyr de Futuna, fut conservé religieusemeut au petit séminaire de Meximieux. Aussi, lorsque, en 1889, Léon XIII éleva sur les autels le bienheureux Chanel, nulle part la nouvelle ne fut reçue avec plus de joie et une plus légitime fierté qu'au petit séminaire où s'était formé le généreux martyr. Au mois de juin de l'année suivante, sa fête y fut célébrée pour la première fois ; Mgr Luçon, évêque de Belley, était venu y assister.

Nous croyons devoir reproduire en entier le compte rendu de cette belle fête, tel qu'il fut publié alors par le *Messager du Dimanche* (1) :

« Il est huit heures du soir ; le ciel n'a pas un nuage,
« l'air encore agité par les derniers souffles d'un vent
« qui tombe, sera dans quelques instants parfaitement
« calme ; tout annonce une belle soirée. Dans la grande
« cour du séminaire, les élèves joyeux se hâtent de met-
« tre la dernière main aux préparatifs de la fête. Les
« galeries achèvent de recevoir leur parure de guirlan-
« des, d'écussons et d'oriflammes ; la grande allée a déjà
« ses festons de verdure et de fleurs qui vont fort gra-
« cieusement d'un arbre à l'autre ; voici maintenant
« qu'on y suspend de riches oriflammes blanches et
« rouges à bordure d'or ; au fond, parmi les sapins et
« les marronniers du bosquet, on voit, sur la façade de
« l'oratoire, le chiffre de la sainte Vierge tracé avec de la
« mousse parsemée de roses. A l'autre bout de l'avenue,
« sur les écussons aux couleurs de Marie, on lit ces
« mots : *Iter ad Mariam, iter ad gloriam.* Aller à Marie,
« c'est aller à la gloire. N'est-ce pas, effectivement, en
« allant à Marie, dans une société qui lui est consacrée, que
« le bienheureux P. Chanel a trouvé la gloire du martyre?.

(1) *Messager du Dimanche, Semaine religieuse de Belley*, 14 juin 1890.

« Mais le temps presse, la nuit vient ; vite on encadre
« de verdure la fenêtre du dortoir où dormit le Bien-
« heureux. On développe sur les murs une longue ban-
« derole avec ces mots : A leur frère aîné, les élèves du
« séminaire ; on déroule d'immenses oriflammes le long
« des arcades et du cloître ; on drape d'élégantes por-
« tières en étoffe bleue à l'entrée de la cour, et, quand
« tout est fini, au signal de la cloche, les élèves se ran-
« gent en demi-cercle, Monseigneur apparaît alors en-
« touré des professeurs de la maison.

« Sa Grandeur répond avec sa grâce accoutumée au
« compliment qui lui est adressé. Puis la communauté
« monte à la chapelle, en passant, sur la première gale-
« rie, devant un double écusson qui semble attirer parti-
« culièrement les regards de Sa Grandeur. Tout en
« haut, sont les armes épiscopales, au-dessous la devise
« du séminaire ; autour on lit ces paroles : *In tegmine*
« *alarum tuarum sperabunt*. Espérer est toujours une
« chose douce à l'âme ; espérer en s'appuyant sur un grand
« et bon cœur et comme à l'ombre d'une main toujours
« prête à bénir, c'est de plus, chose vivante et forte qui
« nourrit et soutient les courages. C'est parce que les
« élèves du séminaire ont senti cela qu'ils l'ont écrit.

« La chapelle est étincelante. Les candélabres de
« l'autel, le lustre du chœur, les girandoles des statues
« qui ornent les pilastres de la nef jettent des flots de
« lumière qui montent jusqu'aux voûtes où ils font scin-
« tiller les étoiles d'or dont elles sont parsemées.

« La prière pieusement faite, Monseigneur, avec
« l'éloquence persuasive qui lui est habituelle, com-
« mente en les appliquant au bienheureux P. Chanel la
« double inscription qu'il a lue sur la cour : *Iter ad*
« *Mariam, iter ad gloriam*. Sous la parole épiscopale,
« les cœurs s'échauffent, et pendant qu'à la tribune on

« chante l'*Hymne aux Martyrs,* de Gounod, chacun vient
« vénérer avec amour les reliques du bienheureux.
« Alors lentement et avec ordre, s'organise une proces-
« sion aux flambeaux. Chaque élève reçoit le sien, et
« à mesure que la chapelle se vide, on voit s'allonger sur
« les galeries d'abord, bientôt après sur les cours, deu x
« lignes de feu, que domine et conduit la grande croix
« argentée dont les ciselures brillent sous les flambeaux
« des acolytes. Quatre élèves de philosophie, vêtus de
« dalmatiques rouges, portent sur leurs épaules les re-
« liques du martyr. Monseigneur suit en chape d'or
« et crosse en main.

« Là-haut le ciel s'est paré de toutes ses étoiles. Un
« léger vent du nord fait vaciller ici et là, mais sans les
« éteindre, les cierges allumés, et porte jusqu'aux vil-
« lages voisins, les chants sacrés qui s'élèvent dans le
« silence de la nuit. Sur le parcours de la procession,
« les lanternes vénitiennes aux vives couleurs, sus-
« pendues aux branches des arbres, cachées sous une
« touffe d'herbe, enfoncées au milieu d'un massif, ré-
« pandent leurs clartés douces. Groupées en forme de
« lustre devant la statue du Sacré-Cœur qui occupe le
« milieu du bosquet, elles jettent sur la tête de Jésus une
« couronne de feu. Des flammes de bengale éclatent au
« passage des reliques, percent les massifs de verdure
« au-dessus desquels elles font une auréole rouge ou
« verte et enveloppent tout le cortège de longues traînées
« lumineuses du plus singulier effet.

« Longtemps les reliques du bienheureux parcourent
« ainsi triomphalement les cours du séminaire avant de
« rentrer à la chapelle.

« Il est dix heures quand toute la communauté, de
« nouveau réunie au pied de l'autel, reçoit la bénédic-
« tion du très saint Sacrement.

« Cette première cérémonie fait une vive impression
« sur toutes les âmes et leur laisse, en finissant, un par-
« fum de piété qui les dispose aux fêtes du lende-
« main.

« A 7 heures du matin, Sa Grandeur célèbre la messe
« de communion. Rien de beau, de saisissant comme
« ces messes de communion où tous les séminaristes
« viennent recevoir dans leur cœur le divin Ami de la
« jeunesse, pendant qu'à la tribune de l'orgue on chante
« de beaux cantiques ! Toutes ces âmes deviennent
« ardentes au contact de la chair sacrée de Jésus-Christ.
« L'ardeur sied bien aux jeunes gens. Entretenue par
« des communions fréquentes, elles les anime d'un grand
« courage pour les grands combats.

« La messe solennelle est chantée en musique par la
« chorale du séminaire à dix heures. M. Valansio, vi-
« caire général, officie. Monseigneur tient chapelle.
« Un groupe de chanoines l'entourent. Pendant l'offer-
« toire, un violoniste interprète l'*Ave Maria* de Gounod.
« Les notes sont pures, vibrantes, expressives ; sous les
« coups d'archet de l'artiste, le violon a pris une âme,
« et il chante à ravir.

« Ce même violoniste se fait entendre, l'après-dîner,
« et toujours avec le même accent net et sonore, dans
« les intervalles qui séparent les diverses parties de
« l'*Oratorio* chanté par la chorale. Cette fois il n'est plus
« seul ; un ancien élève du séminaire, violoncelliste
« distingué, qui fait vibrer en maître son difficile ins-
« trument, exécute sa partie avec une habileté qui
« enlève tous les applaudissements. Soutenue par un
« accompagnateur toujours sûr de lui-même, la chorale
« d'ailleurs longuement exercée, interprète fort bien
« l'œuvre du Père Garin, donnant à chaque partie la
« juste expression qui lui convient.

« La littérature se mêle agréablement à la musique,
« et les élèves de philosophie, de rhétorique, d'huma-
« nité viennent successivement lire devant Sa Grandeur
« les devoirs qu'ils ont composés sur l'esprit et le cœur
« du missionnaire; sur le rôle du séminaire de Mexi-
« mieux dans les missions lointaines de l'Océanie où il
« a envoyé 15 prêtres parmi lesquels un évêque et un
« martyr; enfin sur les travaux exécutés à la chapelle
« en vue de la béatification du P. Chanel.

« Une chaude et brillante allocution de Monseigneur
« termine cette intéressante séance.

« La journée n'est point finie. La piété des élèves ne
« se lasse pas des belles cérémonies. A six heures et de-
« mie, les vêpres sont chantées en faux-bourdon; M. le
« supérieur du petit séminaire de Belley prononce
« le panégyrique du bienheureux, montre aux enfants
« en s'appuyant sur la vie du P. Chanel comment on
« découvre sa vocation, comment on la suit et jusqu'où
« il convient de la suivre. Le prédicateur sur ce plan si
« nettement conçu, a dit des choses utiles et édifiantes
« qui porteront des fruits. Pendant qu'il parle, la nuit
« est venue, la chapelle s'est assombrie; tout à coup, à
« la fin du sermon, la nef et le chœur s'illuminent comme
« par enchantement, et Jésus dans la divine hostie
« bénit toutes les têtes inclinées.

« Quelques instants après, tout était calme au sémi-
« naire. Les enfants dormaient leur bon sommeil; plus
« d'un, bien sûr, dut rêver de Futuna, du bienheureux
« P. Chanel et des anges radieux qui emportent au ciel
« l'âme que le martyre a faite libre et glorieuse. »

Depuis lors, la fête du bienheureux Chanel est célébrée
chaque année au séminaire avec la plus grande solennité, en son jour propre, le 28 avril. La statue du saint
Martyr s'élève sur les cours du séminaire, et sa figure

resplendit dans un des vitraux de la chapelle. Le bienheureux Chanel restera la gloire la plus pure du séminaire de Meximieux.

Avec l'abbé Gorini et le bienheureux Chanel, nous devons encore mentionner parmi les élèves de cette époque l'abbé Bernard et Mgr Martin.

L'abbé Bernard fut le condisciple du bienheureux Chanel au presbytère de Cras, et ensuite au séminaire de Meximieux. Au sortir du grand séminaire, il fut envoyé comme professeur au pensionnat ecclésiastique de Ferney. Il n'y passa que quelques mois, mais ce court espace de temps suffit pour lui fournir l'occasion de faire ses premières armes. Appelé en champ clos par un protestant de Genève, l'abbé Bernard accepte le cartel. Le protestant ouvrit le feu : *Catholiques, vous travestissez l'Évangile en faisant maigre et en jeûnant pendant le Carême. Ce qui entre dans le corps ne souille pas l'âme!* — *Pourquoi,* répliqua aussitôt l'abbé Bernard,

STATUE DU BIENHEUREUX CHANEL
sur la cour du séminaire

*Dieu chassa-t-il Adam et Eve du Paradis terrestre, si ce n'est parce qu'ils avaient souillé leur âme en mangeant du fruit défendu?* Le disciple de Calvin ne sut que répondre. L'assistance applaudit, et la séance fut levée.

Après avoir occupé successivement différents postes dans le diocèse de Belley, l'abbé Bernard suivit Mgr Débelay à Troyes. Le parti catholique était alors en formation. L'abbé Bernard fut un des premiers à s'enrôler

sous la bannière de Louis Veuillot avec lequel il resta
jusqu'à la fin en correspondance et en collaboration.
Pour défendre ses idées, il fonda à Troyes un journal *la
Paix*. En 1850, il suivit Mgr Débelay à Avignon. Là un
champ nouveau et tout à fait selon ses goûts s'ouvrit
devant lui. Un concile provincial avait décrété l'établissement d'une bibliothèque chrétienne dans toutes les paroisses de la province. La direction de l'œuvre fut confiée à
l'abbé Bernard. En trois ans, 200.000 volumes furent
distribués et répartis entre toutes les paroisses des
cinq diosèses de la province d'Avignon. Pour le service de l'œuvre, l'abbé Bernard fonda la *Revue des bibliothèques paroissiales* qui a été la première et qui est devenue le type de toutes les *Semaines religieuses* établies
aujourd'hui dans chaque diocèse de France.

L'abbé Gorini achevait alors sa *Défense de l'Église;*
l'œuvre serait restée dans les limbes de la Tranclière,
si l'abbé Bernard ne lui eût procuré un éditeur qui vou-
lût bien l'imprimer à ses risques et périls. En retour de
ce service amical, l'abbé Gorini collabora à la *Galerie
des Saints* de l'abbé Bernard pour laquelle il écrivit plusieurs brochures, entre autres une trop peu connue intitulée : *La Vie des saints marchands.*

La *Galerie des Saints* était une nouvelle œuvre annexée
à l'œuvre des bibliothèques paroissiales, dans laquelle
l'abbé Bernard publiait chaque mois un volume conte-
nant la vie d'un ou de plusieurs saints, publications qui,
selon son plan et son programme, devaient s'étendre jusqu'à épuisement des Bollandistes. L'abbé Bernard mit
à cette œuvre son zèle et sa foi sans avoir la consolation
de la terminer. Il chercha et forma une équipe de col-
porteurs qui devaient répandre la bonne semence jusque dans les villages les plus reculés. Hélas! les apôtres
ne s'improvisent pas. Ils partirent à un jour donné, le

dos courbé sous une balle remplie de livres, aucun ne revint.

Après la mort de Mgr Débelay, l'abbé Bernard alla remplir en Afrique les fonctions d'aumônier militaire de la garnison de *Tiaret ;* à la suite d'une très vive discussion avec le maréchal Pélissier, gouverneur de l'Algérie, il fut nommé curé d'*Arba.*

L'abbé Bernard rentra plus tard dans le diocèse de Belley et y exerça le ministère paroissial jusqu'à l'âge de quatre-vingt-six ans. En 1894, il alla prendre un peu de repos, à l'hospice de Pont-d'Ain, et mourut l'année suivante, au jour anniversaire du martyre de son ami le bienheureux Chanel.

Mgr Martin fut aussi le condisciple et l'ami du bienheureux Chanel au petit séminaire de Meximieux, où il devait revenir bientôt comme professeur de rhétorique. Après quelques années passées dans le ministère paroissial, il fut nommé professeur d'éloquence au grand séminaire de Brou.

Lorsqu'en 1844, Mgr Débelay fut élevé sur le siège de Troyes, il emmena avec lui l'abbé Martin et en fit son vicaire général à Troyes d'abord, puis à Avignon. Par sa bonté, son tact, son intelligence vraiment supérieure, l'abbé Martin sut se concilier l'estime et la confiance du clergé de ces deux diocèses. Par son énergie et sa force de caractère, il aida puissamment Mgr Débelay dans les réformes qu'il voulut faire et contribua tout particulièrement au rétablissement de la liturgie romaine dans le diocèse d'Avignon. L'abbé Martin sut aussi à l'occasion découvrir des talents en germes, et c'est lui qui décida l'abbé Darras à entreprendre sur l'*Histoire de l'Église*, le grand travail que la mort ne lui a pas permis d'achever. Il fut nommé par Pie IX protonotaire apostolique. Après la mort de Mgr Débelay, Mgr Martin, aujourd'hui un des doyens du clergé de France, revint habiter son village natal, Bagé-le-Châtel.

Travailleur infatigable, Mgr Martin a continué à suivre dans sa retraite, qui dure depuis bientôt un demi-siècle, toutes les luttes qu'a eu à subir l'Église, toujours prêt à défendre la vérité, la justice et le droit. Aujourd'hui encore, malgré son âge si avancé, toujours sa plume est alerte, son intelligence vive, son imagination fraîche et poétique, son cœur ardent et enthousiaste, ainsi que le prouve la *Lettre-Introduction* placée en tête de cet ouvrage.

Mgr Martin a trouvé aussi les loisirs nécessaires pour composer un grand nombre d'ouvrages de piété, entre autres : un *Mois de Marie d'Ars,* un *Mois de Marie du B.Chanel,* un *Mois de St Joseph,* patron de la bonne mort, un *Manuel du Chemin de la Croix* pour l'octave des morts et une excellente petite brochure intitulée : le *Bréviaire médité.*

Pour former ainsi des savants et des martyrs, l'abbé Loras n'avait d'autre secret au fond que celui d'aimer beaucoup ses élèves et de se dévouer à eux corps et âme. Son amour jetait en ces riches natures que la Providence lui avait confiées des semences qu'il cultivait avec soin et qui plus tard devaient donner les fruits éclatants que nous venons de signaler.

Ses élèves lui rendaient son affection et savaient à l'occasion lui en donner les preuves les plus délicates.

Une année, la veille de sa fête, toute la communauté était réunie au réfectoire orné de guirlandes et étincelant de lumières. Le supérieur vit venir trois rhétoriciens, habillés comme devaient être probablement vêtus les bergers chantés par Virgile. Avec leur houlette qu'ils tenaient à la main fort gracieusement, ils portaient des vases en bois sculptés, des couronnes de fleurs et un petit agneau blanc comme neige. D'un ton fort naturel, ils déclamèrent devant le cher supérieur une églogue en vers français et finalement lui offrirent le triple présent qu'ils apportaient. La communauté éclata en applaudissements. M. Loras répondit à l'églogue avec infiniment de cœur et d'esprit.

Les vases ornèrent l'appartement du supérieur, les fleurs allèrent exhaler leurs parfums au pied de l'autel de Marie, et le petit agneau fut élevé par les élèves. On lui fit un parc dans la cour, et bien entendu, il fut régulièrement accablé par tous de caresses et de friandises. En promenade, il suivait les divisions et les plus jeunes jouaient avec lui.

Mais tout finit en ce monde, et l'année suivante à Pâques, le petit agneau devenu un superbe mouton fut tué et rôti. Au dîner, M. Loras, par une attention touchante, voulut servir lui-même à chaque carré sa part du mouton qui fut trouvé excellent.

Quelle délicieuse scène de famille ! Allez donc trouver quelque chose de semblable dans l'Université, où au lieu des élans et des inspirations du cœur il n'y a que la froideur et la sécheresse des traditions officielles.

Cependant le nombre des élèves croissait toujours. M. Loras dut songer à agrandir la maison. Il fit prolonger la partie qui faisait face à la chapelle, et au mois de juin 1822, les études, le réfectoire et la classe de rhétorique y furent installés. Peut-être eut-on l'imprudence de prendre trop tôt possession des bâtiments nouveaux encore trop humides ! Toujours est-il qu'au mois de juillet à la suite d'un congé très beau, fait très joyeusement par un temps superbe au château de la Servette la fièvre typhoïde se déclara au séminaire. En quelques jours, le fléau fit deux victimes et menaça de prendre des proportions effrayantes. M. Loras se hâta

de rendre à leur famille les élèves qui n'étaient pas
atteints et réunit les malades dans une maison qu'il
loua. Le pauvre supérieur debout le jour et la nuit,
le cœur toujours plein d'angoisses, les yeux souvent
pleins de larmes, passa quelques semaines terribles. La
mort de M. Damour, professeur de rhétorique, acheva de
le briser.

Il n'y eut cependant pas que tristesse et désolation en
cette rude épreuve. Dieu n'accable jamais tout à fait
une âme, et jusque dans les heures les plus sombres, sa
bonté fait glisser quelques rayons de lumière. Si M. Loras connut alors de grandes douleurs, il connut aussi
de grandes consolations. Autour de ces lits où mouraient ses élèves, il vit des mères faire avec un courage
héroïque le sacrifice que Dieu leur demandait, et il
assista à des morts de prédestinés.

Une pauvre mère avait nuit et jour veillé son fils.
Voyant l'impression des médecins, elle était partie pour
la Louvesc. Près du tombeau du grand apôtre du Vivarais,
elle avait prié avec cet élan que connaissent seuls les
cœurs des mères ; puis elle était revenue avec de l'eau
puisée à la source de Saint-François-Régis. Elle fit boire
cette eau dont elle espérait la guérison ; la guérison, hélas ! ne vint pas, et l'enfant mourut. A genoux près du
corps, les yeux fixés sur ce visage où la mort avait
étendu sa pâleur, la malheureuse mère eut un moment
de lutte violente. La nature se révoltait, la grâce demandait la soumission. La grâce l'emporta. « Dieu me l'a repris, s'écria cette mère chrétienne en se relevant
pour embrasser son fils mort, que son saint nom soit
béni ! » M. Loras était là, mêlant ses larmes à celles de
la mère et grandement consolé par sa parfaite résigna-
tion.

Une plus profonde et plus intime consolation lui vint

encore de la fin singulièrement touchante d'un enfant de sixième. Il se mourait. Près de son lit se trouvaient l'abbé Blanchon, alors simple séminariste de Saint-Irénée et M. Loras. L'abbé se penche vers le moribond pour l'encourager à prier la sainte Vierge. L'enfant qui paraissait accablé, rouvre les yeux et se met à chanter d'une voix très douce le *Salve Regina* et aux dernières paroles *o clemens, o pia, o dulcis Virgo Maria,* il exhalait son dernier soupir. De telles morts mettaient un peu de baume dans le cœur déchiré de M. Loras.

L'année suivante, au mois d'octobre, la rentrée eut lieu comme de coutume ; mais M. Loras avait trop souffert. Le souvenir de ses chers morts lui revenait trop vif et trop douloureux en cette maison où tout les lui rappelait. Il demanda à partir et fut à la fin de l'année nommé supérieur à l'Argentière, d'où à la suite d'une épreuve à peu près semblable il partit enfin pour les missions d'Amérique, après lesquelles il soupirait depuis si longtemps.

Mais avant de quitter Meximieux, il dut remettre le séminaire entre les mains du nouvel évêque de Belley. Cet antique siège venait enfin d'être rétabli, et la Providence y avait fait monter un prélat qui allait lui donner un grand éclat. Mgr Devie, d'illustre et sainte mémoire, préconisé au mois de mars 1823, sacré au mois de juin, s'appliqua dès son arrivée en son diocèse, à le réorganiser avec une incroyable activité. Au mois de septembre, il réunissait au séminaire de Meximieux plus de 150 prêtres auxquels il faisait prêcher la retraite par l'abbé Rey, plus tard évêque d'Annecy, et alors en pleine possession d'une renommée d'orateur, d'ailleurs parfaitement justifiée.

Pendant huit jours, le séminaire se peupla non plus d'écoliers faisant retentir les cours de leurs bruyants

ébats, mais de prêtres, graves, silencieux, méditant
devant le tabernacle de la chapelle, le long des
grands corridors, sous les ombrages des terrasses, les
redoutables obligations du ministère sacerdotal. La retraite eut plein succès. M. Loras s'en réjouit grandement. Personne n'en ressentit une joie plus vive que
M. Ruivet. Les rêves qu'il avait formés dans ses heures
de marche solitaire sur les chaussées des étangs, à travers les bois de la Bresse, pendant les années sanglantes
de la Convention, étaient donc enfin réalisés ! Le diocèse avait un clergé. La plupart des prêtres formés
à la science et aux vertus sacerdotales par son séminaire
venaient de s'y réunir pour y suivre les précieux exercices de la retraite. Sous l'action d'une parole toute
apostolique, sous le regard de Dieu, sous la direction
d'un évêque dont les rares qualités promettaient beaucoup pour l'avenir, ils avaient renouvelé leur âme, et
cette œuvre de sanctification accomplie, ils avaient re-
gagné leur poste pour s'y dépenser plus généreusement
que jamais. Tout cela produisait dans le cœur si sacerdotal de M. Ruivet un sentiment de bonheur que connaissent seules les âmes passionnées pour la gloire de
Dieu. Et ce qui donnait à ce sentiment quelque chose de
particulièrement vif et profond, c'est qu'ayant eu la douleur de voir la révolution disperser, amoindrir, parfois
déshonorer la tribu sacerdotale, il avait la consolation de
voir cette même tribu sanctifiée, réorganisée et sous la
main d'un chef capable par l'autorité de sa parole, l'impulsion de son zèle, l'efficacité de ses exemples de la
conduire brillamment à travers les luttes et les travaux
de l'apostolat.

Les élèves en rentrant au séminaire, en novembre, le
trouvèrent tout plein du parfum de piété qu'avait jeté
cette mémorable retraite, et ils en ressentirent une im-

pression qui aida beaucoup dès les premiers jours leur piété et leur travail. L'année fut excellente, elle ne ferma pas cependant les plaies qu'avait faites au cœur de M. Loras l'épidémie de 1823 ; il partit au mois d'août, laissant sa succession à M. Pansut (1).

Caractère loyal, ferme mais rigide, M. Pansut donna peut-être à la discipline quelque chose d'un peu dur. Austère à lui-même, il l'était aux autres. A ses yeux, la crainte était le commencement de la sagesse, et il s'étudiait à la faire régner autour de lui. Il réussit trop bien. Il eut des violences, puis des faiblesses. Trop de rigueur, là où il aurait fallu peut-être un généreux oubli, lui aliéna quelques-uns de ses professeurs. Il se retira après huit ans d'une administration qui eut le mérite de trouver les ressources nécessaires à l'achat de l'ancien bâtiment des sœurs, et à l'élévation de la tour du nord et qui eut la sagesse d'ériger canoniquement au séminaire les deux congrégations de la Sainte-Vierge et des Saints-Anges. Elles s'établirent à la suite d'une retraite prêchée par le P. Simon, jésuite, en 1832.

Cependant la rudesse apportée dans le gouvernement de la maison par l'abbé Pansut, avait peu à peu éloigné les élèves. M. Ruivet qui avait l'œil sur son sé-

(1) L'abbé Loras fut, à Lyon, un des premiers membres de la Société des Missionnaires des Chartreux. Il partit ensuite pour les missions d'Amérique et devint le premier évêque de Dubuque ; il embrassait sous sa juridiction le territoire que couvrent aujourd'hui les deux diocèses de l'Iowa et les six diocèses de la province ecclésiastique de Saint-Paul.

« Pendant dix-neuf ans, a écrit à son sujet Mgr Ireland, il arrosa de ses sueurs ce champ que la Providence lui avait confié. Ouvrier infatigable, homme de Dieu, il était en même temps un homme de son époque. Il fit preuve de larges vues et d'une perspicacité surprenante. Il sut attirer vers lui de nombreuses colonies et traça d'avance, pour la direction des affaires, les grandes lignes que ses successeurs ont eu à cœur de suivre.

« Au temps présent, ce territoire renferme une population de quatre millions, et la foi chrétienne a jeté dans le sol de profondes racines. » (Mgr Ireland, *Introduction à la vie de l'abbé Robelin*.)

Voir en l'*appendice* à la fin du livre une notice plus complète sur Mgr Loras publiée par Mgr Ireland dans le *Catholic Word*.

minaire résolut de le mettre en d'autres mains, non
moins fermes, mais plus douces, et il fit venir à Meximieux l'abbé Maîtrepierre qui dirigeait alors l'école cléricale de Franclieu. Celle-ci, créée par la vigoureuse
impulsion donnée par M. Ruivet aux vocations sacerdotales de la Bresse, s'était maintenue grâce aux solici-
tudes dont n'avait cessé de l'entourer M. Perrodin,
mais parce qu'elle était située dans un pays difficilement abordable, elle devait fatalement ou périr ou se
réunir au séminaire de Meximieux. Ce dernier parti fut
déclaré nécessaire, et le nouveau supérieur emmena avec
lui les élèves de Franclieu. De ce fait, la communauté
prit un accroissement qui alla toujours en s'affirmant
davantage chaque année, grâce aux éminentes qualités
de l'abbé Maîtrepierre.

D'un jugement droit, d'une rare pénétration d'esprit,
d'une grande bonté, d'une piété profonde, habile à
dominer et à conduire les âmes et toujours en pleine
possession de lui-même, il gouverna sa maison de manière à toucher rapidement ce double but : faire régner
le bon esprit parmi les élèves et l'union parmi les
maîtres. Le double but visé fut atteint, et tout se remit
à fleurir dans le séminaire.

S'il est vrai, comme je le pense, qu'il suffît parfois d'un
fait pour révéler un caractère, voici une anecdote qui
découvrira la physionomie morale de l'abbé Maîtrepierre.

Il n'avait encore que seize ans et répétait à son père,
dont il était le fils unique, qu'il avait le plus grand
désir d'abandonner la charrue pour les livres afin de
devenir prêtre. Le père était bon chrétien, mais il
avait vu mourir son fils aîné, il avait perdu sa jeune
femme morte à vingt ans en donnant le jour à l'enfant
qui lui restait, et s'en séparer était un sacrifice auquel il
ne pouvait se résoudre.

Or, c'était un dimanche, fête dans un village voisin de Cormoz, et les ménétriers bressans de leurs archets endiablés menaient vivement la danse dans le pays. Sollicité par quelques jeunes gens, Denis Maîtrepierre refuse de s'y rendre ; on fait intervenir son père Justin, il cède et part avec ses gais compagnons, mais il porte avec lui une Bible de Royaumont.

On arrive ; sur la place du village, les danseurs s'agitent, tournoient au son d'une musique qui jette au loin des notes plus vibrantes qu'harmonieuses, et les jeunes gens se jettent dans le tourbillon pendant que Denis s'esquive et va tranquillement s'asseoir au fond d'une prairie à l'ombre d'un bouquet d'arbres, et ouvrant sa Bible, en lit les pages édifiantes. Les heures s'écoulent, le soleil descend à l'horizon. Denis Maîtrepierre s'aperçoit que la nuit tombe, il se lève, retrouve ses camarades sur le chemin et rentre à la maison paternelle.

C'était assurément une âme forte et judicieuse qui se faisait connaître ici. Forte parce qu'elle savait ne pas se laisser fasciner, entraîner par les séductions du moment ; judicieuse parce qu'elle comprenait tout le vrai sens de la vie laquelle n'est point une occasion de plaisir, mais une préparation à l'éternité. Ces deux traits de physionomie s'accentueront plus tard; ils sont déjà nettement marqués.

L'abbé Maîtrepierre, après onze ans de gouvernement, quitta Meximieux pour entrer dans la congrégation naissante des Maristes. Le P. Colin, fondateur, en fit son conseiller, et lui donna la charge toujours importante de maître des novices. Son action sur les âmes fut profonde, et l'on peut affirmer qu'aucune de celles qu'il eut le devoir de former à la vie religieuse n'est sortie de ses mains sans en emporter une empreinte ineffaçable. Il fut un de ces hommes que Dieu prête aux fondateurs d'ordre pour les aider à l'idéal divin qui les tourmente.

L'abbé Lapierre qui lui succéda ne fit que passer à Meximieux; il marqua toutefois son passage par la cons-

PETIT SÉMINAIRE DE MEXIMIEUX (AIN)

truction des galeries qui dominent les cours. Esprit pratique, il sut par cette élégante construction, faire une plus large place aux divers services de la maison sans ajouter aux bâtiments.

Puis vinrent M. Tarlet et M. Robelin qui portèrent à son plus haut point la prospérité du séminaire; tous deux y travaillant, l'un par la distinction de sa personne, la parfaite habileté de son gouvernement, l'autre par le rayonnement de sa sainteté.

Nous ne sommes point sorti de notre sujet par ces esquisses rapides des premiers supérieurs qui ont succédé à M. Ruivet, car l'homme se voit dans son œuvre, et tant

vaut l'œuvre, tant vaut l'homme qui l'a formée au moins
pendant un certain nombre d'années. Et si le petit séminaire de Meximieux, après un siècle bientôt d'existence, garde toujours fidèlement ses traditions de piété
ardente, de discipline exacte, de robuste travail du
côté des élèves, de science et de religieux dévouement
du côté des maîtres, c'est apparemment que son fondateur avait su, par son autorité et sa valeur personnelle,
solidement fixer dès le commencement toutes ces vertus
qui font les maisons fortes, prospères et durables.

# CHAPITRE VI

M. RUIVET, CURÉ DE NOTRE-DAME DE SAINT-CHAMOND.

La ville de Saint Chamond.—Apostolat de Saint-Ennemond.—Installation de M. Ruivet. — Ses vicaires : le cardinal Villecourt. — Achat d'un presbytère; réparation de son église; son zèle pour le bien des âmes. — Il est nommé à Meximieux; regrets qu'il laisse.

La ville de Saint-Chamond, aujourd'hui si célèbre dans l'univers entier par son industrie métallurgique, est bâtie au fond de cette noire vallée du Gier qui ouvre une route sur le Rhône entre Saint-Étienne et Givors.

Au nord de la rivière, sur le penchant abrupt d'une colline, l'ancien quartier étale ses maisons dominées par l'antique église dédiée à saint Ennemond. Le saint évêque de Lyon aurait été le premier apôtre de la vallée du Gier. Aussi, lorsque le farouche Ebroïn, maire du palais sous la régence de la pieuse reine Bathilde, eut fait martyriser saint Ennemond, dont il craignait l'influence, les populations que ce saint pontife avait amenées à la religion chrétienne, le choisirent comme patron et donnèrent à leur ville le nom d'*Oppidum*

*Sancti Annemundi.* Plus tard, par une corruption de langage, on tira de ce nom celui de Saint-Chamond, en disant d'abord par abréviation *Amond,* ce qui a donné *Sainct Amond,* puis *Saint-Chamond.*

De l'église de Saint-Ennemond, la vue s'étend sur les quartiers de la rive droite de beaucoup les plus impor-

ANCIENNE ÉGLISE N.-D. DE SAINT-CHAMOND

tants. Deux églises paroissiales y groupent la population, demeurée encore de nos jours très chrétienne, bien qu'elle se compose en majeure partie d'ouvriers. De ces deux églises, l'une est dédiée à saint Pierre, l'autre est sous le vocable de Notre-Dame. La première en style classique du XVIIe siècle a été récemment rafraîchie à l'intérieur; celle de Notre-Dame a été reconstruite, il y a quelques années seulement. Ce beau monument de style gothique, commencé en 1875 et inauguré en 1881, termine une vaste place et lance vers le ciel ses deux flèches élégantes.

C'est dans cette dernière paroisse que, comme nous l'avons mentionné dans le chapitre précédent, le cardinal Fesch envoyait en 1813 M. Ruivet comme curé. Napoléon avait fait fermer en 1812 tous les petits séminaires de France; M. Ruivet avait dû disperser ses élèves. Au commencement de l'année 1813 mourut M. l'abbé Monteiller, curé de Notre-Dame de Saint-Chamond; le 29 mai, M. Ruivet était nommé pour lui succéder.

Bien qu'il lui en coûtât d'abandonner son séminaire où il espérait voir revenir un jour ses élèves, l'abbé Ruivet obéit. Il fut installé le 19 juin par l'abbé Dervieux, ancien curé de Notre-Dame de Saint-Chamond et alors curé de la paroisse Saint-Pierre qu'il gouverna pendant plus de trente ans et où sa mémoire est encore en vénération.

La grande réputation de vertu de M. Ruivet, le souvenir de la vie héroïque qu'il avait menée pendant la Révolution l'avait précédé dans sa nouvelle paroisse.

Aussi lisons-nous dans le procès-verbal de la première séance tenue par le conseil de fabrique, le lendemain de son installation, que « l'assemblée, après avoir payé un juste tribut d'hommages à la mémoire de M. le curé Monteiller défunt, se félicite du choix qu'a fait Mgr l'archevêque pour le remplacer. »

Voici l'acte de prise de possession, conservé maintenant encore dans les registres paroissiaux et signé de la main de M. Ruivet : « L'an 1813, le dix-neuf juin, nous soussigné Claude-Joseph Ruivet, prêtre natif de Meximieux, nommé le 27 mai dernier par Monseigneur l'Archevêque de Lyon, à la cure de Notre-Dame de Saint-Chamond, en avons pris possession, en présence de M. le curé de Saint-Pierre, de MM. les vicaires, de

M. le maire, des notables et des paroissiens assemblés. »

Les vicaires que M. Ruivet trouva à Notre-Dame de Saint-Chamond quand il y arriva, étaient MM. Clément Villecourt et J.-B. Chorein. L'abbé Villecourt ne fut que

CARDINAL VILLECOURT

quelques mois le collaborateur de M. Ruivet. Il devait être un jour le cardinal Villecourt.

Il était né à Lyon, en 1787, sur le territoire de la paroisse de Saint-Just. Après avoir été vicaire de Notre-Dame de Saint-Chamond, puis de Notre-Dame des Victoires à

Roanne, il devint curé de Bagnols-en-Lyonnais. A la suite de diverses difficultés, il donna sa démission, vint à Lyon, où, après un très court vicariat à Saint-François de Sales, il fut nommé aumônier en chef de l'Hôtel-Dieu. C'est là que commença à grandir sa réputation d'orateur; pendant cinq ans, l'abbé Villecourt prononça, chaque dimanche, dans la chapelle principale de l'Hôtel-Dieu, des discours suivis sur l'Ancien et le Nouveau Testament. L'empressement que mirent constamment les fidèles de la ville à venir l'entendre prouva combien ses instructions étaient goûtées.

En 1823, Mgr de Cosnac, évêque de Meaux, l'attira auprès de lui et en fit bientôt son vicaire général. L'abbé Villecourt entreprit dès lors de prêcher des retraites pastorales, ce qu'il fit dans un grand nombre de diocèses et avec le plus grand succès. Il suivit à Sens Mgr de Cosnac nommé archevêque de cette ville. En 1835, il était lui-même nommé évêque de la Rochelle ; après avoir administré pendant 20 ans son vaste diocèse, Mgr Villecourt fut créé cardinal par Pie IX en 1855, avec résidence à Rome, où il mourut le 17 janvier 1867.

L'abbé Ruivet ne resta que peu de temps curé de Notre-Dame de Saint-Chamond, du mois de juin 1813 au mois d'octobre 1815 ; néanmoins pendant ce court espace de temps et avec un budget fort restreint, il sut grâce à son habile et sage administration, doter sa paroisse d'institutions utiles, restaurer son église et surtout ranimer dans les âmes l'esprit de foi, mettre en honneur les pratiques religieuses et faire de sa paroisse un vrai foyer de vie chrétienne.

La ville de Saint-Chamond était restée attachée à sa foi pendant la tourmente révolutionnaire. Plusieurs prêtres, entre autres, M. Farges, un des vicaires généraux de Lyon, y avaient établi leur résidence habituelle. M. Ruivet sut profiter des heureuses dispositions de ses paroissiens pour réparer toutes les ruines matérielles et morales qui avaient été la suite de ces années néfastes que notre pays venait de traverser.

Les registres de la paroisse témoignent du zèle qu'il déploya pendant sa courte administration pour procurer à son église les ornements qu'elle réclamait. A son arrivée, il n'y avait pas de presbytère ; M. Ruivet fit d'abord restaurer comme cure provisoire, un bâtiment qui avait autrefois servi de logement au sacristain, et tout aussitôt il songea à l'acquisition d'un autre presbytère plus convenable, et il commença à réunir les ressources nécessaires pour la réalisation de ce projet.

Le chœur de l'église Notre-Dame de Saint-Chamond possédait de magnifiques boiseries et des peintures de réelle valeur. Comme la plupart de nos édifices religieux, cette église avait eu à souffrir de la tempête révolutionnaire ; M. Ruivet songea tout aussitôt à la restauration de ces peintures et de ces boiseries. C'était une dépense considérable, il n'hésita pas cependant à l'entreprendre. Il sut grâce à d'habiles négociations, rendre le conseil archiépiscopal favorable à son projet, et chose plus difficile, vaincre les résistances et les oppositions un peu brusques du cardinal Fesch. Bientôt la somme nécessaire fut recueillie, et plus de trois mille francs purent être employés à cette restauration qui ne fut terminée que sous son successeur. Peintures et boiseries disparurent en 1875, lors de la reconstruction de l'église, mais elles faisaient, les boiseries surtout, l'admiration de tous les connaisseurs.

« Ces boiseries, écrit M. le chanoine Condamin, se composaient de deux immenses panneaux formés eux-mêmes respectivement de trois médaillons, un grand au centre et deux petits de chaque côté. Les mystères de la vie de la sainte Vierge tenaient là en raccourci : d'une part la *Nativité* avec une *Annonciation* et une *Visitation ;* de l'autre l'*Assomption* entourée d'une *Adoration des bergers* et d'une *Présentation.*

« Dans ces quelques mètres carrés, il n'y avait non seulement le plus remarquable morceau de sculpture que l'on possédât à Saint-Chamond et bien loin à la ronde, mais à prendre la chose intrinsèquement un merveilleux objet d'art. Une des premières préoccupations qu'on aurait dû avoir quand on a débattu la question de la reconstruction de l'église, aurait dû être de conserver ce chef-d'œuvre (1). »

Aussi lorsqu'en 1815, après deux années seulement passées à Saint-Chamond, M. Ruivet dut quitter sa paroisse de Notre-Dame pour aller prendre possession de la cure de Meximieux où l'appelait la volonté de ses supérieurs, il avait su gagner l'estime et la confiance de ses paroissiens de Saint-Chamond. Nous en avons pour preuve les lignes suivantes que nous lisons dans le procès-verbal de la dernière séance du conseil de fabrique présidée par M. Ruivet : « Les membres du conseil de Fabrique
« vivement touchés de voir s'éloigner d'eux un si
« respectable pasteur, qui avait déjà réuni tous les
« suffrages de ses paroissiens, n'ont pu que lui dire com-
« bien ils étaient affligés de se voir privés de ses salu-
« taires instructions. Ils l'ont prié de croire que c'était
« bien dans la sincérité de leur cœur qu'ils l'assuraient
« que tous leurs vœux pour son bonheur le suivraient
« dans sa nouvelle cure; qu'ils savaient trop bien ap-
« précier les pieuses et sages institutions dont il avait
« enrichi leur église dans une trop courte administra-
« tion ; qu'ils connaissaient trop bien le prix du cadeau

(1) Condamin, *Histoire de Saint-Chamond*, p. 445 et 446.

NOUVELLE ÉGLISE DE NOTRE-DAME DE SAINT-CHAMOND

« que MM. les grands vicaires faisaient à l'église de
« Meximieux, pour qu'un peu de jalousie ne se glissât
« dans leur cœur pour cette préférence ; mais qu'une
« réflexion adoucissait leur peine, c'était de penser que
« M. Ruivet retrouverait à Meximieux d'anciens amis
« qui sauraient bien sans doute apprécier des qualités
« dont ils avaient trop peu joui. » (*Saint-Chamond, 15 octobre 1815.*)

Ce procès-verbal est signé *Bancel, J.-B. Gaillard, Du-
gas, Richard-Chamboret* et *Ruivet* qui se signe modeste-
ment prêtre comme en son premier procès-verbal de
séance.

M. Ruivet devait être heureux sans doute de revenir
dans son pays natal, heureux surtout de se retrouver près
de ce séminaire qui restait son œuvre de prédilection et
qui était toujours sa propriété. Nous avons dit déjà comment, en 1814, Napoléon ayant permis de rouvrir les
petits séminaires, M. Ruivet, encore curé de Saint-Chamond, fut prié par l'administration diocésaine d'aller
faire la rentrée de ses élèves de Meximieux, et quel sacrifice il avait dû faire lorsqu'il avait fallu confier à
d'autres mains ceux qu'il appelait ses enfants bien-aimés.

Cependant M. Ruivet s'était attaché lui aussi à ses bons
paroissiens de Saint-Chamond, et il lui en coûta de se
séparer d'eux. Dans le procès-verbal que nous avons déjà
cité en partie, nous lisons aussi que « M. Ruivet après
« avoir fait part à ses paroissiens de sa nomination à la
« cure de Meximieux, leur témoigna le regret qu'il
« éprouvait de les quitter, regret qui n'était adouci que
« par la certitude qu'il avait que son successeur méri-
« terait toute leur confiance. » Ce successeur était, sur la
propre désignation de M. Ruivet, un de ses amis l'abbé
Jacques-Nicolas Poncet, précédemment curé d'Ambé-
rieu-en-Bugey.

Plus tard dans ses notes, après avoir rappelé la foi, le zèle de ses anciens paroissiens pour les pratiques de la religion, pour les cérémonies et la décoration des églises, M. Ruivet ajoute : « Je parle des dispositions « des habitants de Saint-Chamond avec connaissance de « cause, parce que j'ai été curé de Notre-Dame de Saint- « Chamond, peu d'années, il est vrai, et même à une « terrible époque, celle des *Cent-Jours,* mais enfin je ne « me suis éloigné de cette paroisse qu'avec peine à cause « des qualités précieuses de ses habitants, et je serais « encore au milieu d'eux si l'autorité spirituelle ne m'en « avait retiré. »

La Providence qui destinait M. Ruivet à être l'auxiliaire de Mgr Devie dans l'œuvre de l'organisation et de la restauration de son diocèse, veillait sur lui et le ramenait à temps dans cette partie du diocèse de Lyon qui allait bientôt s'en séparer pour former le nouveau diocèse de Belley.

# CHAPITRE VII

## M. RUIVET CURÉ DE MEXIMIEUX (1815-1828).

La collégiale de Saint-Apollinaire. — Fondation d'une école pour les jeunes filles. — La mère Saint-Claude et l'abbé Portalier. — Le Père Deschamps et l'abbé Camelet. — Fondation de l'hôpital de Meximieux : la mère Magdeleine. — Ses instructions. — Le jubilé de 1826. — La confrérie des Pénitents blancs.

Dans la seconde moitié du dixième siècle, Burchard. premier fils de Rodolphe II, roi de la Bourgogne trans-jurane, était archevêque de Lyon et seigneur de Meximieux. Voulant relever de ses ruines la petite ville de Meximieux que les Hongrois avaient saccagée en traversant les Dombes, il y envoya, de l'abbaye de l'Ile-Barbe, un groupe de moines dirigé par un prieur. Ceux-ci bâtirent un prieuré, élevèrent une chapelle dédiée à saint Jean-Baptiste, patron de la cathédrale de Lyon, se mirent à cultiver de nouveau les terres en friche, réunirent autour de leur couvent les habitants échappés au massacre et continuèrent en cette région désormais pacifiée la vie de prière et de travail qu'ils avaient commencée sur les bords de la Saône.

Pendant six siècles, le prieur de Saint-Jean fut le curé

de la paroisse; en 1515, tout en gardant son titre curial, il devient doyen du chapitre érigé dans la chapelle de Saint-Apollinaire par Léon X, à la prière de François de Mareschal, seigneur de Meximieux. Bâtie au pied de la colline qui porte à son sommet le château des arche-

ÉGLISE DE SAINT-APOLLINAIRE DE MEXIMIEUX

vêques de Lyon et sur l'emplacement où, d'après la tradition, le saint évêque de Valence, exilé par Sigismond, aimait à prier, cette chapelle fut, dès lors, une collégiale où cinq chanoines et six prébendiers célébraient chaque jour l'office divin.

La bulle de Léon X réunit le prieuré au chapitre.

La Révolution de 1793 démolit l'église Saint-Jean. Après les jours mauvais de cette sanglante époque, trois croix furent plantées, sur le mamelon verdoyant, que couronnait autrefois l'église Saint-Jean ; elles formèrent, en face de la vaste plaine de la Valbonne, un calvaire aperçu de loin, et fréquemment visité par la population.

L'église collégiale de Saint-Apollinaire vit disparaître ses chanoines dans la tourmente révolutionnaire, mais elle resta debout. Le terrible orage fini, elle rouvrit ses portes.

Tout à côté se trouvait la cure, ancien hôpital de Saint-Antoine. C'est dans ce presbytère, tout plein des souvenirs des anciens chanoines, que M. Ruivet vint s'installer, comme curé de Meximieux, en 1815.

Les œuvres d'enseignement et d'éducation avaient toujours passionné M. Ruivet, parce que son esprit pénétrant en avait discerné et saisi la souveraine importance ; aussi ses premières préoccupations se tournèrent-elles vers les enfants de la paroisse. Il n'y avait pas d'école de filles, il en créa une. Il obtint des sœurs de Saint-Joseph de Lyon deux religieuses qu'il établit dans les bâtiments, qui avaient servi de cure, avant l'achat de la maison de Saint-Antoine. La supérieure, sans aucun doute providentiellement envoyée à Meximieux, avait beaucoup du tempérament que la nature et la grâce avaient fait à M. Ruivet : caractère ferme, dévouement absolu, activité infatigable, piété profonde, le tout enveloppé d'un eécorce qui n'avait pas pris le temps de se polir. Sœur Magdeleine a laissé dans la population de Meximieux des souvenirs impérissables.

Sous la direction de M. Ruivet, elle eut bientôt fait d'organiser son école, et tout de suite les petites filles y affluèrent. L'une ne tarda pas à fixer l'attention du nouveau curé. Celui-ci, que préoccupait le souci de relever la vie religieuse, comme il avait relevé le clergé séculier, cherchait autour de lui ces âmes capables d'aider à ce travail de restauration. Et il se trouva que l'enfant, dont les qualités avaient frappé M. Ruivet, était de cette trempe

12

solide, que les contradictions affermissent bien loin de
la briser ; ce sont des âmes de cette sorte qu'il faut à tout
travail de relèvement. Cela, M. Ruivet le savait mieux
que personne, voilà pourquoi il cultivait soigneusement
l'âme de Louise Monnet. D'intelligence vive, de caractère ferme, de piété généreuse, elle tourna ses pensées,
sous la discrète inspiration de M. Ruivet, vers la vie religieuse. Son directeur en fit une catéchiste auxiliaire et
la confia à ses deux religieuses pour le noviciat. A la
veille du jour où Louise devait prendre l'habit, la mère
revint sur le consentement qu'elle avait donné et réclama
sa fille. Celle-ci rentra donc dans le monde, mais ce fut
pour y vivre de manière à faire comprendre clairement à sa famille que toute opposition demeurerait sté-
rile. La mère, en effet enfin persuadée, accorda une pleine
liberté à sa fille qui partit pour Belley. Elle y acheva
son noviciat, y revêtit cette austère parure que l'Eglise
donne à celles qui ne veulent point avoir en ce monde
d'autre époux que Jésus-Christ et rapidement prit rang
parmi les religieuses sur lesquelles on comptait pour l'a-
venir de la congrégation. A la mort de la mère Saint-Benoît, Sœur Saint-Claude lui succéda comme supérieure
générale de l'Institut. Sœur Monnet à sa profession, avait
choisi, pour nom de religion, celui de M Ruivet, voulant ainsi donner en public un permanent témoignage de
reconnaissance au prêtre éminent qui avait discerné et
cultivé sa vocation.

La mère Saint-Claude, pendant les années de son habile gouvernement, a donné un plein essor à la Congrégation de Saint-Joseph, et celle-ci, de ce chef, reste avec
raison pleine de gratitude envers M. Ruivet.

Les perspicaces conseils du curé firent surgir à Meximieux deux autres vocations, celles du P. Deschamps et
de l'abbé Camelet.

Tous deux firent de brillantes études au séminaire, et tous deux eurent le même attrait pour la chaire chrétienne.

Le P. Deschamps, séduit par la règle dominicaine que le P. Lacordaire venait de rapporter en France, alla s'offrir au célèbre orateur qui l'accepta et le fit professeur d'éloquence sacrée à Flavigny. Le P. Monsabré fut l'élève du P. Deschamps. Le disciple assurément a de beaucoup surpassé le maître, mais on peut d'autant plus raisonnablement croire à une large influence du maître sur l'élève que le P. Deschamps fut un prédicateur de grand mérite.

Il avait une mémoire très heureuse où les connaissances qu'il puisait dans ses nombreuses lectures se conservaient longtemps vives et sans rien perdre de leur relief; travailleur acharné, le P. Deschamps qui avait d'ailleurs la sainte passion d'annoncer la parole de Dieu fut un prêcheur infatigable qui sauva beaucoup d'âmes.

L'abbé Camelet, supérieur des missionnaires diocésains, eut une éloquence tout apostolique. Il remuait les auditoires jusqu'aux larmes, faisait de nombreuses et parfois d'éclatantes conversions. Aussi était-il avidement cherché par les curés désireux de régénérer leur paroisse. Dans presque toutes les églises du diocèse, les foules qu'il attirait se sont émues à écouter sa parole toujours nourrie de divin, toujours cependant accessible à tous ses auditeurs et souverainement habile à éclater en traits soudains d'éloquence qui bouleversaient les âmes.

Après un long et fécond apostolat, sa vie se termina par une longue et douloureuse maladie, Dieu se plaisant fréquemment à faire compléter par la souffrance dans les âmes d'élite le bien qu'elles ont commencé par leur ministère.

En suscitant ces vocations, M. Ruivet ne faisait que remplir son devoir de curé. Pousser les âmes là où Dieu les appelle est en effet une des premières et plus importantes fonctions du ministère pastoral. Dieu sème partout, dans le vaste champ de l'église, des âmes qu'il destine à la perfection religieuse et sacerdotale ; malheureusement, trop souvent ces plantes délicates ne sont point cultivées et ne peuvent donner leur fruit. C'est une bien grave responsabilité pour un prêtre que de laisser périr ainsi dans sa fleur ou dans son germe une seule vocation !

Après les enfants, les malades eurent toutes les sollicitudes de M. Ruivet. Il les visitait avec assiduité et ne négligeait aucune démarche pour les aider à bien mourir. Au cours de ses visites, il rencontra le dénûment au chevet de ses pauvres, et dès lors il conçut la pensée de construire un hôpital. Il ne put la réaliser que plus tard lorsqu'il devint vicaire général. Nous dirons ici pourtant la simple et touchante histoire de cette fondation, parce qu'elle resta comme une de ses plus belles œuvres de curé.

Une pieuse demoiselle de Meximieux, conseillée par M. Ruivet, donna une maison et un jardin. Les hommes de la paroisse prêtèrent leurs bras pour l'aménager, et les femmes rivalisèrent d'ardeur pour filer à la quenouille le chanvre fin qui remplirait les armoires de linge en toile solide ; puis M. Ruivet assura l'avenir de la maison par une dotation.

Lorsque la maison eût été appropriée à sa destination nouvelle, qu'on eût l'indispensable mobilier et que la commission administrative eût été nommée par le préfet, on fit la solennelle bénédiction des bâtiments. Le 26 mars 1837, l'élite de la paroisse se réunissait dans une salle où l'on avait dressé un autel. M. Carron, curé

de Meximieux, célébra l'office, et après la messe
M. Ruivet répandit partout les gouttelettes purificatives
de l'eau bénite. Une quête faite dans l'assistance produisit 203 francs. M. Ruivet y ajouta 400 francs, et en
même temps que cette modeste somme, il remit entre
les mains des sœurs ayant à leur tête la mère Magdeleine, tous les services de l'hôpital.

L'emplacement de ce tout petit Hôtel-Dieu, destiné
aux membres souffrants du Sauveur, est admirablement
choisi. Il domine la ville de Meximieux, a pour ver-
doyante ceinture, des vignes et des jardins et permet
au regard d'embrasser au loin un paysage charmant,
où les montagnes du Bugey qui s'élèvent au nord et les
plaines de la Valbonne qui s'enfuient au midi forment le
plus piquant et le plus pittoresque contraste.

Depuis un demi-siècle, beaucoup d'âmes sont parties
de là pour l'éternité ; elles seront une couronne de gloire
pour M. Ruivet à la charité duquel la plupart devront
sans doute leur salut.

C'est surtout à partir de la fondation de l'hôpital que
la mère Magdeleine devint populaire dans la paroisse.
Son dévouement ne se contentait pas de soigner les malades qui étaient sous son toit, elle parcourait la ville,
entrant dans les familles où se trouvait quelque infirme,
donnait des conseils, pansait les plaies, administrait
les potions et réconfortait les âmes et s'en allait après
avoir ranimé toutes les espérances et refait tous les courages. Intelligente et hardie, elle se transformait quelquefois en opérateur, et comme à cette époque la saignée
était un des remèdes les plus universellement employés, armée d'un bistouri, elle ouvrait la veine sans
hésiter et ne tremblait pas devant les syncopes qui suivaient. Par les belles journées d'été, cette chirurgie un
peu aventureuse se pratiquait en plein air, sur les bords

de la vigne qui entoure l'hôpital, et le sang allait féconder les ceps. Les santés étaient robustes alors, et les constitutions déchargées reprenaient leur équilibre ; on le croyait du moins.

Longtemps Sœur Magdeleine se dévoua ; l'âge et les infirmités vinrent ensemble, mais n'arrêtèrent pas l'intrépide infirmière qui succomba subitement à Bourg, pendant une retraite de sa communauté. Les habitants de Meximieux réclamèrent sa dépouille mortelle ; on la leur remit, et ils l'ensevelirent avec honneur dans leur cimetière où sa tombe est toujours vénérée.

Cependant M. Ruivet travaillait activement au salut des âmes ; il faisait ses catéchismes avec un soin extrême, y mêlant l'apprentissage de la vie austère, car pendant la leçon qui durait une heure, tout le monde restait debout, le prêtre et les enfants.

Il préparait ses instructions la plume à la main, et nous avons trouvé dans ses papiers des volumes de discours écrits en entier de sa main. Aussi sa parole, nourrie de doctrine, faisait-elle toujours sur ses auditeurs de vives et salutaires impressions. D'ailleurs sa haute stature, sa belle tête encadrée de longs cheveux blancs, sa voix forte et sonore donnaient beaucoup de force à son action oratoire. Les anciens avaient défini l'orateur : *Vir bonus, discendi peritus,* un homme vertueux, habile à bien dire. Le bien dire, M. Ruivet se l'était procuré par un labeur opiniâtre, secondé dans son succès par les dons d'une nature heureuse ; quant à la vertu, il l'avait pratiquée et héroïquement pendant la Terreur, alors que tous les jours il exposait sa vie pour sauver les âmes. Tous ses paroissiens savaient cela, et tous les paroissiens qui l'entendaient trouvaient dans sa vie passée le commentaire éloquent de ses conseils, et étaient vigoureusement entraînés vers le bien. Chaque diman-

HOPITAL DE MEXIMIEUX

che, l'église se remplissait de fidèles ; les jours de fête quand on arrivait au dernier coup de la messe, on ne trouvait plus aucune place vide, et la foule refluait sous le porche et même sur les marches du perron. Hélas! que les temps sont changés !

La circonscription de sa paroisse ne circonscrivait pas le zèle de M. Ruivet, il fut dans le canton de Meximieux, l'âme et le conseiller de ses confrères, qui venaient avec confiance recevoir ses avis, lui confier leurs peines et lui demander la solution des difficultés qui se rencontrent fréquemment dans l'exercice du saint ministère. Il leur proposa de se réunir, chaque mois, dans sa cure, afin de conférer ensemble sur divers points de la théologie dogmatique et morale, et sur les questions les plus importantes de la sainte Écriture. Ses pieux confrères adoptèrent de grand cœur une proposition qui devait leur être si avantageuse. Ces conférences commencèrent en 1821 et furent tenues régulièrement tous les mois.

Parmi les vicaires que M. Ruivet eut pour collaborateurs à Meximieux, nous devons une mention spéciale à M. l'abbé Louis Rossat. Né à Lyon en 1789, l'abbé Rossat devint, en 1815, vicaire à Meximieux. Nous le retrouvons plus tard chanoine d'honneur et grand pénitencier du Chapitre de Lyon, puis curé archiprêtre de la primatiale de Saint-Jean. Il fut nommé évêque de Gap en 1840, et transféré sur le siège de Verdun en 1844; c'est lui qui rétablit dans ce dernier diocèse la liturgie romaine. Il est mort en 1866.

Le mouvement religieux, auquel le zèle de M. Ruivet avait donné une si forte impulsion, s'accentua encore dans sa paroisse à la suite du Jubilé accordé par Léon XII, en 1826, à tout l'univers catholique.

Les missions qui furent alors prêchées dans la

France entière eurent des succès prodigieux. Aux accents de la parole évangélique, les populations s'ébranlaient, retrouvaient le chemin du confessionnal, de la Table sainte et redevenaient vraiment chrétiennes. De magnifiques processions clôturèrent partout les exercices du Jubilé; et quelques-unes, celle d'Avignon notamment, dont M. de Pontmartin nous a laissé une si brillante description, furent pour la religion d'éclatants triomphes.

A Meximieux, les exercices du Jubilé furent très suivis et la procession de clôture splendide.

Le soir, à la nuit tombante, l'église se remplissait d'une foule avide d'entendre le prédicateur. Dès que l'heure fixée sonnait, sur l'ordre de M. le Curé, les portes se fermaient et restaient gardées par les missionnaires, afin qu'aucune arrivée tardive ne vînt troubler le silence et le recueillement de l'assemblée. Le Père Jésuite qui prêchait était éloquent, et il touchait profondément les âmes.

Le lendemain, dès l'aube, on rencontrait des hommes qui, en dépit de la neige qui couvrait le sol, et du froid qui glaçait l'atmosphère, circulaient a travers la ville, faisant leurs stations du Jubilé, à la Croix de l'Hôpital et à la chapelle du séminaire.

Tout le jour, cinq Pères de la Compagnie de Jésus étaient occupés à entendre les confessions.

La clôture dépassa toutes les espérances; à l'heure de la procession, on vit arriver tous les curés du canton à la tête de nombreux paroissiens; la ville entière était debout. Une immense procession se forme, présidée par Mgr Devie. Plusieurs milliers de personnes accompagnaient au chant des cantiques une croix en fer forgé, qu'une souscription publique avait achetée et qui allait être érigée sur la route qui descend de

Chalamont à Meximieux. Quand la croix fut debout,
Mgr Devie parla, et son ardente allocution acheva de
fixer dans les âmes les fortes résolutions du Jubilé.

M. Ruivet avait vu tomber la croix sous les coups
des révolutionnaires, il la voyait se redresser et étendre
de nouveau ses bras sur les foules enthousiastes; il
recommença à prêcher en évoquant d'incomparables
souvenirs, l'incomparable amour de Dieu pour l'homme
pécheur et coupable. Ainsi se vérifiait une fois de plus cette
belle et profonde parole : *Stat crux dum volvitur orbis.*

Toutes les œuvres de la paroisse reçurent du Jubilé
une activité nouvelle et en particulier la *Confrérie des
Pénitents blancs.*

Elle avait un peu plus d'un siècle d'existence, ayant
été établie en 1720 par la générosité et la piété d'Humbert Dufour, sieur de Vaugelas, notaire royal et curial
à Meximieux et solennellement érigée dans l'ancienne
église paroissiale, par ordonnance de François-Paul de
Neuville de Villeroi, archevêque de Lyon.

Quiconque voulait entrer dans la confrérie devait
faire sa demande au doyen de la collégiale. Le nom du
postulant était publié à la grand'messe paroissiale,
pendant trois dimanches consécutifs. Si aucune opposition ne surgissait, l'on assistait comme aspirant à tous
les offices de la confrérie, mais en vêtement séculier
durant trois mois. On revêtait la robe blanche et le
capuce le premier dimanche de novembre, jour unique
de réception dans l'année.

La piété vive du moyen âge avait multiplié les con-
fréries dans les paroisses et donné ainsi aux âmes destinées à rester dans le monde, mais soucieuses de la
perfection évangélique, poursuivie dans les cloîtres
sous le froc monacal, le moyen de réaliser par l'union
fraternelle de la prière commune et du bon exemple

donné et reçu, l'idéal de vertu apporté sur la terre par Jésus-Christ.

Les pénitents, le dimanche matin, ensemble psalmodiaient une partie de l'office canonial dans leur chapelle; les jours de procession, ils marchaient, la cagoule sur la tête et les reins ceints de la cordelière par-dessus la robe blanche ou brune, groupés autour de leur bannière ou de leur crucifix; ils reproduisaient dans leur vie, austèrement chrétienne, quelques-unes des fortes vertus du cloître, et sur leur lit de mort, ils demandaient à revêtir pour l'emporter dans la tombe leur bure de pénitents. Ils imprimaient ainsi à leur vie et à leur mort la marque lumineuse d'une foi ardente, et ils mouraient sans crainte après avoir vécu, sinon sans péché, du moins sans endurcissement dans le mal.

Florissante jusqu'à la Révolution, la confrérie de Meximieux n'eut plus qu'une vie latente pendant les jours sombres de cette époque sinistre.

Le 15 août 1800, M. Ruivet, alors vicaire général du diocèse de Lyon et chargé de la Bresse, du Bugey et des Dombes, en visite dans la paroisse de Meximieux, y réorganisa les pénitents en ajoutant à leurs statuts les deux dispositions suivantes :

1° On ne pourra recevoir dans la confrérie que des personnes faisant profession de la foi catholique, apostolique et romaine ;

2° Si un pénitent avait le malheur de communiquer avec le schisme et de suivre les faux pasteurs, après avoir été averti trois fois, il sera rayé du catalogue de la confrérie.

On devine, dans ces lignes inspirées par M. Ruivet, l'intrépide confesseur de la foi, la légitime et très opportune préoccupation d'écarter les fidèles de toute participation au culte du clergé constitutionnel.

Une seconde fois, en 1827, M. Ruivet, voulant utiliser
l'élan de piété que le jubilé avait imprimé à toutes les
âmes, provoqua des réformes et ramena les confrères à
la stricte observation des anciens règlements.

Ce regain de vie maintint quelque temps encore la
confrérie, puis la mort en frappa les membres les plus
âgés ; les idées nouvelles qui pénétrèrent l'esprit des
plus jeunes firent insensiblement disparaître cette
pieuse institution.

La chapelle pourtant est toujours debout. Bâtie à mi-
côte de la colline au sommet de laquelle s'élèvent fraî-
chement réparées, les fines tourelles du château, elle
reste en face de la grande plaine de la Valbonne qu'elle
domine, comme le témoin attristé et défaillant d'un
passé disparu. Son toit s'affaisse, ses murs sont crevas-
sés, l'encadrement en pierre de sa façade se disjoint, la
mousse envahit et ronge son portail, et l'herbe pousse
librement sur son seuil toujours désert. Vraisemblable-
ment elle s'effondrera quelque jour sous un pied de
neige, ou sous l'effort d'un orage, et ses pierres disper-
sées emporteront le dernier souvenir des Pénitents
Blancs (1).

La signature à grosses lettres enchevêtrées de M. Ruivet est apposée pour la dernière fois dans les registres
de la paroisse où sont consignées les suprêmes réformes
de la confrérie ; honoré depuis longtemps par Mgr Devie
du titre de vicaire général, il allait quitter Meximieux
pour vivre ses dernières années à Belley, près de son
évêque qui désirait sa présence parce qu'il avait besoin
de ses lumières.

---

(1) C'est un fait accompli aujourd'hui ; les derniers vestiges de la
chapelle des Pénitents viennent de disparaître.

# CHAPITRE VIII

## M. RUIVET, VICAIRE GÉNÉRAL DE BELLEY (1823-1838).

Mgr Devie et M. Ruivet; leurs premières rencontres. — M. Ruivet, vicaire général honoraire. — Il obtient la cession du couvent de Brou pour le grand séminaire. — Brou : le vieux couvent, l'église. — Il négocie la reconnaissance légale des sœurs de Saint-Joseph de Bourg. — Reconstruction de l'église de Ferney. — Il s'installe à Belley en 1828; ses fonctions de vicaire général. — Son discours à la Louvesc.

Mgr Devie et M. Ruivet furent tous deux pour le diocèse de Belley des hommes providentiels. L'un eut toutes les audaces pour conserver la vie chrétienne dans les âmes pendant la Révolution, obligé qu'il était de braver tous les périls; l'autre eut un vrai tempérament d'organisateur, obligé qu'il fut de relever, d'affermir, au besoin de créer de toutes pièces les institutions néces- saires au service religieux d'un diocèse. L'un eut mis- sion de garder, au milieu des ruines accumulées, un reste de vie chrétienne, l'autre de saisir cette vie, de l'accroî- tre et de lui fournir des organes qui lui permissent de circuler à travers les âmes, active et féconde. Il semble que la mission de l'un dut suivre celle de l'autre

M<sup>gr</sup> DEVIE

et que Mgr Devie fut bien la suite providentielle de M. Ruivet.

Comme il le fait toujours, Dieu avait départi à Mgr Devie toutes les qualités nécessaires à l'accomplissement de sa mission : un esprit étendu, une volonté ferme, une vie surnaturelle intense.

L'intelligence de Mgr Devie était vaste et possédait sans confusion les connaissances les plus variées ; toutes cependant avaient un caractère commun, elles étaient pratiques. Et cela était providentiel, car mis à la tête d'un diocèse où tout était à refaire, Mgr Devie devait donner des conseils, fournir des lumières sur une foule de questions qu'il fallait immédiatement résoudre. Le temps ne pouvait être aux spéculations, et on allait au plus pressé.

La volonté de Mgr Devie était ferme plutôt qu'énergique, et cela encore était providentiel. L'énergie s'accuse par des coups qui brisent les obstacles, la fermeté, par des démarches qui les font tomber doucement ou les tournent avec habileté. Dans certaines heures critiques où un triomphe rapide est nécessaire, l'énergie a son emploi et produit son effet, la fermeté assure plus efficacement le succès des plans à longue portée. L'énergie est bonne pour combattre, la fermeté vaut mieux pour gouverner. Quand il s'agit des œuvres de Dieu, les qualités les plus solides de l'intelligence et de la volonté n'apportent pas le succès si elles ne sont pas fécondées par la vertu de piété. L'homme, quel qu'il soit, n'est puissant qu'à la condition de servir d'instrument aux mains divines. Seul, isolé de Dieu, abandonné à ses inspirations personnelles, il ne peut rien achever. Et la piété qui est ici nécessaire n'est point cette piété étroite qui se borne à consacrer à Dieu quelques instants du jour, mais cette piété large qui mêle Dieu à la vie tout entière.

13

C'était là justement la piété de Mgr Devie : ses projets, il les mùrissait sous le regard de Dieu ; ses actes, il les accomplissait avec le concours de Dieu ; ses luttes, il les soutenait avec l'appui de Dieu ; aussi son épiscopat a-t-il pleinement réalisé les miséricordieux desseins de Notre-Seigneur sur le diocèse de Belley et donné partout un grand éclat, dans le clergé et dans le peuple, à cette étincelle de la foi chrétienne que M. Ruivet avait si héroïquement préservée des vents terriblement orageux de la tempête révolutionnaire.

C'est à Meximieux, en juillet 1823, que ces deux hommes se rencontrèrent pour la première fois.

Mgr Devie, préconisé à Rome dans le consistoire du 10 mars, sacré dans la chapelle d'Issy par Mgr Frayssinous, le 15 juin, était arrivé à Lyon au commencement de juillet. En se rendant à Belley, il passa par Meximieux où l'attendait une députation du clergé et de la ville de Bourg : M. Ruivet, curé de la paroisse, présenta ses hommages au nouvel évêque.

C'est toujours chose presque solennelle, que la première entrevue de deux hommes préparés, par la divine Providence, à travailler ensemble à la réalisation des mêmes plans divins. Mgr Devie connaissait sans doute la vie d'héroïque dévouement menée par M. Ruivet pendant la Terreur, pour garder dans les âmes un ferment de vie chrétienne. M. Ruivet lui aussi sans aucun doute connaissait le savoir et les vertus de Mgr Devie et devait voir en lui, avec son esprit de foi pénétrant, l'évêque destiné à faire rapidement refleurir dans la Bresse et le Bugey les semences évangéliques. Ces deux grandes âmes durent échanger un de ces regards profonds où Dieu fait passer et briller sa lumière pour que la mutuelle révélation soit plus complète.

Une seconde fois, Mgr Devie et M. Ruivet se virent au

mois d'août, à Meximieux encore, pour la distribution
des prix du petit séminaire; puis bientôt après, une
troisième fois, au séminaire toujours pendant la retraite
donnée par l'abbé Rey aux prêtres de la Bresse et de la
Dombe.

La vive éloquence du prédicateur, célèbre par les fruits
merveilleux de sanctification qu'elle obtenait dans les
retraites sacerdotales, la présence et l'action de Mgr Devie dont le zèle ardent avait tout de suite impressionné
les âmes, contribuèrent largement au succès; pourquoi ne
dirons-nous pas que M. Ruivet y eut aussi sa grande part?
Ce confesseur de la foi qui avait si audacieusement et si
tranquillement bravé la mort durant la Terreur pour
sauver les âmes, qui avait eu surtout l'intelligence de
prévoir et l'énergie de réaliser l'œuvre par excellence
des vocations sacerdotales, qui abritait enfin dans le séminaire qu'il avait fondé, les prêtres déjà formés par lui
à l'évêque providentiel envoyé par Dieu, devait porter,
semble-t-il, aux yeux de tous comme une auréole de
sainteté autour de ses cheveux blanchis en prison. Et
l'exemple étant encore plus puissant sur les âmes que
l'éloquence, il est facile de concevoir l'influence sancti-
fiante que dut exercer sur ses confrères ce prêtre que
sa haute taille, sa tête vénérable et les grands souvenirs
de sa jeunesse sacerdotale signalaient à l'attention de
tous.

Ce fut à la suite de cette retraite que Mgr Devie jeta
les yeux sur M. Ruivet pour l'associer au gouvernement
de son diocèse. La voix publique l'avait déjà désigné au
prélat comme un ecclésiastique du plus haut mérite, et
digne sous tous les rapports de cette marque de distinction. Mais le vrai mérite est toujours modeste et se défie
de ses propres forces; c'est cette qualité inestimable et
rare qui brilla d'un si grand éclat, en cette circons-

tance, dans la conduite du vénérable curé de Meximieux.
Il y avait alors au séminaire de Saint-Irénée à Lyon deux
directeurs qui avaient été ses élèves, il va leur communiquer la proposition qui lui est faite. Ceux-ci lui font
comprendre que ce serait contrarier les desseins de la
Providence que de résister aux volontés du prélat qui
désire son concours; ils l'engagent à s'armer de courage et à entrer avec pleine confiance dans la carrière
qui s'ouvre devant lui. Son humilité lui fait regarder
cette décision comme venant du ciel, et il s'y soumit.

Mgr Devie le nomma vicaire général honoraire, en
lui laissant son titre curial; et tout aussitôt il le charge a
d'une mission aussi importante que difficile. Dès son
entrée dans le diocèse, le nouvel évêque avait eu à
résoudre une question qui passionnait les deux villes
de Bourg et de Belley. Bourg, chef-lieu du département, centre géographique du diocèse, ambitionnait l'évêché; Belley faisait valoir ses titres de séculaire possession. On crut servir tous les intérêts et calmer toutes
les susceptibilités en laissant l'évêché à Belley et en établissant le grand séminaire à Bourg.

L'ancien couvent des Augustins réformés de France
offrait un local qui pouvait facilement s'aménager en
vue d'un grand séminaire, mais il abritait alors les
pauvres et les aliénés du département, et il fallait obtenir une désaffectation.

La cession de ces bâtiments par la ville et le département qui les avaient offerts avec grand empressement
nécessita des négociations longues et délicates pour
lesquelles Mgr Devie se servit de M. Ruivet. La pru-
dente habileté de ce dernier, ses anciennes relations
avec les autorités locales et les principaux personnages
lui permirent d'aplanir toutes les difficultés et le succès
le plus complet couronna ses efforts. Une ordonnance

L'ÉGLISE DE BROU, DEPUIS LA RÉVOLUTION

royale du 1er octobre **1823** supprima le dépôt de mendicité créé en **1810** et affecta, d'après le vœu de toutes les autorités, le couvent et les dépendances de Brou à l'établissement du grand séminaire.

En l'espace d'un mois, M. Ruivet transforma l'ancien couvent devenu par le malheur des temps asile d'aliénés et dépôt d'indigents et l'adapta à sa nouvelle destination. L'État donna **15,000** fr.; le clergé, Mgr Devie surtout fournirent généreusement des sommes relativement considérables, pour les dépenses de première installation, et le **17** novembre, toutes choses étant prêtes, les grands séminaristes prirent possession de leurs cellules. M. Perrodin, ancien supérieur du petit séminaire de Meximieux, fut placé à la tête de la maison; il y apportait les habitudes austères de Saint-Sulpice (1). Le directeur, M. l'abbé Portalier, par la finesse de son esprit, la tendresse de sa dévotion, l'élégance de son langage, jetait en quelque sorte sur la nouvelle communauté la douceur d'une grâce plus souriante. L'abbé Poncet, théologien studieux et exact, devait enseigner le dogme, la morale était confiée à l'abbé Humbert, prêtre de cœur, d'esprit et d'expérience.

Tous ces prêtres distingués étaient les élèves de M. Ruivet; c'est lui qui les avait formés, qui les avait imprégnés, jusqu'à la moelle des os et jusqu'au fond de l'âme, du robuste esprit ecclésiastique qui était le sien; c'est lui, par conséquent, qui avait rendu possible l'organisation du grand séminaire avec des éléments diocésains.

Depuis, que de générations sacerdotales ont passé sous les arcades des cloîtres de Brou, étudié sous l'ogive de la

(1) M. Perrodin, *économe* au grand séminaire de Saint-Irénée à Lyon, ne vint à Brou que vers le milieu de février de 1824. C'est M. Portalier seul qui présida en novembre 1823 à l'établissement du séminaire.

salle de théologie, prié sous les voûtes de l'église, contemplé les montagnes du Revermont et les plaines de la Bresse, qui entourent le vieux couvent des Augustins? Et parmi nous, qui n'a gardé de son bien-aimé grand séminaire le plus poétique et le plus réconfortant souvenir?

Au levant de Brou se dessinent les collines du Revermont dont les sommets s'étagent toujours plus élevés à mesure qu'ils montent vers le nord. Au couchant, s'étendent les plaines de la Bresse qui fuient jusqu'aux confins brumeux de l'horizon; elles sont, au printemps, rouges sous les fleurs de leurs trèfles, vertes sous l'herbe de leurs prairies; en été, dorées sous les épis de leurs moissons; en automne, blanches sous les fleurs de leurs blés noirs ou nuancées de mille couleurs sous les feuilles jaunissantes de la forêt de Seillon. Quel séminariste souvent n'a longtemps arrêté ses regards sur ces paysages changeants!

Les cloîtres avec leurs arcades un peu lourdes et leurs voûtes surbaissées ont vu, suivant les heures, ou les bandes de jeunes séminaristes circulant, joyeuses et bruyantes et secouant en de gaies conversations le poids des arguments entassés pendant l'étude, ou la promenade solitaire des futurs prêtres, méditant sur l'avenir et la sublime mission qui est sur le point de devenir la leur.

La salle de théologie, dont toutes les nervures viennent se réunir dans la masse du pilier central, a entendu bien des discussions savantes.

L'église splendide avec ses richesses d'architecture et de sculpture, a fait naître des émotions vives et profondes qui renaissent à l'époque des retraites ecclésiastiques. Le matin à l'aube, les séminaristes viennent sur le jubé à dentelle de marbre qui sépare le chœur de la

BROU. — LE JUBÉ

nef, offrir leurs hommages au Roi de l'Eucharistie;
c'est l'heure, dans les jours d'été, où les immenses vitraux qui dessinent le pourtour du chœur s'illuminent
sous les feux du soleil levant et jettent jusque sur le tabernacle des flots de lumière qui semblent l'envelopper
de splendeur. On dirait presque que Jésus soulevant un
coin du voile qui le cache, laisse échapper un rayon de
sa gloire, lequel se joue et étincelle sur la porte dorée
du tabernacle.

Le soir à la fin des travaux de la journée, les séminaristes reviennent encore sur le large jubé. Il n'y a
plus alors dans le chœur que la tremblante lueur de la
lampe du saint Sacrement; à peine distingue-t-on les
hautes stalles de chêne, si étrangement et si merveilleu-
sement sculptées. Le marbre blanc des tombeaux sous
lesquels dorment Marguerite de Bourbon, Marguerite
d'Autriche et Philibert le Beau, retient et fixe un peu de
lumière où vaguement se dessinent, et les personnages
étendus sur les plaques de marbre noir, et les anges
qui pleurent sur les illustres morts dont ils ont la
garde.

Au matin, c'étaient le soleil et la vie qui pénétraient
les âmes et les poussaient à demander à Dieu la force et
le courage de combattre et de travailler; au soir, c'est
l'ombre et le sommeil partout, et les âmes se jettent sur
le Cœur du Maître pour y prendre leur repos.

Délicieux souvenirs! Tous les grands séminaires de
France ont des chapelles assurément, aucun n'en a
d'égale à l'église de Brou. La poésie des choses aide
beaucoup à la piété, et l'église de Brou dans l'éclat du
soleil levant ou dans l'ombre de la nuit tombante, a
soutenu, aiguillonné la ferveur de bien des âmes.

Après avoir contribué à doter, par son habile négo-
ciation, le diocèse d'un grand séminaire splendide,

M. Ruivet que Mgr Devie venait de voir à l'œuvre fut chargé d'aller à Paris traiter avec le gouvernement de diverses affaires qui préoccupaient le nouvel évêque.

Il s'agissait tout d'abord d'assurer une existence légale aux sœurs de Saint-Joseph de Lyon que Mgr Devie désirait définitivement implanter dans son diocèse. En y arrivant, il les avait trouvées à Brou au service des aliénés et des indigents, dans plusieurs paroisses au service des enfants qu'elles élevaient dans la connaissance de la religion et des premiers éléments des lettres; avec sa large compréhension des choses, l'évêque eut tout de suite la perception très nette des ressources que lui offriraient pour ses œuvres des religieuses qui se recruteraient dans son diocèse.

Les sœurs de Saint-Joseph de Lyon avaient eu en 1650 au Puy-en-Velay leur lieu d'origine, et leur fondateur avait été Henri de Maupas de la Tour, évêque de cette ville. Elles avaient alors une maison mère à Lyon, et c'est de Lyon que les sœurs de Belley avaient été envoyées.

Détacher ce rameau du tronc lyonnais et l'enraciner chez lui devint la pensée de Mgr Devie. Il s'ouvrit de ce projet à Mgr de Pins, archevêque d'Amasie, administrateur du diocèse de Lyon et à la supérieure générale des sœurs de Saint-Joseph de Lyon; des deux côtés, le projet fut agréé, et l'évêque de Belley abrita ce rameau précieux dans l'ancien couvent des Jacobins, à Bourg, dont il se rendit audacieusement l'acquéreur, en comptant sur la Providence pour le prix d'achat qui dépassait 60.000 francs. Depuis le rameau a pris de si fortes racines dans le bon sol bressan qu'il est devenu un grand arbre dont l'ombre protège et dont les fruits nourrissent une multitude d'âmes.

A l'époque où nous sommes, — les choses ont bien

LES TOMBEAUX DE L'ÉGLISE DE BROU

changé depuis, — il fallait protéger la croissance de ce rameau délicat en le couvrant de l'approbation gouvernementale. Les choses n'allèrent pas toutes seules.

Mgr Devie fut même sur le point d'abandonner son dessein, au moins momentanément, puisqu'il écrivit à M. Ruivet : « Je désire que vous obteniez l'approbation de la maison de Saint-Joseph de Bourg, comme maison particulière, si vous trouvez trop d'obstacles à la faire approuver comme Maison-Mère ; nous arrangerons cela ensuite. »

Mais l'habileté et la ténacité de M. Ruivet triomphèrent de tous les obstacles, et l'approbation sollicitée fut donnée par une ordonnance datée du 21 août 1828.

Peut-être eût-il mieux valu rester dans l'ombre et ne pas attirer sur soi le plein jour d'une reconnaissance légale, afin d'être moins exposé dans la suite à une persécution toujours possible ! Mais on était alors en 1828, loin de la loi d'abonnement de 1895 !

Quoi qu'il en soit, la congrégation diocésaine de Saint-Joseph prit rapidement, sous le ferme gouvernement de sœur Saint-Benoît, établie supérieure générale, une grande extension. Les vocations affluaient, et partout les fondations d'écoles se multipliaient dans les vallons de la Bresse, les plaines de la Dombe, sur les pentes du Bugey.

La formation religieuse était excellente ; moins bonne était la formation pédagogique. Et cela par la force des choses. Les jeunes filles qui prenaient le voile noir ou la cornette blanche entraient au noviciat par amour de Dieu et des âmes ; dans ces cœurs bien disposés, les vertus grandissaient vite ; mais leur instruction primaire avait été le plus souvent fort négligée, et même après avoir acquis la science nécessaire à l'enseignement, il leur manquait encore la connaissance des méthodes les plus propres à ouvrir l'intelligence des enfants. La Providence qui a des soins tout maternels pour les choses qui commencent et qu'elle a dessein de pousser à un grand développement, envoya le secours d'un homme qui dans la circonstance fit preuve d'une vertu peu commune.

M. l'abbé Portalier qui était nous l'avons vu, directeur du grand séminaire, fut nommé Père spirituel des sœurs de Saint-Joseph. Il eut alors le courage, nous dirions volontiers héroïque, d'abandonner ses études de théologie, de quitter ces horizons vastes et profonds qu'illuminent, aux regards ravis du philosophe et du théologien, comme deux astres d'inégale splendeur, la foi et la raison et de se faire, à Belley, où ils avaient une école très prospère, l'humble disciple des frères des Ecoles chrétiennes, de réapprendre auprès d'eux la calligraphie, de raviver, de préciser dans son esprit les connaissances élémentaires et de s'initier aux méthodes de ces maîtres. Pendant près d'un an, il vécut dans cet obscur travail qu'il fit partager à la sœur Saint-Claude, l'audacieuse fille spirituelle de M. Ruivet. Tous deux ensemble, revinrent à Bourg, formèrent des maîtresses d'école expérimentées et rédigèrent à l'usage des sœurs une *méthode d'enseignement*, une *grammaire spéciale*, des *leçons de civilité*, trois livres remarquables de lucidité, de bon sens et de simplicité.

C'est ainsi que les œuvres de Dieu se fondent, et si par malheur, l'orage qui menace, éclate tout à fait et emporte ces congrégations enseignantes qui sont la terreur des francs-maçons; eh bien! il y aura encore à l'heure providentielle les mêmes dévouements pour recommencer les mêmes œuvres.

Pendant son séjour à Paris, M. Ruivet, en même

BROU. — LES STALLES DU CHŒUR

14

temps qu'il obtenait du gouvernement l'approbation des sœurs de Saint-Joseph, poursuivait une œuvre vainement essayée plusieurs fois avant lui : la reconstruction de l'église de Ferney.

Ferney est une petite ville qui doit sa célébrité à Voltaire et qui lui dut aussi pendant trois quarts de siècle l'insuffisance et la pauvreté de son église paroissiale.

L'austère philosophe que chacun sait avait acheté en 1754, de M. Budée de Boissie, pour la somme de 80,000 livres la terre de Ferney.

Ne trouvant pas à sa convenance le vieux château des Budée, il entreprit de le rebâtir. La construction élevée en pierres de mauvaise qualité, d'une orientation défectueuse, d'une architecture lourde et sans caractère ne fait aucun honneur au goût de Voltaire, et il manqua de jugement encore plus que de modestie en mettant sur la frise cette inscription prétentieuse : *Voltaire fecit.*

La décoration intérieure ne valait pas mieux que le dehors : dans le salon, quelques peintures médiocres où Voltaire était représenté, ici couronné par Apollon, là en compagnie de Sophocle, de Corneille et de Racine ; dans le cabinet de travail du maître une bibliothèque acquise plus tard par Catherine II et dont Joseph de Maistre a dit après l'avoir vue à Saint-Pétersbourg, « qu'elle était formée pour amuser les soirées d'un campagnard. »

Or, il se trouva que l'église paroissiale masquait l'horizon du châtelain et gênait le tracé de la grande avenue ; or, le châtelain négligeant toutes les formalités de droit, la fit aussitôt démolir : il la fit reconstruire, comme de juste, mais dans un lieu où elle n'importunait plus l'omnipotent seigneur. Seulement par lésinerie, Voltaire, afin de n'acheter aucuns matériaux et de pouvoir en faire servir « les mêmes bois de charpente et de menuiserie, les mêmes fenêtres et les mêmes portes (1) », réduisit les dimensions de l'ancienne église de sorte que la nouvelle n'offrait plus assez de place aux catholiques.

A l'époque où Mgr Devie fit sa première visite à Ferney, les catholiques étaient au nombre de mille, et la chapelle de Voltaire sur le frontispice de laquelle on lisait encore ces mots pompeux : *Deo erexit Voltaire* pouvait à peine en contenir le quart.

Emu de ce triste état de choses, Mgr Devie convoqua les principaux habitants de Ferney, les assura de sa haute sollicitude et leur promit le plus énergique concours.

Immédiatement il charga M. Ruivet de traiter avec les autorités civiles de la reconstruction de l'église et de chercher les ressources nécessaires à l'achèvement rapide de cette œuvre qu'il considérait comme très importante, Ferney ayant l'honneur d'être par sa situation le poste avancé du diocèse en face de Genève, la cité de Calvin.

En négociateur habile, M. Ruivet fit tomber tous les obstacles, se procura toutes les autorisations nécessaires, acheta en son nom un vaste terrain, fit dresser un devis de trente mille francs et, à Paris, par des prodiges de diplomatie, intéressa vivement à son église le ministre de l'intérieur et le roi. Le ministre alloua des fonds, le roi donna trois mille francs sur sa cassette particulière. Ces premières générosités en suscitèrent d'autres, tant et si bien qu'on dépensa 120,000 francs, qu'on éleva une grande et belle église, de style grec malheureusement, qui achevée en novembre 1826, fut solennellement consacrée le jour de l'octave de la Toussaint au milieu d'un

_____

(1) Mémoire autographe concernant l'église, conservé à Saint-Pétersbourg dans un portefeuille de Voltaire.

ÉGLISE DE FERNEY

immense concours de peuple, par Mgr Devie entouré de Mgr Villafranca, archevêque de Besançon, de Mgr Besson, évêque de Metz, de Mgr Jenni, évêque de Fribourg, Lausanne et Genève.

On était loin des mille écus que Voltaire se faisait gloire d'avoir dépensés pour rebâtir l'ancienne église s'appelant « martyr de son zèle et de sa piété (1) ».

Cependant M. Ruivet bien que vicaire général, restait curé de Meximieux. Son séjour à Paris pour conduire à bonne fin toutes les œuvres dont son évêque l'avait chargé, se prolongeait forcément; et la paroisse, qui lui était attachée, se trouvant un peu abandonnée, commençait à murmurer tout haut.

Sœur Magdeleine, supérieure de l'hôpital, dont nous avons déjà parlé, avec sa rude franchise, se fit bravement l'interprète du mécontentement général et écrivit un jour ces lignes un peu hardies : « Mon respectable Père, si je vous écris, ce n'est que pour vous témoigner combien notre communauté et tout le public sont fatigués d'une si longue absence. Monseigneur n'est pas à l'abri du murmure, et chacun s'élève contre lui en disant que puisqu'il veut absolument priver toute une paroisse d'un pasteur qui lui est si cher, il devrait au moins n'être pas si exigeant et ne pas l'en priver pour un temps aussi long. »

La lettre de Sœur Magdeleine ne dut assurément peser d'aucun poids sur les décisions épiscopales, mais elle révélait les inconvénients d'une situation à laquelle en bon administrateur, Mgr Devie résolut de mettre fin.

Comprenant mieux que jamais quel précieux secours M. Ruivet pouvait lui apporter dans le gouvernement

(1) A. d'Argental, 21 mai 1671.

de son diocèse, il résolut de l'appeler près de lui à l'évêché de Belley ; c'était en 1828.

Belley, ancienne capitale du Bugey, occupe le centre d'un paysage, gracieux dans ses premières lignes, austère à son dernier plan. Les environs immédiats de Belley ne sont ne effet qu'un enchevêtrement pittoresque de collines boisées parmi lesquelles s'ouvrent des vallées ici arrosées par des ruisseaux tel que le Furan, là à moitié rempli par des lacs, tel que le lac de Barre ou de Saint-Germain. Et l'horizon est fermé au levant par la Dent du Chat qui profile sa pointe aiguë sur le ciel, au soir par la montagne d'Innimont qui élève bien haut sa croupe arrondie. Derrière la Dent du Chat s'étendent les eaux bleues du lac du Bourget, derrière la croupe d'Innimont descendent les dernières pentes du Jura et plus loin s'allongent après le ruban couleur d'azur de la rivière d'Ain, les plaines fertiles de la Bresse.

En arrivant dans la ville épiscopale en 1830, M. Ruivet trouva autour de l'évêque des hommes distingués ; M. Dépery, ancien secrétaire de Mgr Varicourt, évêque d'Orléans, réclamé par Mgr Devic après la mort de ce prélat, qui au milieu des soucis administratifs, sut conserver assez de liberté d'esprit et trouver assez de loisir pour composer des travaux historiques où la langue à la vérité est très pâle, mais où les recherches abondent et qui devint plus tard évêque de Gap ; M. Greppo, le fils de cette femme intrépide qui, nos lecteurs peut-être s'en souviennent, du haut de son balcon au Montellier, salua si chaleureusement en 1792, M. Ruivet emmené par deux gendarmes. M. Greppo qui tout ensemble musicien, poète, archéologue, aurait assurément trouvé dans sa riche nature toutes les ressources nécessaires à une véritable célébrité dans le monde de la science et de la littérature si de précoces infirmités et aussi peut-être,

avouons-le, un tempérament de dilettante trop prononcé ou pas assez combattu, n'eussent arrêté le plein développement de ses brillantes qualités.

M. Ruivet n'avait pas la science historique de M. Depery ni les goûts d'artiste de M. Greppo, c'était un administrateur, un manieur expérimenté d'hommes et d'affaires ; aussi Mgr Devie lui confia-t-il la surveillance spéciale des budgets des fabriques. La tâche était ingrate, souvent délicate et-difficile. M. Ruivet s'y employa avec son zèle accoutumé. Il élucida les comptes, donna de sages conseils et fréquemment après avoir pacifié les esprits, réorganisa les conseils dissous.

Il reçut de son évêque et à plusieurs reprises, une autre mission plus délicate encore et qui ne pouvait être remplie avec succès, dans un grand nombre de cas, que par des prodiges de tact et de fermeté. Un curé avait-il besoin d'être rappelé à un sentiment plus vif des grandeurs du sacerdoce et du prix des âmes, c'est M. Ruivet qui partait pour aller faire entendre sous le toit du presbytère la parole de l'évêque. Il arrivait, le cœur douloureusement ému, et sous les ombrages du jardin, ou près de la table de travail, entamait avec le pauvre prêtre une conversation où il versait toute sa grande âme de confesseur de la foi. S'il avait une sanction à infliger, il le faisait avec une bonté un peu rude afin de pouvoir mieux dominer l'émotion qui agitait son cœur ; puis il prenait congé, et s'arrêtant à la première cure qu'il rencontrait sur son chemin, il laissait alors son âme déborder librement et ses yeux verser des larmes qui jaillissaient d'autant plus abondantes qu'elles avaient été plus longtemps contenues. Les hommes forts sont très souvent des hommes tendres. M. Ruivet sous son écorce d'impassibilité, cachait une sensibilité exquise.

Que de fois ne lui est-il pas arrivé après avoir pleuré
sur les défaillances sacerdotales, de pleurer aussi, sous
le coup de l'émotion dont l'étreignait au cœur le douloureux souvenir des prêtres qui avaient fléchi aux jours de
la tempête révolutionnaire, sur l'avenir des jeunes prêtres qui entraient dans la carrière sacerdotale. Aux jours
d'ordination, lorsque debout auprès de son évêque, celui-
ci lui demandait s'ils étaient dignes du sacerdoce les jeunes
lévites qu'il y présentait et lui posait cette redoutable
question : *Scis illos dignos esse?* il était ordinairement
obligé de quitter l'autel et d'aller soulager par des flots
de larmes son pauvre cœur oppressé, angoissé des perspectives de l'avenir. Seront-ils fidèles ces nouveaux
prêtres ? Le vétéran des anciennes luttes s'effrayait, et sa
frayeur allait jusqu'aux larmes.

Par une délicatesse bien naturelle d'ailleurs, Mgr Devie
avait confié à M. Ruivet, au fondateur du séminaire de
Meximieux et au restaurateur des études ecclésiastiques
dans le diocèse, le soin de surveiller et de visiter les
maisons d'éducation. C'était la partie agréable des fonctions de M. Ruivet. Meximieux en particulier le revit
souvent présider les examens. Il s'était d'ailleurs mé-
nagé en son séminaire une modeste chambre dont le
balcon en fer forgé garde encore en son milieu les deux
initiales C. R. entrelacées, et là chez lui, il recommençait
avec une joie naïve et profonde ses anciennes fonctions
de professeur et d'éducateur.

Des ministères si divers exigeaient des courses nombreuses, et M. Ruivet à certaines époques de l'année,
revenait à sa vie nomade d'autrefois, seulement n'ayant
point à se cacher des patriotes, il ne cherchait plus les
sentiers perdus sous l'ombre des bois et la lisière des
étangs, et il circulait librement sur les grands chemins
dans sa légendaire carriole attelée de son non moins

VUE DE BELLEY

légendaire *Cadet*. Souvent les voyages étaient longs, et il arrivait que le vicaire général, brisé de fatigue, gagné par le sommeil, ne conduisait plus que mollement le pauvre vieux cheval qui s'endormait lui aussi à la longue, en s'en allant de son trot automatique, et tous deux se trouvaient parfois dans le fossé de la route. Heureusement la Providence veillait, et l'accident plusieurs fois renouvelé n'eut jamais de suites fâcheuses.

M. Ruivet fut encore d'un grand secours pour le digne prélat dans le placement des curés et des vicaires; personne mieux que lui ne connaissait les ecclésiastiques du diocèse. Les anciens prêtres avaient été sous sa direction immédiate pendant le temps de la Révolution ; les jeunes avaient été à peu près tous formés de sa main; il connaissait donc parfaitement la capacité et les dispositions de chacun ; connaissance précieuse qui facilitait extrêmement le travail; il n'avait aucune peine à désigner les caractères qui convenaient au genre d'esprit et au besoin de certains pays pour lesquels on les proposait. Aussi Mgr Devie jusqu'à ce qu'il eût acquis une connaissance suffisante de son diocèse, suivait-il toujours les avis de M. Ruivet. Par l'accord admirable de ces deux hommes également distingués par leur science, leur piété, leur expérience, le diocèse de Belley prit un rang distingué dans l'église de France et excita bientôt l'émulation des diocèses voisins qui se firent un honneur et un devoir de marcher sur ses traces.

M. Ruivet avait toujours vécu dans l'ombre, et son nom n'avait guère franchi les limites du diocèse. Pendant les dernières années de sa vie, Dieu jeta sur son front comme un rayon fugitif de gloire en le faisant parler dans une circonstance solennelle à un auditoire composé de 3.000 fidèles et de 500 prêtres.

C'était le 3 septembre 1834 à l'occasion d'une fête

célébrée en l'honneur de saint François Régis. Cet intrépide jésuite, mort victime de son dévoûment aux pauvres
montagnards du Vivarais, avait été enseveli dans le village de la Louvesc où il avait rendu le dernier soupir.
Son tombeau, illustré par des miracles, était devenu rapidement célèbre, et les pèlerins y accouraient en si
grand nombre qu'un paysan du Velay montrant à un Père
jésuite qui l'interrogeait sur la dévotion à saint François
Régis les hautes montagnes du pays, ajoutait : « Ces
sommets semblent toucher le ciel, et bien il passe, des-
sus, tant de pèlerins, qu'avec le temps je crois que ces
montagnes s'aplaniront. »

Pendant la grande Révolution, les reliques du grand et
saint missionnaire furent enlevées la nuit, par les quatre
frères Buisson et cachées dans leur maison paternelle entre
deux planchers. L'ordre rétabli, Mgr d'Aviau, archevêque
de Vienne, reconnut les précieuses reliques et les reporta
solennellement dans l'église paroissiale. Alors recommença la série des pèlerinages.

Les ossements du saint étaient renfermés dans un simple reliquaire en bois de noyer verni. La dévotion populaire toujours grandissante réclamait un autre reliquaire
plus riche. Mgr de Bonnel, évêque de Viviers dans le
diocèse duquel se trouvait la Louvesc depuis la suppression du siège archiépiscopal de Vienne par le Concordat de 1801, comprit le vœu des populations et résolut d'envelopper le coffret de noyer verni dans une châsse
de bronze doré à verres de cristal.

Cette magnifique œuvre d'art achevée, l'évêque convoqua les habitants du Vivarais pour le 3 septembre, et au
jour fixé des flots de pèlerins envahirent toutes les pentes
des montagnes et inondèrent le plateau de la Louvesc.

Mgr Devie célébra la messe ; le soir, une interminable
procession se déroula successivement à travers les

sombres forêts de sapius, sur l'herbe fine et serrée des prairies. Arrivée dans un vallon spacieux, la multitude s'arrêta, la châsse portée en triomphe fut déposée sous une tente et entourée de l'archevêque de Lyon et des évêques de Viviers et de Belley. Massée entre les bois qui l'encadraient, la foule attendait qu'une parole vint exprimer en un langage éloquent les sentiments qui l'animaient. M. Ruivet parut. Sa haute taille, sa tête expressive, sa voix forte et puissante, son éloquence sobre et mâle produisirent une impression profonde sur l'auditoire immense qui l'entendait. Et son succès fut d'autant plus remarqué que son discours fut une improvisation. L'orateur, en effet, qui devait prendre la parole en cette solennelle circonstance, fut empêché au dernier moment, et Mgr Devie consulté par l'évêque de Viviers, pour savoir qui pourrait en des conjonctures aussi délicates, parler avec assez de puissance, avait répondu : « Je ne connais ici que mon vicaire général, M. Ruivet, qui soit à la hauteur de la situation, » et M. Ruivet, obéissant comme toujours, avait parlé, et parlé en maître.

Rentré à Belley, M. Ruivet reprit sa vie accoutumée de dévouement silencieux et obscur en y ajoutant toutefois des heures supplémentaires de lecture, prises sur son sommeil, et qu'il consacrait à l'étude et à la méditation de la Bible.

En 1836, l'abbé de la Croix, premier grand vicaire en titre, fut nommé évêque de Gap. Mgr Devie crut qu'il devait récompenser le dévouement de l'abbé Ruivet en le nommant son premier grand vicaire : cette nomination fut agréée par le gouvernement le 11 mars 1837. Cette nouvelle marque d'estime de la part de son évêque toucha le cœur sensible de l'abbé Ruivet, mais n'augmenta pas son dévouement qui était sans bornes, ni son activité pour le bien qui fut toujours infatigable.

# CHAPITRE IX

DERNIÈRES ANNÉES ET MORT DE M. RUIVET.

Vertus de M. Ruivet : sa patience dans les souffrances, son obéissance à l'égard de son évêque, son esprit de foi. — Traité de la présence de Dieu. — Son testament : ses dispositions charitables. — Ses derniers instants. — Sa mort, ses funérailles, deuil de tout le clergé. — Son tombeau. — Conclusion.

M. Ruivet était plus que septuagénaire ; une cruelle infirmité dont il souffrait depuis longtemps déjà s'aggrava notablement dans ses dernières années. A différentes reprises, il éprouva des crises violentes qui plusieurs fois mirent ses jours en danger.

Ce fut dans ces circonstances que se montra sa grande âme ; bien que ses souffrances fussent excessives, il ne laissa jamais échapper une parole de plainte, ni un mouvement d'impatience. « Témoins de ses horribles souffrances, nous en avions le cœur brisé ; les larmes coulaient de nos yeux, nous étions au désespoir de ne pouvoir adoucir ses maux. Pour lui, semblable aux martyrs, au milieu des plus affreuses tortures, il restait calme, résigné, intrépide. Une seule chose l'inquiétait, c'était l'embarras et la peine que sa situation donnait à ceux qui le servaient. Nous l'avons vu un jour arriver à Bourg dans

un état si triste et si douloureux que le médecin qui
accourut pour le secourir, s'étonna qu'il ne fut pas
mort en route, tant sa situation était grave. Le malade
avoua qu'il n'avait jamais éprouvé de sa vie de souffrances pareilles à celles qu'il avait éprouvées pendant
quatre heures qu'avait duré son voyage; il ne croyait
pas, ajoutait-il, qu'on pût en endurer de plus horribles. A
peine fut-il rétabli qu'il reprit ses travaux ordinaires.
Au premier signe de son évêque, il se rendit auprès de
lui pour recevoir ses ordres, et il se montra aussi prompt
à les exécuter que s'il eût eu la santé la plus robuste (1). »

Une des qualités les plus remarquables de M. Ruivet
était son obéissance aux volontés du prélat dont il était
le confident. Dans la discussion, il se permettait d'émet-
tre respectueusement son avis; mais quand une décision
était prise, fût-elle contraire à sa manière de voir, il s'y
soumettait volontiers, et quand il était chargé de la faire
exécuter, il y mettait autant d'empressement et de zèle
que si elle avait été prise en conformité avec ses vues et
ses désirs. Souvent on l'a vu soutenir son sentiment avec
chaleur, et un instant après, un avis contraire au sien
ayant prévalu, l'accepter avec la plus parfaite docilité.
Plusieurs fois l'administration diocésaine de Lyon lui
a rendu ce témoignage, qu'elle ne connaissait aucun
ecclésiastique plus respectueux envers l'autorité et plus
empressé à exécuter ses ordres que l'abbé Ruivet.
Mgr Devie qui l'avait vu à l'œuvre, lui a souvent rendu
le même témoignage.

Ce sentiment éminemment sacerdotal lui était inspiré
par son esprit de foi, car on peut dire qu'il était, dans
toute la force du mot, un homme de foi.

Cette foi vive et ardente était l'âme et le mobile de

(1) Cattin, 577.

15

toutes ses actions ; c'est elle qui le guidait dans toutes
ses entreprises. C'est cette même foi qui l'avait soutenu
dans les terribles épreuves qui avaient marqué sa vie,
qui l'avait fortifié dans les temps orageux de la persécution, qui lui avait fait braver tous les dangers pour le
salut de ses frères, qui l'avait encouragé à accepter les
plus durs sacrifices pour former à l'Église de saints prêtres. Sa foi lui faisait voir partout la main de la Providence dans les succès et dans les revers, dans la persécution comme dans le calme et la paix.

C'est enfin ce même esprit de foi qui lui a inspiré son
excellent ouvrage sur la *Présence de Dieu*, qui fut justement apprécié, lorsqu'il parut en **1837**. Ce livre peint
admirablement la belle âme de M. Ruivet profondément
pénétrée des grandeurs de Dieu, n'agissant que d'après
ses inspirations, ne cherchant que sa gloire, ne désirant
que son règne dans tous les cœurs.

« Ce livre, dit-il dans son *avant-propos*, est le résul-
« tat des méditations que j'avais recueillies, comme
« dans un arsenal spirituel, pour y recourir au besoin ;
« c'était un magasin de précautions contre ces années
« mauvaises dont parle le Sage (Eccles. xii) ; contre ce
« temps d'affliction où l'homme, sur le point d'entrer
« dans la maison de son éternité, ne trouve plus en lui
« la force ni la capacité de la plénitude de l'âge et se
« voit obligé de recourir, dans l'arrière-saison, aux pro-
« visions qu'il a eu soin de recueillir dans l'automne de
« sa vie, à l'exemple de la fourmi diligente. Mais quel-
« ques personnes, dont l'avis a été pour moi d'un grand
« poids, m'ayant fait remarquer que ce travail pouvait
« être utile à d'autres qu'à moi seul, je me suis décidé
« à faire imprimer ce petit traité ( 1 ). »

(1) *Traité de la présence de Dieu*, par C.-J.-Ruivet, vicaire général
de Belley, librairie Pélagaud, Lyon, 1836.

Le *Traité de la Présence de Dieu* est divisé en sept parties. Dans la première, l'auteur établit les preuves de la présence de Dieu ; dans la seconde, il examine les diverses manières dont il est présent ; dans la troisième, les lieux où il est présent. Le quatrième livre traite de l'obligation où sont tous les hommes de s'occuper de la présence divine, et le cinquième, de la facilité de ce saint exercice. Dans le sixième, il signale les obstacles ordinaires à cette sainte pratique, et enfin l'excellence de l'exercice de la présence de Dieu soit en elle-même, soit dans ses salutaires effets, forme la matière de la septième et dernière partie.

Chaque chapitre de l'ouvrage est formé d'un mélange de réflexions et de sentiments au moyen desquels l'âme plus ou moins vivement affectée s'élève au-dessus d'elle-même et des objets créés, jusqu'à la divinité, dont elle se voit environnée de toutes parts et avec qui elle converse dans une respectueuse familiarité.

C'est sous la forme de méditations que M. Ruivet a composé chacune des *Élévations* qui forment son livre. Tout d'abord un passage tiré des livres saints, en rapport avec le sujet traité dans chaque élévation, puis une invocation à l'Esprit-Saint, diversifiée selon le sujet. Chaque méditation est divisée en deux points et se termine par l'indication de quelques pratiques particulières propres à rappeler à la mémoire, pendant la journée, l'objet de la méditation et à faire renaître les sentiments qu'on a éprouvés.

On voit par là combien ce petit livre peut être utile aux âmes pieuses, combien il peut leur rendre familier l'exercice si salutaire de la présence de Dieu. L'âme, à qui cette sainte pratique est habituelle, met en Dieu toute son espérance et ne se laisse jamais troubler par les épreuves qu'elle peut avoir à supporter. Dieu de son côté, dont l'amour est immense, infini, répand avec profusion sur cette âme privilégiée des trésors de grâce et de consolations.

Nous regrettons que cet ouvrage ne soit pas plus connu qu'il ne l'est; on ne le trouve d'ailleurs que difficilement de nos jours. Nous aimerions le voir rééditer, persuadé que peu de livres puissent faire plus de bien que celui-ci, suivant la parole que Dieu lui-même adressait à Abraham : Marchez en ma présence, et soyez parfait, *Ambula coram me et esto perfectus.* (Genes., xvii, 1.)

M. Ruivet sentant ses forces diminuer, avait songé à s'occuper de ses dispositions testamentaires. Dès 1831, il avait écrit lui-même son testament. Administrateur plutôt que propriétaire de ses biens, il resta toujours personnellement pauvre. Se réservant à peine le strict nécessaire pour sa nourriture et son vêtement, il ne songeait qu'aux besoins de l'église et des pauvres.

Il désignait pour son héritier son neveu, M. Buffet, curé archiprêtre de Bagé-le-Châtel. En même temps, par un codicille ajouté à son testament, il indiquait les fondations charitables qu'il se proposait de faire, si Dieu lui en laissait le temps, ou qu'il voulait voir exécutées par son héritier si la mort venait à le surprendre avant qu'il eût pu les réaliser lui-même.

Nous avons eu la bonne fortune de retrouver ce codicille écrit de la main même de M. Ruivet. Nous croyons devoir le reproduire en entier:

### Codicille ou supplément à mon testament olographe.

« Voici quelles sont mes intentions expresses que je
« veux réaliser de mon vivant autant qu'il sera en moi
« et que je veux être exécutées par mon héritier que j'ai

« établi sous la condition qu'il s'y conformerait, quoi-
« qu'elles ne soient pas exprimées dans mon testament
« pour éviter les entraves actuelles.

« 1° Je veux fonder à Meximieux un petit hôpital pour
« les malades du pays seulement, natifs de Meximieux ou
« ayant domicile acquis à Meximieux. Pour cette œuvre,
« j'affecte tout ce que je possède en biens-fonds sur le
« territoire de Meximieux : maisons, terres, prés et
« vignes et un bois taillis sur Samans.

« 2° Je veux fonder audit Meximieux et non ailleurs,
« un hospice ou maison de retraite pour les prêtres ou
« ecclésiastiques originaires du diocèse de Belley ou y
« remplissant par l'autorité de l'évêque, des fonctions
« ecclésiastiques, âgés, malades ou infirmes. J'affecte à
« cette œuvre tout ce que je possède sur le territoire de
« Saint-Nizier et de Ronzuel, mais sous les conditions :
« que cette propriété sera inaliénable, que le revenu ne
« sera employé à aucune autre bonne œuvre. Dans le cas
« où l'une ou l'autre de ces conditions ne serait pas rem-
« plie, par le défaut de qui que ce soit, ou même par
« arrêté d'autorité supérieure, cette propriété fera re-
« tour à ma famille, sauf à elle d'en faire quelque bonne
« œuvre de quoi je la charge.

« 3° Pour ce double établissement, j'affecte la maison
« et le clos dont M^me Pelletier a la jouissance, et l'autre
« partie de l'enclos appelé *Mombret* que j'ai acquis de
« M. Portalier, le tout situé à Meximieux et après le décès
« seulement de M^me veuve Pelletier. Je veux que les deux
« établissements soient sous la direction des Sœurs de
« Saint-Joseph de Belley.

« 4° L'hôpital sera gouverné par un bureau formé de
« M. le curé de Meximieux, du Maire, de M. le Supérieur
« du petit séminaire dudit Meximieux et d'autres
« membres électifs. Il sera bâti pour cet hôpital en pre-

« mier lieu, tous les appartements nécessaires pour six
« malades, dans ledit clos de Mombret dans la partie
« qui donne sur la rue de l'Église et en face de cette rue.
« Pour cette construction, on prendra sur les revenus qui
« sont affectés à l'hôpital, ce qui différera l'ouverture de
« l'établissement, à moins que la commune de Mexi-
« mieux n'ait d'ailleurs des fonds qui puissent être em-
« ployés à cet usage; ce qui est possible. Il sera célébré
« annuellement et à perpétuité dans cet hôpital et à sa
« charge *trois* messes de fondation à mon intention, aux
« jours de saint Joseph, de saint Claude et de saint
« Pierre ; et *deux* à l'intention de M\ :sup:`me` Pelletier,
« le jour de sainte Anne et le jour de saint Michel.

« 5° L'hospice pour les prêtres sera entièrement sous
« la conduite de Mgr l'évêque de Belley. Le reste du
« clos de Mombret lui est affecté.

« 6° Mon héritier avant de faire la cession des biens
« de Ronzuel et de Saint-Nizier, s'en réservera la jouis-
« sance autant de temps qu'il sera nécessaire pour acquit-
« ter ses frais funéraires, services, messes et legs en argent.
« Les dettes acquittées, il se réservera pour lui une rente
« annuelle et viagère de cinq cents francs, dont cette
« propriété sera grevée jusqu'à extinction par dé-
« cès.

« Telles sont mes dernières volontés, que par crainte
« de mort, j'ai écrites, signées et datées de ma main à
« Belley, ce sept avril dix-huit cent trente-un. »

RUIVET, *vic. gén.*

Nous avons vu dans le chapitre précédent, comment
M. Ruivet réalisa de son vivant son projet de fondation d'un hôpital dans son pays natal. Quant à la fondation d'un hospice à Meximieux, pour les prêtres âgés

et infirmes, il dut y renoncer, car en 1833, Mgr Devie acquit pour cette fin le château de Pont-d'Ain, ancienne résidence des ducs de Savoie. C'est là qu'était né et que mourut Philibert le Beau; c'est là qu'a habité sa veuve Marguerite d'Autriche, fondatrice du couvent et de l'église de Brou. L'évêque de Belley y établit un hospice pour les prêtres âgés et infirmes. L'endroit choisi convenait admirablement à cette destination. Le château est en effet situé au centre du département, à quelques kilomètres de Bourg, à l'embranchement de plusieurs routes. M. Ruivet dut donc abandonner son projet d'ériger cet hospice à Meximieux. Mais la pensée que nous révèle son testament montre combien il était sensible à tous les besoins du clergé, et combien il comprenait la nécessité d'offrir une retraite honorable aux prêtres du diocèse forcés par l'âge ou les infirmités de cesser l'exercice du saint ministère.

Dans ses dispositions dernières, M. Ruivet n'ayant en vue que l'intérêt du diocèse, partagea les ressources que la Providence avait mises entre ses mains en quatre parties. La première fut laissée à son neveu M. Buffet dont il connaissait les intentions bienveillantes pour les pauvres; la seconde fut donnée au grand séminaire de Brou pour aider les vicaires à payer la rétribution de leur retraite annuelle. La troisième fut consacrée à l'hospice de Pont-d'Ain afin de bien montrer l'intérêt qu'il portait à la prospérité de cet établissement si important. Enfin la quatrième fut destinée au petit séminaire de Meximieux, qu'il regardait toujours et avec raison comme son œuvre de prédilection et pour lequel il conservait la plus tendre affection.

Après avoir ainsi réglé toutes ses affaires temporelles, M. Ruivet désirait encore mettre en ordre et publier les documents qu'il avait recueillis sur la Révolution. Ces documents, à la fois curieux et édifiants, furent publiés plus tard, en partie, dans l'ouvrage de M. l'abbé Cattin, intitulé : *Mémoires pour servir à l'histoire ecclésiastique des diocèses de Lyon et de Belley;* ouvrage qui nous a fourni de précieux documents pour notre *Vie de Monsieur Ruivet.*

Mais ce qui occupa plus particulièrement M. Ruivet pendant ses dernières années, ce fut la préparation à la mort. Il semble qu'une vie aussi active, aussi laborieuse, aussi pleine de mérites que la sienne eût pu le rassurer. L'abbé Ruivet était de ces prêtres, animés d'une foi vive, qui savent qu'on n'est jamais assez prêt à paraître devant le Dieu trois fois saint, qui juge les justices même. Aussi il s'appliqua à prendre toutes les mesures que suggère la prudence chrétienne.

Sans interrompre ses occupations ordinaires, qu'il regardait comme ses devoirs les plus impérieux, il consacrait ses moments de loisir à se recueillir, à méditer sur son éternité, à se pénétrer de plus en plus des jugements de Dieu. Ses prières, ses oraisons devinrent plus longues et plus fréquentes. Une partie de ses nuits étaient employées à lire les saintes Écritures; et il disait souvent que les plus doux moments de sa vie étaient ceux que les autres consacraient au repos et que lui employait à contempler dans le silence les bontés et les miséricordes de son Dieu. Il imitait en cela tant de saints, dont les plus grandes jouissances étaient de chercher les lieux les plus déserts et les ténèbres de la nuit pour s'entretenir délicieusement avec le Seigneur.

Au commencement de l'année 1839, ses infirmités augmentèrent, ses douleurs devinrent plus vives, il comprit que sa dernière heure approchait. Tout autre, moins courageux que lui, se serait mis au lit pour recevoir les soulagements que demandait son état; mais le vaillant

COLLÈGE DE BELLEY

vicaire général, n'écoutant que l'ardeur de son zèle, voulut, comme un soldat courageux, mourir les armes à la main.

Il présida encore les examens de Pâques du petit séminaire de Belley, comme il aimait tant à le faire. Pendant quatre jours, malgré des douleurs aiguës et des souffrances inexprimables, il assista à toutes les séances d'examen.

Enfin vaincu par la violence du mal et ne pouvant plus se soutenir, M. Ruivet quittait le petit séminaire le mardi 26 mars. Incapable d'arriver à son domicile, il se rendit à l'hôpital qui est vis-à-vis du petit séminaire et s'alita.

Là, malgré des soins empressés, rien ne put adoucir ses douleurs excessives. Le lendemain, mercredi saint, ses forces l'abandonnèrent entièrement. Il demanda les derniers secours de la religion qu'il reçut dans la soirée avec cette foi vive et profonde, et cette piété tendre qui le caractérisait. Lorsque le prêtre lui demanda s'il croyait toutes les vérités qu'enseigne l'Église catholique, apostolique et romaine, on vit ce confesseur de la foi, cet apôtre qui pour maintenir dans les âmes cette foi qu'on voulait en arracher, s'était exposé à tant de dangers, retrouver subitement ses forces et répondre distinctement : « *Credo firmiter,* je crois fermement . » Ces paroles furent les dernières qui s'échappèrent de ses lèvres, l'agonie commença bientôt. Mais tous les témoins de cette scène en restèrent profondément émus ; ils comprirent que cette foi ferme avait été son soutien et sa force dans les années terribles qu'il avait eu à traverser, et qu'elle était maintenant la consolation de ses derniers instants.

Peu après, Mgr Devie et tout son chapitre, une foule d'honorables habitants se pressèrent autour de son lit de douleur pour prodiguer à M. Ruivet l'expression de leur sincère affection et de leur profonde vénération. Le respectable malade témoignait par ses larmes combien il était touché de toutes ces marques d'intérêt.

C'était un spectacle bien attendrissant de voir aux prises avec la mort ce héros chrétien, cette colonne du christianisme dans le diocèse. On regrettait de voir s'éteindre une lumière qui avait guidé tant de personnes dans les voies du salut. Que de vœux, que de prières furent adressés au ciel pour conserver un si digne ministre! Mais le Seigneur ne jugea pas à propos d'exaucer tant de supplications. Content des services que ce prêtre selon son cœur avait rendus à son Église, il voulut lui donner la récompense que méritaient ses travaux et ses vertus. Ce fut au matin du Jeudi-Saint que l'abbé Ruivet rendit sa belle âme à Dieu. Il était tombé comme un soldat sur le champ de bataille.

Pendant toute la journée, la ville entière après la visite aux reposoirs, vint prier auprès de sa dépouille mortelle, déposée sur un simple lit d'hôpital.

Sa mort fut un deuil dans tout le diocèse; le clergé sentit plus que personne la perte qu'il venait de faire; chacun comprit que le ciel venait de lui ravir un conseiller, un guide, un père; il fut regretté de tous, parce que tous lui devaient beaucoup.

Mgr Devie profondément affligé de se voir privé de son bras droit, le fit ensevelir avec tous les honneurs dus à son mérite.

Ses funérailles furent célébrées à la cathédrale de Belley, le Vendredi-Saint. La simple récitation des prières liturgiques, le silence des cloches, l'église dépouillée de tout ornement, l'évêque plongé dans la plus profonde douleur, tout leur imprima un cachet d'universelle tristesse.

CATHÉDRALE DE BELLEY

« Nulle vie, écrivait alors le *Journal de l'Ain,* n'a été
« plus active, plus traversée, plus féconde en œuvres
« de zèle et de dévoûment que celle de ce vénérable
« ecclésiastique que la mort vient de ravir à notre diocèse.
« C'est un demi-siècle tout entier de luttes, de tribulations
« et de travaux, supportés avec une patience et un cou-
« rage invincibles pour soutenir la gloire de Dieu et les
« intérêts de la religion. Il faudrait un volume entier
« pour reproduire les mille incidents, les marches et
« contre-marches de cet apôtre infatigable, suscité
« par la Providence, comme un autre Athanase, pour
« veiller au dépôt de la foi dans notre région, pendant
« les temps orageux de la première Révolution. Il n'y a
« pas de paroisse dans notre diocèse qui n'ait été le
« théâtre de son zèle, où il n'ait séjourné plus ou moins
« longtemps, où il ne soit accouru au premier signal
« lorsque les intérêts de la religion l'y rappelaient. »
*(Journal de l'Ain, 3 avril 1839.)*

Son neveu, M. Buffet, fit élever au cimetière de Belley
où repose M. Ruivet, un mausolée avec des inscriptions
pour rappeler aux siècles futurs les services immenses
qu'il avait rendus à l'Église. Ce mausolée est de forme
rectangulaire, haut de 1m,50 environ; M. Ruivet est représenté au-dessus avec ses insignes de chanoine.

Voici les quatre inscriptions que porte chacune des
faces du mausolée :

CI-GIT M. RUIVET, VICAIRE GÉNÉRAL DE BELLEY.

———

CONFESSEUR DE LA FOI QU'IL DÉFENDIT DANS LES JOURS MAUVAIS,
IL SE CONSUMA AU MILIEU DES TRAVAUX D'UN APOTRE.

———

NÉ A MEXIMIEUX, LE 7 DÉCEMBRE 1767,
ET DÉCÉDÉ A BELLEY, LE 28 MARS 1839.
M. BUFFET, SON NEVEU, LUI A ÉRIGÉ CE MONUMENT.

*Sit memoria ejus in benedictione.* (Eccles.)

Oui, son nom sera en bénédiction d'âge en âge, et ses
œuvres qui lui survivent, le petit séminaire de Meximieux qu'il a fondé, l'hôpital de la même ville qu'il a
doté de ses biens, tout le diocèse de Belley qu'il a
conservé à la foi par sa vie d'héroïque dévoûment
parleront plus haut que tout ce que nous pouvons dire
en son honneur; ses vertus célébreront plus dignement
ses louanges que tous les écrits de la plume la plus
exercée.

*Mementote præpositorum vestrorum.* « Souvenez-
vous de ceux qui furent vos préposés; » cette parole de
nos saints Livres placée en tête de ce volume sera aussi
celle par laquelle nous terminerons la vie du vénérable
M. Ruivet, vicaire général du diocèse de Lyon pour le
département de l'Ain, pendant la période révolutionnaire, fondateur du petit séminaire de Meximieux,
vicaire général de Mgr Devie.

Si, au commencement de ce siècle, qui est maintenant à son déclin, nos pères virent, après la tempête
révolutionnaire, les églises s'ouvrir de nouveau au culte
catholique, la foi se réveiller dans tous les cœurs, ce fut
grâce à ces intrépides missionnaires dans l'âme desquels brilla avec tant d'éclat cette énergie indomptable
que rien ne brise, qui ne se lasse jamais, cette énergie
divine par laquelle triomphent enfin la justice et la
vérité. « *Fortes facti sunt in bello, castra verterunt
exterorum.* » « Ils furent courageux dans les combats,

ils ont mis en fuite les armées ennemies. » (Hebr., xi, vers. 34.) Parmi ces héros, le diocèse de Belley doit placer, au premier rang, M. l'abbé Claude-Joseph Ruivet.

Pour nous, qui jouissons de leur victoire, n'oublions pas qu'ils l'ont acquise au prix de leurs sueurs et de leur sang. Gardons précieusement leur souvenir afin de mieux garder leur foi et leur vaillance :

*Mementote præpositorum vestrorum.*

# APPENDICE

## MATHIAS LORAS
### PREMIER ÉVÈQUE DE DUBUQUE

### ESQUISSE DE SA VIE

PAR

**Mgr John IRELAND, archevêque de St-Paul (Minnesota)** (1)

De temps à autre les saints passent sur la terre pour la plus grande gloire de Dieu et la plus grande édification des âmes.

Les saints sont des hommes qui ont su, dans un degré éminent, s'identifier l'esprit du Christ, qui se sont élevés dans la vie morale et dans les perfections de la vie spirituelle, si haut au-dessus de leurs semblables, que nous pouvons avec raison les considérer comme la personnification de la religion du Christ et les modèles sur lesquels nous pouvons jeter les yeux en toute sûreté, quand

(1) Cette esquisse a paru dans le *Catholic Word* (septembre et octobre 98).

nous voulons reproduire les traits du divin Maître dans nos esprits et dans nos cœurs.

Ce serait une grosse méprise de croire que ceux-là seuls ont pratiqué la sainteté, qui ont été déclarés saints par la voix officielle de l'Église. En tout temps, il y a des saints qui ne sont pas canonisés. Bien plus, ceux qui reçoivent cet honneur sont peu nombreux en comparaison de ceux qui ne le reçoivent point. Il n'y a que les saints canonisés qui ont droit à un hommage public, mais tous les saints méritent que leur souvenir soit honoré et que leurs vertus soient imitées.

Je n'hésite pas à mettre au nombre des saints non canonisés, Mathias Loras, le premier évêque de Dubuque. Comme preuve de ce que j'avance, je donne l'histoire de sa vie : et j'en appelle au témoignage de tous ceux vivant encore, qui l'ont connu durant sa vie de missionnaire dans le Nord-Ouest, et qui le connaissant, l'admirèrent et l'aimèrent.

C'est heureux pour l'Amérique que des saints apparaissent parmi ses fils et ses filles. L'Amérique a besoin d'exemples puissants dans l'ordre surnaturel.

La destinée des hommes ne se termine point dans les bornes limitées de notre planète; mais elle se poursuit bien au delà jusque dans le royaume de Dieu, dans le monde surnaturel. Limiter la pensée et l'action humaines au monde présent, c'est exclure la préparation au monde futur qui est bien plus important; c'est se priver même dans ce monde des éléments les meilleurs et les plus saints, éléments qui ne peuvent se développer et persévérer que par l'influence surnaturelle.

Le péril pour l'Amérique, c'est qu'elle perde de vue le surnaturel. Si étonnamment riches sont ses ressources, si étonnamment rapide son développement dans l'ordre naturel, qu'elle peut facilement en être éblouie et croire

qu'il n'y a rien au delà de ce qui peut lui procurer les richesses, les plaisirs et la gloire terrestres. Pour l'Américain, l'ennemi le plus redoutable de la civilisation et de la destinée future de notre âme, c'est le naturalisme et surtout sa forme la plus hideuse, le matérialisme.

Nous devons donc amener sur la scène des agents contraires puissants, nous devons mettre en ligne de bataille contre le naturalisme les forces du surnaturel. L'arme la plus puissante du surnaturel, ce n'est pas le conseil ou le précepte, c'est l'exemple. Ayons des saints et des saintes dont les âmes s'élèvent au-dessus des séductions de la terre, sans se laisser ternir par la poussière, même la plus légère des passions humaines, et sans se laisser détourner du devoir par les cris intéressés de ce monde; des saints qui vivent ici-bas, puisque c'est la volonté de Dieu, mais qui vivent aussi pour un monde meilleur, qui est leur dernière destination; qui, dans tous les actes de la vie présente, aient en vue la vie future, puisque l'une n'est que la préparation de l'autre. Quand nous avons eu le bonheur d'avoir des saints parmi nous, observons leur conduite et ne laissons point perdre leurs exemples.

Le diocèse de Dubuque a eu son saint : Mathias Loras.

Le diocèse de Dubuque doit son premier évêque à la terre classique des missionnaires, à ce pays d'où sont partis tant de prêtres et d'évêques, saints et apostoliques; les Flaget, les Cheverus, les Dubois, les Crétin, les Badin, les Brute, les David et les Sorin. Vraiment l'Église de France a bien mérité de l'Église d'Amérique ! La France a donné à l'Amérique de grands apôtres, modèles illustres de la sainteté personnelle et des vertus apostoliques, personnages dignes d'être les fondateurs et les patriarches d'une grande Église ; et la France les donna à l'Amérique quand cette dernière avait le plus besoin d'apôtres, alors que les missionnaires des autres pays venaient encore peu nombreux sur nos rivages.

La sainteté chez Mathias Loras était héréditaire. Il appartenait à une famille de solides chrétiens, dans laquelle la foi se transmettait de père en fils et dans laquelle la religion était la base essentielle de l'éducation. Les temps malheureux de la révolution et du schisme s'appesantissaient alors sur la France, et le chef de la famille Loras devait montrer bientôt quelle était la trempe de son caractère. Jean-Mathias Loras, le père du futur évêque fut emprisonné à cause de sa fidélité à l'ordre social et à l'unité religieuse. En vain son épouse, accompagnée de ses onze enfants et tenant par la main le plus jeune d'entre eux, Mathias, s'agenouilla devant le principal agent de la Révolution à Lyon, pour demander pitié en faveur des petits enfants, elle ne put arrêter une main si empressée à frapper. Un semblant de justice fut accordé à M. Loras. Conduit devant le juge, ses amis lui conseillèrent de chercher à expliquer d'une manière favorable ses actions passées et de dissimuler les motifs qui les avaient inspirées. « Quoi, répondit-il vivement, dire un mensonge pour sauver ma vie ? Jamais ! » Peu de temps avant qu'il montât sur l'échafaud, on lui demanda, suivant la coutume, si en ce moment suprême il avait quelque désir à exprimer. « Oui, dit-il, je désire voir mon curé, celui qui était à la tête de la paroisse de Saint-Paul. » Il fut mandé immédiatement. L'intrépide Loras dit alors à haute voix : « Monsieur, vous avez adhéré au schisme qui désole actuellement la France. Mais je sais aussi que tout prêtre peut donner l'absolution à ceux qui sont en danger de mort ; je désire en conséquence me confesser à vous, mais sachez bien en même temps que je ne prends aucune part à votre schisme. »

Un frère de Jean Loras le suivit sur l'échafaud, à quelques jours de distance pour s'être montré ferme, lui aussi, à la cause de l'ordre et de la religion. Deux sœurs de M^me Loras moururent martyres, leur crime étant d'avoir caché des prêtres fidèles, qui n'avaient pas voulu se soumettre au schisme imposé au pays par le gouvernement révolutionnaire. Notre futur évêque descendait, on le voit, d'une race de saints et de martyrs.

Après la mort de M. Loras, les possessions de la famille, qui étaient considérables, furent confisquées, et M^me Loras dut nourrir et élever sa nombreuse famille, dépouillée de tous ses biens, et privée du secours de son mari. C'était une femme remarquable. Elle s'initia peu à peu aux affaires commerciales, dans lesquelles son mari était engagé, et elle fut bientôt à même de donner à ses enfants une excellente éducation. Avec un soin particulier, elle surveilla leur formation religieuse, suppléant les leçons de maîtres choisis avec discernement, par son enseignement intelligent et par l'exemple continuel de sa piété profonde et éclairée. Une direction si sage fit naître de nombreuses vocations pour la prêtrise et l'état religieux, parmi ses enfants et ses petits-enfants; et ses descendants jusqu'à la troisième et la quatrième génération, se sont toujours montrés des catholiques fervents et pratiquants. En France, c'est une tradition reçue que les descendants des familles qui ont souffert pour la foi durant la Révolution ont été bénis de Dieu. C'est bien le cas pour la famille Loras.

Le jeune Mathias reçut de Dieu la vocation à l'état ecclésiastique. Après les études habituelles au Séminaire où il se distingua par sa piété et ses brillants succès, il fut ordonné prêtre par le Cardinal-Archevêque de Lyon et se trouva bientôt élevé à des postes considérables. Il fut en effet chargé de la direction de deux importantes maisons d'éducation de l'archevêché. L'une de ces maisons était le Séminaire de Meximieux, qui eut autrefois parmi ses élèves Joseph Crétin, plus tard évêque de Saint-Paul ; et qui envoya dans la suite un certain nombre de missionnaires bien connus dans notre pays du Nord-Ouest.

En France, l'accès aux dignités ecclésiastiques eût été facile à l'abbé Loras. Ses qualités d'esprit et de cœur, les succès qui vinrent couronner si rapidement les premières années de son sacerdoce durent lui faire comprendre à quelle haute situation il se fût élevé. Mais un zèle ardent pour la gloire de Dieu dévorait son âme, la passion de se sacrifier, en esprit d'humilité et de renoncement, sur un champ plus étendu et plus difficile que celui offert par son pays, s'était emparée de son être tout entier. Les pays éloignés, où il avait entendu dire que les ouvriers étaient peu nombreux, étaient toujours présents à sa pensée ; pour Dieu et pour l'humanité, il brûlait de quitter sa patrie, de renoncer aux espérances qu'elle lui promettait, pour aller se dépenser au service de ces régions peu connues, là-bas, au delà des mers.

Il est difficile, pour beaucoup, de se rendre compte du zèle ardent pour la religion et du renoncement à soi-même, qui poussèrent ces légions de missionnaires que la France depuis ces deux derniers siècles a envoyés aux quatre coins du globe ; et qui (pour parler plus spécialement de nos pères dans la foi) nous ont amené de France ces missionnaires que nous regardons comme les fondateurs de l'Église d'Amérique. Il faut avoir vécu près de quelques-uns de ces serviteurs de Dieu, comme l'auteur de cette esquisse, pour lire complètement dans leurs âmes et pour estimer à leur juste valeur, leurs motifs et leurs vertus.

L'abbé Loras était attiré vers l'Amérique. A cet attrait se rapporte un incident digne d'être noté. En 1823, l'abbé Loras était supérieur du Séminaire de Meximieux. Parmi les élèves de la classe de rhétorique, il y avait trois jeunes gens qui gagnèrent son estime d'une manière particulière et auxquels il voulut bien confier le secret de son cœur. Ces jeunes gens rêvaient de missions étrangères. L'abbé les appela dans sa chambre et leur dit : « Moi aussi, j'ai l'intention de me dévouer aux missions étrangères. Je veux aller en Amérique. Quand vous serez ordonnés, j'espère que vous me suivrez et travaillerez avec moi. » Un de ces jeunes gens était Pierre Chanel qui plus tard, en 1841, fut mis à mort pour la foi dans l'île de Futuna. Il fut le premier martyr de l'Océanie, et dernièrement un décret du Souverain Pontife Léon XIII l'a déclaré « Bienheureux » et l'a placé sur les autels de la chrétienté. Pierre Chanel ne suivit pas le supérieur de Meximieux en Amérique, mais c'est à lui, sans aucun doute, qu'il dut beaucoup du zèle et de la charité qui lui valurent finalement la couronne du martyre dans les îles éloignées du Pacifique.

L'arrivée en France, durant l'année 1829, de l'évêque de Mobile, le T. R. Michel Portier, en quête de prêtres pour son diocèse, donna à l'abbé Loras l'occasion de mettre à exécution le dessein, caressé depuis si longtemps, de se consacrer aux missions étrangères. Pendant sept ans, il travailla dans l'Alabama comme curé de la cathédrale de Mobile, supérieur du collège de Spring-Hill et vicaire général du diocèse, honorant son ministère par la sainteté de sa vie, son zèle et sa prudence dans l'action, à un tel degré, qu'en 1837, les évêques d'Amérique réunis pour le troisième concile général de Baltimore, cherchant un ecclésiastique digne de présider aux destinées de l'Église du vaste Nord-

Ouest, tournèrent les yeux vers Mobile et choisirent
Mathias Loras comme le premier évêque de Dubuque.

Un vaste champ, digne d'un grand Apôtre, venait
d'être ouvert à l'évêque Loras. Le diocèse de Dubuque
s'étendait alors de la frontière nord du Missouri,
jusqu'à l'Amérique anglaise, au nord, et du côté de
l'ouest, des rives du Mississipi à celles du Missouri. Le
diocèse de Dubuque, en 1837, comprenait le territoire
qui est occupé aujourd'hui par les diocèses de Dubuque, Davenport, Saint-Paul, Winona, et par une grande
partie de ceux de Saint-Cloud, Duluth, Fargo et Sioux-
Falls. Si l'on en excepte les indigènes qui circulaient en
toute liberté dans cet immense territoire, les habitants
étaient bien peu nombreux. On voyait quelques mineurs
autour du village de Dubuque, quelques soldats dans
les stations militaires, quelques commerçants dispersés
au milieu des Indiens, quelques immigrants occupés à
construire une demeure dans ces prairies sauvages. Au
point de vue religieux : un prêtre et trois chapelles formaient toutes les ressources spirituelles de cet immense
territoire. Mais si le présent était peu, magnifiques
étaient les espérances de l'avenir. Un sol d'une fertilité
prodigieuse, un climat d'une salubrité sans égale, un
pays d'un ciel et d'un aspect enchanteurs, des prairies et
des forêts, riches de tous les dons de la nature, des cours
d'eau considérables qui ne semblaient attendre que le
moment de porter sur leurs eaux, soit au Sud, soit au
Nord, jusqu'aux grandes mers de ce globe, et pour la ri-
chesse des nations, tous les produits de l'industrie
humaine. Tel était ce Nord-Ouest auquel l'évêque
Loras fut envoyé par la Providence et la délégation du
Souverain Pontife.

Dès lors, il était facile de voir que des agglomérations
puissantes et prospères s'élèveraient bientôt dans ce pays.

Pour Mgr Loras, la question était d'établir, dans un pays qui donnait d'aussi belles espérances, la république spirituelle du Christ; mais de l'établir dans des conditions de force et de splendeur, qui fussent en harmonie tout à la fois avec cette Église qui compte tant d'années, et ce pays jeune et riche qu'il voulait donner à Jésus-Christ.

Il fallait des qualités éminentes à celui qui allait fonder l'Église catholique dans le Nord-Ouest. Il devait être tel qu'il ne se laissât pas effrayer par la solitude qui allait peser sur lui aussitôt; son esprit devait être assez étendu pour prévoir et embrasser les années à venir; son jugement assez sûr, sa main assez habile, pour donner aux murs de la nouvelle Église des fondations profondes et inébranlables; il fallait que toute sa vie fît rayonner son nom et sa mémoire dans l'estime et l'amour des hommes, afin que dans les siècles futurs il fût proclamé l'apôtre modèle, la gloire de l'Église du Nord-Ouest. Tel était Mathias Loras.

Sans aucun retard, le nouvel évêque fit voile pour la France. C'est le pays où déjà longtemps auparavant, comme aussi toujours depuis, les lévites, dans le silence du Séminaire, ou au milieu des occupations du ministère, rêvent de la vie de dévouement aux missions étrangères; c'est là aussi que les âmes généreuses, par amour pour le Christ, alimentent les trésors de la Société de la Propagation de la Foi, afin que les ouvriers des missions étrangères puissent avoir les ressources nécessaires pour se nourrir et se vêtir. Il obtint en France quelque argent, quelques collaborateurs, et au mois d'octobre **1838**, s'embarqua au Havre pour retourner en Amérique.

Mais il nous faut donner les noms de ceux qui accompagnèrent l'évêque Loras, à son retour. Ce sont les noms de nos pères dans la foi, et nous les aimons et les révérons : Crétin, Pélamourges, Galtier, Ravoux, Causse et Petiot. L'un de ces missionnaires, Joseph Crétin, était destiné à être plus tard, au moment de la division du diocèse de Dubuque, le premier évêque de Saint-Paul, et comme Loras, un patriarche de l'Église du Nord-Ouest.

Le voyage de l'évêque Loras et de ses compagnons, du port de New-York à Dubuque, montre l'état de ce pays, il y a seulement soixante ans. De New-York, ils allèrent à Baltimore. Dans cette ville, quatre d'entre eux, qui n'étaient que sous-diacres, les quittèrent pour aller au collège d'Emmittsburg. De Baltimore, l'évêque et les trois compagnons de voyage qui lui restaient s'avancèrent vers les monts Alleghany qu'ils traversèrent sur des diligences peu rapides. Ils atteignirent Pittsburg, et de là descendirent l'Ohio en bateau, jusqu'à Cairo, puis remontèrent le Mississipi jusqu'à Saint-Louis.

A ce moment, la glace couvrait le haut Mississipi, et comme le trajet par terre était une entreprise trop difficile, ils furent forcés de passer trois mois à Saint-Louis. L'évêque, pour se consoler de ce délai malencontreux, prêcha des missions aux catholiques français de la cité et du village voisin : Carondelet. Aussitôt que la navigation fut rouverte, ils se confièrent au premier steamer à destination du Nord et arrivèrent à Dubuque le 19 avril **1839**.

Un voyage, que l'évêque entreprit plus tard, nous fournit une nouvelle preuve de la difficulté des voyages en ces temps éloignés de l'histoire du Nord-Ouest. Dans l'automne qui suivit son arrivée à Dubuque, l'évêque Loras et l'abbé Pélamourges remontèrent le Mississipi jusqu'au fort Snelling, sur le steamer qui faisait un voyage chaque année jusqu'à ce poste militaire éloigné.

Les missionnaires n'avaient pas encore fini leurs travaux, quand le steamer reprit sa route au Sud; ils restèrent donc au Fort. Quand il furent prêts, quelques semaines plus tard, ils s'installèrent dans un canot d'écorce de bouleau et se mirent courageusement à la rame. A la fin du premier jour, leurs mains étaient couvertes d'ampoules, l'évêque essaya alors d'un remède héroïque qu il proposa en vain au Père Pélamourges. C'était de chauffer la rame au feu du camp, puis de la tenir serrée dans ses mains. La peau se séchait et se durcissait ainsi rapidement. Le procédé sans doute était douloureux, mais dès le lendemain l'évêque pouvait reprendre la rame sans crainte de voir reparaître les ampoules.

L'abbé Pélamourges a souvent raconté cet incident, ainsi qu'un autre d'une nature encore plus comique.

La même nuit, pendant de longues heures, ils entendirent des bruits étranges dans le voisinage de leur feu de camp. Lorsque ées bruits devenaient plus forts, cela donnait l'illusion qu'ils se rapprochaient du campement. C'étaient à n'en plus douter les terribles Sioux. L'évêque se lève, répétant à plusieurs reprises l'unique mot de la langue Sioux qu'il avait appris au fort Snelling « Chinasapa » « robe noire ». Peu à peu le bruit cesse, et l'évêque joyeux remercie Dieu de ce qu'il a suffi de nommer sa dignité de prêtre pour apaiser les sauvages. Mais, adieu, la poésie et le sentiment! Après un peu de réflexion, le matin suivant, ils se rendirent compte que le bruit formidable de la nuit n'était autre que le coassement d'une quantité innombrable de grenouilles, qui grouillaient, à une petite distance, au sud de l'endroit où la ville de Saint-Paul a été bâtie depuis.

Quand le mince canot de l'évêque Loras glissait sur les eaux du Mississipi, la physionomie du pays qui avoisinait le fleuve, n'était guère différente de son état au moment où apparurent les premiers blancs : le Père franciscain Hennepin et le Père jésuite Marquette.

Les travaux de l'évêque Loras dans le diocèse de Dubuque durèrent jusqu'au 19 février 1858. Durant les longues années de son épiscopat, il fut vraiment l'homme de Dieu, le pasteur des âmes.

On trouvait en l'évêque Loras toutes les qualités qui caractérisent l'homme et le chrétien. En lui, les vertus naturelles et surnaturelles s'unissaient dans une harmonieuse beauté, les premières prêtant le champ nécessaire au complet développement des secondes, qui à leur tour communiquaient aux premières leur reflet divin.

L'évêque Loras était le gentilhomme de la vieille école française. Dans ses manières, il était d'une politesse exquise, sans la moindre trace d'affectation ou de formalisme, sévère dans son costume qui pouvait trahir la pauvreté, mais jamais le désordre et la négligence. Il était toujours digne dans son maintien, même quand il était obligé de s'appliquer à des tâches inférieures qu'il entreprenait par esprit de zèle et d'humilité. Ses paroles étaient toujours le reflet de son âme élevée. Il était d'un tempérament presque délicat pour les natures rudes et grossières qu'il devait évangéliser. Mais, quand le devoir parlait, il savait montrer un courage qui serait allé jusqu'au martyre. Il était d'une grande bonté et d'une grande affabilité, aussi bien envers ceux de la condition la plus humble qu'envers ceux de la condition la plus élevée, cherchant à plaire et à être utile à tous, et ne craignant pas, pour y arriver, de s'imposer les plus dures privations. Sa conversation était toujours charitable et enjouée, et très souvent spirituelle ; jamais de propos délibéré, il n'offensa quelqu'un ; il n'avait d'autre but au contraire que de faire naître autour de lui une joie

innocente. On a dit quelquefois qu'il était d'une éco-
nomie presque exagérée. Mais ce n'est pas qu'il aimât
l'argent, car il n'en garda jamais pour lui; ni
qu'il fût attaché au bien-être qu'il procure, car il ne
s'en servit jamais pour lui-même que dans la mesure
du strict nécessaire. S'il le désirait, c'était dans l'intention
de secourir les malheureux qui venaient en foule frapper à sa porte, c'était aussi pour subvenir aux besoins
du culte dans cet immense diocèse. Il fut toujours fidèle à
ce devoir dans la mesure du possible. C'était un véritable
plaisir d'être en rapport avec l'évêque Loras, de jouir de
sa conversation intime.

L'évêque Loras était chrétien, prêtre, apôtre, dans
toutes les fibres de son âme. Il vivait réellement de
la vie surnaturelle qui est celle des élus du Christ.
« L'homme juste, est-il écrit, vit de la foi. » La foi
avait complètement pénétré l'esprit et le cœur de
l'évêque Loras, elle inspirait ses pensées et ses actes,
dominait ses motifs et ses affections. Sa piété était profonde et tendre. Il aimait Dieu avec cette simplicité et
cet abandon qu'un enfant a pour son père.

C'était un homme de prière. Tout son plaisir était de
converser avec Dieu. Jamais le matin il ne manquait sa
méditation. Durant le jour, il invoquait Dieu fréquemment pour lui demander la lumière et la force, et il multi-
pliait aussi ses visites au Saint-Sacrement. Jamais il n'entreprenait quelque chose d'important sans réciter le
*Veni Creator*. Le dernier acte de sa vie fut la récitation
du bréviaire. Il était déjà très malade, comme la nuit
approchait, il pria ceux qui l'entouraient de vouloir
bien le laisser seul. « L'office est long, dit-il, et j'ai à le
réciter, avant d'aller prendre mon repos. » Deux heures
après qu'il eût prononcé ces paroles qui présageaient sa
mort, il perdit connaissance.

« Le langage est impuissant, écrivait quelqu'un qui
l'a bien connu, à donner une idée exacte de sa piété, de
sa dévotion, de son abandon complet à la divine Providence. Avant le lever du jour en été comme en hiver, dans
la maladie comme dans la santé, vous l'auriez trouvé en
prière au pied de l'autel, ou occupé à remplir quelque
devoir sacré. » C'était un spectacle édifiant et qu'on ne
pouvait plus oublier, de le voir agenouillé devant le
Saint-Sacrement, se répandant en invocations ferventes,
et quelquefois assez hautes pour être entendues, devant
le tabernacle qui cachait Dieu à ses regards. On prenait
un grand plaisir à le voir exercer les fonctions sacrées à
l'église.

Une piété si grande produisit des fruits abondants,
même du vivant de l'évêque Loras. Sa vie entière
fut pure, sans souillure, marquée par la fidélité au devoir
la plus scrupuleuse, illustrée par la pratique de toutes
les vertus. En elle, le censeur le plus sévère n'eût pu
découvrir la plus légère faute. Depuis le commencement jusqu'à la fin de sa carrière, l'évêque Loras glorifia
Dieu et édifia les hommes.

« QUI PIUS, PRUDENS, HUMILIS, PUDICUS
SOBRIAM DUXIT SINE LABE VITAM
DONEC HUMANOS ANIMAVIT AURÆ
SPIRITUS ARTUS. »

Ces vertus spéciales qui sont un fruit de l'évangile et
qui sont le propre des saints de l'Église du Christ bril-
laient avec éclat dans la vie de l'évêque Loras. Il était
remarquable par son esprit de sacrifice et de renoncement à sa volonté propre, ce trait essentiel de la sainteté, cette marque la plus certaine de la sanctification
d'une âme. Le désintéressement et l'humilité se mani-

festaient dans tous ses actes. Il était patient au milieu
des épreuves. La fermeté, avec laquelle il supporta
l'ingratitude de ceux à qui il consacra toutes ses forces,
montra que son zèle pour le service de Dieu était
exempt de tout alliage humain. Il pratiquait la pauvreté avec amour parce qu'elle lui donnait l'occasion
de se renoncer, et celle de faire l'aumône à ceux qui
étaient dans le dénûment. Il vivait pour Dieu et pour
les âmes; sa seule ambition était d'être un vrai disciple
du Christ; la seule récompense qu'il cherchât était
celle de l'éternité bienheureuse.

Ceux qui connurent l'évêque Loras ou qui ont lu sa
biographie ne croiront plus que dans nos temps modernes, le surnaturel n'existe plus sur la terre.

L'évêque Loras déploya dans sa vie de missionnaire
le zèle ardent et persévérant des apôtres de l'Eglise.
Ce fut le zèle, le désir de conquérir des âmes au Christ,
qui lui fit préférer ce pays lointain à celui de ses ancêtres; ce fut le zèle qui soutenait son héroïque courage
au milieu des épreuves terribles et sans cesse renais-
santes qu'il eut à supporter dans un pays où les communications étaient si difficiles, les obstacles si nombreux,
et les secours si rares. Il n'eut toujours qu'un seul but :
étendre le règne de Dieu, en gagnant des âmes au
Christ; ce fut toujours là la grande pensée de son âme,
celle qui domina toute sa vie. Il travaillait constamment,
ne refusant jamais le travail quand il se présentait, allant
au-devant quand il n'en avait plus. On peut dire en toute
vérité que pour lui, travailler à la conquête des âmes
était une passion. Quand il s'agissait d'elles, même dans
la vieillesse, il avait encore l'enthousiasme du jeune
homme. Il est assez facile de commencer avec ardeur.
Mais maintenir cette ardeur durant toute sa vie, en dépit
des épreuves, des contradictions, des insuccès; voir au

17

delà du présent si souvent assombri par de lourds nuages,
les clartés célestes dont nous sommes appelés à jouir :
voilà l'effort suprème dont les âmes de choix seules sont
capables.

L'intelligence, la grandeur d'âme, la haute portée
d'esprit, dont l'évêque Loras fit preuve pendant son
épiscopat doivent être signalées ; car ces qualités de son
épiscopat montrent que c'était un homme remarquable,
comme ses vertus nous ont montré que c'était un grand
saint.

Il comprenait vite et bien les devoirs que le lieu et le
moment lui imposaient, et c'est avec la plus grande
promptitude qu'il s'acquittait de ces devoirs.

Etranger par la naissance et l'éducation, c'est librement qu'il avait choisi son champ de travail ; mais une
fois choisi, il sut s'adapter à son nouveau milieu et
devint un vrai Américain, un citoyen modèle, attaché
aux institutions de son pays.

Dans son troupeau, il y avait des gens de races et de
langues différentes : mais il se faisait tout à tous, sans
aucune préférence. L'esprit de nationalité lui était complètement étranger. Il ne voyait dans ceux qui lui
étaient confiés que des âmes, des enfants du Christ, et
comme tels, tous lui étaient également chers. Un fait
remarquable, ce fut la discussion qui eut lieu entre
l'évêque Loras, de nationalité française, et ses prêtres
presque tous français également, pour savoir quel serait
son coadjuteur et successeur. L'évêque avait jeté les
yeux sur un prêtre français, curé de la cathédrale
Saint-Louis, l'abbé Paris, non point parce qu'il
était Français, mais parce qu'il était, ainsi que nous
le savons, un prêtre pieux et instruit. Mais le clergé
du diocèse de Dubuque fit remarquer qu'un prêtre non
français serait plus utile au troupeau et pourrait ache-

ver plus facilement l'édifice religieux, dont eux, les pionniers de la foi, avaient posé les premiers fondements dans ce pays encore inculte. L'évêque Loras condescendit au désir de son clergé, et le nom du Rév. Clément Smyth fut envoyé à Rome, pour recevoir l'approbation du Saint-Père. Les premiers missionnaires du Nord-Ouest n'avaient guère, comme on le voit, l'esprit de nationalité.

En ce moment, l'église du Nord-Ouest ne pouvait guère recruter qu'à l'étranger, les prêtres nécessaires au service religieux. Heureusement qu'il s'en trouva beaucoup qui furent ainsi disposés à quitter leur pays pour les missions lointaines de l'Amérique. L'évêque Loras, quoique l'un de ces prêtres dévoués, comprit que l'Église n'est jamais complètement établie dans un pays, à moins qu'elle ne recrute son clergé dans le pays même, et son plus vif désir fut d'avoir ce clergé.

Il n'épargna aucun effort pour découvrir et cultiver les vocations parmi les jeunes gens de l'Iowa. Quelques prêtres remarquables du Nord-Ouest, dont deux sont devenus évêques, furent le fruit de ce zèle. Le Séminaire du Mont-Saint-Bernard lui coûtait plus d'argent qu'il n'en pouvait trouver, il fut donc obligé après quelques années de le fermer, mais son souvenir reste toujours pour attester le désir ardent de l'évêque d'avoir dans le diocèse de Dubuque des prêtres du pays.

Deux mesures, auxquelles l'évêque Loras prit une part très active, firent voir, d'une manière particulière, combien son dévouement aux intérêts de la religion était intelligent. Il n'était pas l'esclave de la routine, et si quelque moyen nouveau devait contribuer au bien de la religion, il ne craignait pas de l'adopter, dût-il s'attirer par là bien des critiques. Les deux mesures auxquelles j'ai fait allusion sont : la colonisation et la totale abstinence.

Le plus grand malheur qui ait pu arriver à tant de catholiques immigrants qui vinrent en Amérique, il y a quarante ou cinquante ans, fut de se trouver entassés dans les villes, où généralement ils ne trouvaient guère que des emplois peu honorables et même souvent bas ou dégradants, alors qu'on aurait dû les envoyer dans les terres des régions de l'Ouest, ou à peu de frais et avec peu de travail, ils auraient pu se créer une situation indépendante. Les immigrants ignoraient les richesses que ces pays tenaient pour eux en réserve, ou bien ils manquaient de chefs qui leur enseignassent comment ils pourraient s'établir. Ceux qui auraient pu les initier ne se présentèrent pas, ou s'ils le firent, ils rencontrèrent une forte opposition chez ceux, dont la situation et l'intelligence faisaient espérer mieux. Il est aujourd'hui hors de doute que si les plans de d'Arcy Me Gee et de tous ceux qui prirent part à la convention de colonisation de 1856, avaient été mis à exécution, l'Eglise catholique dans les Etats de l'Ouest serait bien plus prospère qu'elle ne le sera peut-être jamais ; et des milliers de familles qui ont disparu dans le gouffre des grandes villes, auraient maintenant un foyer avec une honnête aisance.

L'évêque Loras s'aperçut bientôt des avantages que retirerait l'Eglise d'Amérique de l'établissement des catholiques dans l'Ouest, aussi travailla-t-il constamment à faire connaître ces avantages. Il écrivit de nombreuses lettres aux journaux catholiques des Etats de l'Est et spécialement au *Pilot* de Boston, et au *Freman's Journal* de New-York, insistant auprès des prêtres et des laïques de son diocèse pour qu'ils écrivissent des lettres semblables. Il eut bien soin d'envoyer un représentant à la conférence de Buffalo, le R. Jérémie Tracy, puis il travailla à organiser à travers l'Iowa les sociétés de colo-

nisation qui avaient été formées dans la réunion, les aidant à mettre en pratique leurs résolutions.

Une autre lettre de l'évêque au *Pilot* de Boston montre quelques-unes des difficultés qu'il eut à surmonter et répond à une objection que l'archevêque Hughes fit contre la colonisation de l'Ouest qui ne pourvoyait pas suffisamment aux besoins religieux des immigrants. « Les immigrants doivent s'attendre à quelques privations, au début, même au point de vue religieux, s'ils veulent s'établir dans un pays encore neuf, pour le rendre peu à peu catholique. Ce motif est vraiment noble, et digne des apôtres dont ils accomplissent en quelque sorte les fonctions, lorsque, en émigrant de pays catholiques, ils essayent, quoique laïques, d'implanter la foi de Jésus-Christ dans ces régions sauvages. Nous ne pouvons douter que le Très-Haut, par sa divine Providence, ne supplée pour un temps au manque de prêtres et d'églises. »

Le résultat de tous ces efforts fut l'établissement de nombreux groupes catholiques dans l'Iowa, et même au delà des limites de cet Etat, au sud du Minnesota et à l'est du Nebraska. Il fut ainsi un bienfaiteur public de l'Ouest et l'ami de ses coreligionnaires.

Il n'y avait pas de moyen plus sûr, de donner à l'église catholique de l'Ouest des fondations larges et profondes que d'attirer des immigrants catholiques sur son sol fertile.

L'abstinence totale des liqueurs ou des boissons enivrantes est le remède héroïque contre le vice d'intempérance dont les catholiques aussi bien que les autres habitants de l'Amérique ont eu tant à souffrir au point de vue de l'âme et du corps. Les maux que ce vice causa parmi eux furent si terribles qu'il fallût un zèle exceptionnel pour en arrêter les effets ; de la part de tous ceux à qui leur position sociale, leur influence morale

ou religieuse créaient le devoir d'aider leurs concitoyens.
Et, comme l'expérience l'enseigne, le moyen de combattre l'intempérance, le plus facile à appliquer, comme
aussi le plus fécond en résultats, c'est la prédication
ardente de la totale abstinence, jointe à l'observation
loyale de cette forme de tempérance, chez les guides et
les chefs du peuple. Mais nous devons le dire, il y en
eut peu comparativement qui comprirent toute l'importance de cette mesure et de leur responsabilité. Si beaucoup a été fait dans ce sens, on peut dire qu'on a encore
plus laissé à faire. L'évêque Loras aurait pu être plus
facilement excusé que tout autre s'il n'était pas devenu
un avocat de la totale abstinence. Il était né en France,
où le vin est une boisson de tous les jours ; il était
étranger aux populations de l'Amérique dont il pouvait
bien ne pas comprendre les idées et les besoins aussi facilement que celui qui a passé sa vie au milieu d'elles.

Cependant l'évêque Loras fut un des avocats les plus
ardents de la totale abstinence. Il y fut déterminé par sa
profonde intelligence du milieu dans lequel il était placé
et par son énergie de volonté à faire ce qu'une fois il
avait reconnu nécessaire. Dès le début de son épiscopat,
il se mit à l'ouvrage, observant lui-même la totale abstinence et formant ces associations parmi les catholiques (1). Il insista auprès de ses prêtres pour qu'ils prê-
chassent de parole et d'exemple la totale abstinence.
Quand il conférait la prêtrise à ses séminaristes il les exhor-
tait avec tant de force que tous prenaient le *pledge*. Un
correspondant du *Pilot* de Boston écrivait de Dubuque,

---

(1) Une des premières impressions en faveur de la totale abstinence
éprouvée par l'auteur de cette esquisse, est due à l'histoire qu'il entendit souvent raconter, quand il était encore tout jeune au Séminaire de
Meximieux. On y avait été très édifié, en effet, de la fidélité avec laquelle l'évêque Loras, de retour à Meximieux en 1850, avait observé le
pledge de la totale abstinence.

en 1845, que dans leur ville, la Société de la totale abstinence comptait déjà trois cents membres. Mais on pouvait citer nombre d'autres sociétés semblables organisées
par les soins de l'évêque dans l'Iowa. L'évêque alla plus
loin encore, il ne se contenta pas de fonder ces sociétés
et d'en observer lui-même les préceptes. Il devint un
ardent champion du système prohibitif, et en cela nous
n'oserions le blâmer. Car quelles que soient les chances de
ce système dans les grands centres, nous ne pouvons
douter qu'il n'eût des chances de réussir dans un pays où
les habitants sont dispersés, comme ils l'étaient alors
dans l'Iowa ; il est facile aussi d'en voir les avantages
dans un pays neuf, où l'immigrant a besoin de toutes
ses ressources pour s'établir lui et sa famille. Dans sa
lettre pastorale du Carême de 1855, l'évêque écrivit à
son clergé : « Nous vous requérons au nom des intérêts
« de notre sainte religion et du bien-être temporel et spi-
« rituel de nos catholiques, pour lesquels vous aurez à
« répondre devant le tribunal de Dieu, d'user en
« public et en particulier de tous les arguments en
« votre pouvoir pour amener vos paroissiens à voter en
« faveur de la loi contre les liqueurs. Cette dernière me-
« sure pourra paraître discutable à quelques-uns ; mais
« il faut bien vous mettre dans l'esprit que nous sommes
« accusés injustement de ne point chercher à faire pra-
« tiquer la vertu de tempérance, et si nous manquons
« cette bonne occasion de montrer notre estime pour
« tout ce qui peut détruire ce vice hideux de l'intempé-
« rance, comme la loi sur les liqueurs, nous fournirons
« à nos ennemis un prétexte de nous croire coupa-
« bles. »

Ce que l'évêque Loras faisait pour la colonisation et
la tempérance dans l'Iowa, l'évêque Crétin le faisait
dans le Minnesota. Ce dernier écrivit de nombreuses let-

tres aux journaux des Etats de l'Est, pressant les catholiques de profiter des avantages que leur offrait l'Ouest.
Il était aussi un ardent promoteur de la totale abstinence.
Il la pratiquait lui-même et mettait tout en œuvre pour
l'établir parmi les catholiques. Il travailla de toutes ses
forces chez ses amis de toute croyance pour faire adopter par la législation du Minnesota, la loi sur les liqueurs,
et quand elle eut passé, il fit sonner la cloche de la cathédrale en signe de joyeuse approbation. Ce n'est pas aux
fondateurs de l'Eglise du Nord-Ouest qu'on pourra
reprocher de se renfermer à la sacristie et de ne pas
engager la lutte avec le monde, sur son propre terrain, pour le triomphe de la religion et de la mora-
lité.

Mais cette sollicitude extérieure n'empêchait pas
l'évêque de se consacrer tout entier au devoir proprement
dit de son saint ministère. Ce ministère était autant celui d'un simple prêtre que celui de l'ordinaire du diocèse.
Les prêtres étaient peu nombreux dans le Nord-Ouest,
et les besoins spirituels des fidèles réclamaient toute
l'énergie du principal pasteur du diocèse. Dans une lettre
adressée le 22 août 1839 aux *Annales de la Propagation
de la Foi*, l'évêque Loras écrit: « Dimanche prochain, je
« n'aurai d'autre clergé à ma cathédrale que les quatre
« enfants de chœur. Je serai obligé de célébrer deux fois,
« de prêcher le matin en anglais et le soir en français, puis
« de m'embarquer pour Galena, à cinq lieues de Dubuque,
« afin d'y ouvrir une mission qui durera huit jours. »
Dans une lettre suivante datée du 6 janvier 1840, il
écrit : « Pendant les six semaines qui précèdent Noël, je
« donnai, avec l'aide d'un prêtre, une mission à Galena.
« Les catholiques s'approchèrent en grand nombre des
« sacrements; les protestants eux-mêmes assistèrent à
« nos instructions. Pour la première fois, la messe de

« Minuit fut célébrée à Galena. L'église était brillamment
« illuminée et les paroissiens fort nombreux. Cent trente
« personnes s'approchèrent de la sainte table, beaucoup
« d'entre elles pour la première fois. Pour la fête de saint
« Etienne, je reçus l'abjuration d'un protestant, et le jour
« suivant je dus faire, à cheval, une course de quarante-
« huit kilomètres pour rendre visite à une femme qui
« était mourante. Je retournai ensuite à Dubuque en
« passant le fleuve couvert de glaces flottantes. » Ce que
l'évêque Loras disait de ses travaux, aux premiers jours
de son ministère, il aurait pu tout aussi bien le dire de
son épiscopat tout entier.

Jamais il ne négligea rien de ce que son zèle de prêtre
et d'évêque lui conseillait. Pour lui, une visite épiscopale qu'il faisait souvent sans l'assistance d'un prêtre,
c'était passer chez ses paroissiens dispersés, administrer
tous les sacrements, sauf celui de l'ordre, choisir un site
pour une église et recueillir des souscriptions pour la
construction d'un bâtiment.

En réalité, si l'évêque Loras eût borné ses travaux à
la direction et aux fonctions épiscopales, il n'eût pas eu
beaucoup à faire et il aurait pu se plaindre de la création
prématurée de son diocèse. Et cependant si son établissement avait été différé de quelques années seulement,
quelle perte pour l'Église par suite de l'absence et de
l'autorité d'un guide, dans cette période de formation de l'Eglise du Nord-Ouest! A première vue, il
semble étrange que les premiers conciles d'Amérique
aient érigé en diocèse des territoires où il n'y avait que
quelques centaines de catholiques, desservis par un petit
nombre de prêtres, quelquefois par un seul prêtre.
(Quand l'évêque Crétin fut nommé premier évêque de
Saint-Paul, il n'y avait que le Rév. A. Ravoux pour tout
le Minnesota.) Et cependant cette manière d'agir indi-

17.

quait la sagesse de ces hommes capables de prévoir l'avenir : admis toutefois qu'à la tête de ces nouveaux diocèses on sût placer les hommes convenables; hommes prêts pour le moment présent, et d'une vue assez étendue pour prévoir longtemps à l'avance les développements de l'avenir. Grâce à des vues si élevées, les prélats du troisième concile provincial de Baltimore ne se trompèrent point quand ils choisirent comme premier évêque de Dubuque Mathias Loras.

Les statistiques prouvent abondamment que l'évêque Loras tout en travaillant avec ardeur comme prêtre missionnaire, ne manquait à aucun de ces devoirs plus élevés d'Ordinaire du diocèse. Lorsque, en 1837, il fut nommé évêque de Dubuque, il n'y avait sur tout le territoire de ce diocèse que trois églises et un prêtre. Bien plus, ce prêtre unique, le Rév. S. Mazzuchelli, n'appartenait pas, à proprement parler, au diocèse. Car, s'il avait la charge des catholiques qui résidaient à l'ouest du Mississipi, il avait sa demeure principale à Galena, où il avait été envoyé par l'évêque de Saint-Louis, et peu de temps après l'arrivée de l'évêque Loras à Dubuque, il quitta le territoire de l'Iowa, pour travailler dans la partie sud-ouest du Wisconsin. Néanmoins, quand l'évêque Loras alla recevoir sa récompense, il y avait, dans le diocèse de Dubuque, quarante-huit prêtres, soixante églises et quarante stations. Les stations sont des lieux où l'on célèbre la messe, de temps à autre, dans de vastes salles abritées ou chez les particuliers. La population catholique s'était élevée, de quelques centaines d'habitants au chiffre de cinquante-quatre mille : accroissement dû en grande partie aux efforts de l'évêque pour attirer les colons catholiques.

Plusieurs communautés d'hommes ou de femmes furent introduites dans le diocèse : les Trappistes, les

Frères de la Doctrine chrétienne, les sœurs de la Bienheureuse Vierge Marie et les sœurs de la Visitation.

Grâce à l'arrivée de ces communautés de frères et de sœurs, il fut pourvu abondamment à l'éducation religieuse de la jeunesse. L'évêque Loras et les prêtres pionniers de l'Iowa travaillèrent avec un grand zèle à la cause de l'éducation catholique. Dès les premiers jours, des écoles catholiques avaient été ouvertes dans quelques paroisses. Elles étaient tenues par de pieux laïques, et quelquefois, comme dans la paroisse du dévoué Pélamourges, à Davenport, par le curé lui-même. Avec l'encouragement et sous la direction de pareils chefs, les ordres de frères et de sœurs consacrés à l'éducation firent de rapides progrès dans l'Iowa, et offrirent, du moins dans les principaux centres, de grandes facilités aux parents pour donner aux enfants une éducation vraiment catholique. L'une des communautés introduites dans l'Iowa par l'évêque Loras, celle des sœurs de la Bienheureuse Vierge Marie, établit sa maison mère près de Dubuque, et ses membres, aujourd'hui, sont nombreux dans le pays, prenant rang parmi les établissements les plus prospères de l'Église d'Amérique.

L'évêque Loras n'oublia pas les intérêts temporels de l'Église dans le territoire confié à ses soins. Nous ne pouvons, en ce monde, séparer complètement les intérêts temporels des intérêts spirituels, et quand les premiers sont cherchés non point pour eux-mêmes, mais pour favoriser les seconds, ils ne sont pas indignes de l'attention du chef de famille pieux et zélé, même dans le royaume de Dieu. L'évêque Loras prévit le rapide accroissement du Nord-Ouest, et, pendant que la terre pouvait encore être acquise à un prix modique, il chercha, par des achats et des demandes, à se procurer dans

les villages ou dans les lieux destinés plus tard à être
bâtis, autant de terrain qu'il lui en faudrait plus tard
pour ses établissements paroissiaux et diocésains.

Dans peu de diocèses de l'Amérique, on voit les
églises et les institutions établies dans des sites mieux
choisis que dans les deux diocèses de Dubuque et de
Davenport, dans le présent État d'Iowa ; et cette condition fortunée est due en grande partie à la prévoyance
et au désintéressement personnel du premier évêque
de Dubuque ; comme aussi à son administration pru-
dente et à celle de ses successeurs. L'évêque Loras avait
toujours l'esprit occupé de ses plans d'avenir. On dit
qu'il laissa une carte de l'Iowa, sur laquelle il avait
tracé de nombreuses croix, indiquant dans des lieux
alors déserts les points qu'il croyait devoir être occupés
plus tard par des villes, des villages et des agglomérations et où par conséquent il lui serait avantageux
d'acheter des terrains pour le développement de la religion. Si l'on compare cette carte avec celle de l'Iowa
actuel, on est frappé en voyant que dans presque tous
les cas, les croix correspondent à des groupements
importants de population. Il a admirablement prévu
l'avenir du Nord-Ouest.

Tous les éléments de la population furent l'objet de
sa plus sérieuse attention. Nul évêque en Amérique ne
comprit mieux le précepte du Maître : « *Enseignez toutes
les nations,* » et personne plus que lui ne chercha à remplir les devoirs de sa charge.

L'évêque Loras profita de toutes les occasions pour
s'adresser à ceux qui n'étaient pas catholiques et les
gagner à la vérité par des explications bienveillantes
de la doctrine catholique. Les tribus indiennes étaient
très nombreuses sur le territoire soumis à sa juridiction,
et sur le petit nombre de prêtres qui étaient à sa disposi-

tion, il en choisit quelques-uns pour évangéliser ces
pauvres sauvages. Les missions furent ouvertes, chez
les Sioux, par le R. Augustin Ravoux, et chez les Winnebagoes, par le R. Joseph Crétin, pendant que les tribus
des bords du Missouri recevaient les enseignements des
Pères Jésuites de Saint-Louis. Le flot montant de l'immi-
gration, le besoin constant de prêtres parmi la population blanche, le peu de ressources au point de vue matériel ne permirent pas le plein développement des plans
de l'évêque pour la conversion des Indiens. L'œuvre cependant ne fut pas complètement abandonnée, et le
fruit de ces prédications s'est fait sentir jusqu'à ce jour,
parmi les Sioux et les Winnebagoes.

Le diocèse de Dubuque ne fut pas le seul champ sur
lequel l'évêque Loras dépensa son énergie. Jusqu'en
1844, époque où les diocèses de Chicago et Milwaukee
furent établis, il fut chargé du nord de l'Illinois et du
Wisconsin. Une lettre très intéressante datée : « Milwaukee, 24 juin 1840 », nous donne une description de
la visite qu'il rendit à son retour de Green Bay, aux
Mennominie, Indiens du Wisconsin-Central alors confié
au zèle du prêtre allemand l'abbé Vandenbrook. La
lettre se terminait ainsi : « Les petits enfants eux-
mêmes, dit un des chefs en me faisant ses adieux, se
sont réjouis et n'oublieront jamais votre visite. — Mais,
répondis-je, pour être vraiment chrétien, vous devez
conserver votre ferveur. — Il en sera ainsi, dit-il,
et quand vous reviendrez parmi les Mennominie,
vous les trouverez tels qu'il sont maintenant. Oui, oui,
crièrent tous les autres de leurs voix fortes et énergiques.
En quittant ces excellents sauvages, je ne fus pas seulement consolé par le spectacle de ce que j'avais vu ; mais
je fus aussi persuadé qu'il serait possible de faire beaucoup de bien parmi les autres tribus. » Quel que soit le motif

qui l'ait conduit dans l'Arkansas nous le trouvons prêchant des missions en 1842 dans quelques parties de ce territoire.

Certainement son ambition était de se dépenser tout entier pour le Christ et pour les âmes. Si l'on considère son zèle pour les intérêts de Dieu, son renoncement à soi-même, la grandeur de son amour pour les âmes, l'évêque Loras était un autre saint Paul faisant briller dans ces prairies et ces forêts de l'Ouest ce même esprit de charité qui gagna, il y a bien des siècles, au divin Maître, les plaines de l'Asie Mineure et de l'Achaïe.

L'évêque Loras mourut en 1858, *plein de jours,* faisant l'offre généreuse de son âme, à son Maître et Rédempteur.

Il semble que nous pouvons bien interpréter le jugement de Dieu, dans le sens des paroles de l'apôtre qui fut toujours son modèle : « J'ai soutenu un bon combat, « j'ai achevé ma course, j'ai gardé la foi. Il ne me reste « qu'à attendre la couronne de justice qui m'est réser- « vée, et que le Seigneur comme un juste juge, me don- « nera en ce grand jour. »

Quel changement s'est fait dans l'Eglise du Nord-Ouest depuis l'arrivée de l'évêque Loras ! Quand il prit possession du siège de Dubuque, les évêques les plus rapprochés de lui au Sud et à l'Est, étaient ceux de Saint-Louis et de Détroit. Avant la fin de sa carrière épiscopale, il vit établir des évêques à Chicago et dans le Milwaukee, et un nouveau diocèse, celui de Saint-Paul, formé d'une partie du territoire compris d'abord dans le diocèse de Dubuque. Aujourd'hui Chicago et Milwaukee sont des sièges métropolitains, aussi bien que Dubuque et Saint-Paul. Autour de ces quatre sièges métropolitains sont groupés des évêchés suffragants nombreux et florissants, avec des milliers de prêtres, des millions de catholiques pleins de foi, et un grand nombre de couvents, d'institutions charitables, d'écoles, de collèges, de séminaires.

Le saint évêque Loras évoquait parfois dans son imagination le brillant avenir réservé au Nord-Ouest, mais jamais, croyons-nous, il n'aurait osé se le représenter tel que nous le voyons aujourd'hui. La Providence a de grands desseins sur l'Eglise de ce pays. Puissent les instruments de la Providence dans l'exécution de ces desseins se montrer aussi dignes de leur rôle que Mathias Loras le fut du sien !

Les diocèses de Dubuque et de Saint-Paul se rappelleront souvent avec une satisfaction bien légitime et une paternelle affection l'évêque Loras, comme le patriarche et le fondateur de leur Eglise. Ce qu'il fut dans le diocèse de Dubuque par son influence immédiate, il le fut dans le diocèse de Saint-Paul par l'influence de l'évêque Crétin, le disciple et la reproduction exacte de l'évêque de Dubuque. Ces deux hommes, Loras et Crétin, se ressemblèrent plus que tous ceux que nous avons pu voir depuis en Amérique pour le zèle et la sainteté, les pensées et les desseins, les travaux et les méthodes. Nous ne voulons pas entreprendre de montrer quelle part la religion, dans les diocèses de Dubuque et de Saint-Paul, dut au zèle et à la sagesse des évêques Loras et Crétin ; mais dire que cette part fut considérable, n'est que la simple vérité. Et nous devons ajouter, dans l'expression de notre conviction la plus intime, que cette grandeur ne fera que s'accroître tant qu'on se rappellera les noms des Loras et des Crétin, et tant que leur esprit survivra et ira se développant parmi les prêtres et les laïques.

L'évêque Loras fut un grand et sage fondateur de l'Eglise de Dieu dans le Nord-Ouest. Mais il fut plus, il fut un saint. « Le saint Loras » c'est le nom traditionnel du premier évêque de Dubuque, et tout ce que nous pouvons trouver dans sa vie passée, en l'étudiant de très près, ne fait que confirmer la justesse de ce nom.

# TABLE DES MATIÈRES

AVANT-PROPOS.................................................. IX
INTRODUCTION ................................................. XIII

## CHAPITRE PREMIER

### NAISSANCE ET ÉDUCATION (1767-1790).

Naissance. — Quelques illustrations de Meximieux. — Enfance
débile.—Guérison.—Sa mère meurt. — Le chanoine Georges. —
Collège de Nantua. — Tonsure. — Péril de Jansénisme. — Séminaire de Saint-Irénée. — Mgr de Montazet. — Séminaire de
Saint-Charles. — Thèse catholique. — Disgrâce. — Constitution
civile du clergé. — Mgr de Marbeuf. — Lamourette à Lyon. —
Sulpiciens expulsés. — Ordination sacerdotale à Fribourg.    1

## CHAPITRE II

### EMPRISONNEMENT ET JUGEMENT (1790-1792).

M. Ruivet, vicaire de Loyes. — Affaire des dispenses et du mandement Royer. — M. Ruivet au Montellier. — Son emprisonnement
à Montluel. — On l'emmène à Bourg. — Il prépare sa défense. —
Agitation de la ville autour de cette cause. — Le jour de l'audience, son plaidoyer, son acquittement, on veut l'assommer. —
Second jugement à Nantua; acquittement. — M. Ruivet en liberté.   23

## CHAPITRE III

### LE MISSIONNAIRE (1792-1794).

M. Ruivet à Condrieu. — Merlino à Bourg en qualité de commis-
saire de la Convention. — Averti que Merlino le fait chercher,
M. Ruivet vient à Bourg. Son aventure au château de M. Verdet
de la Grange. — Sa montre à répétition. — Son arrivée à Bourg. —
Ses courses à Saint-Etienne-du Bois et à Marboz. — Pochon de
Peysolles. — Il part pour Montluel ; rétractation du curé de
Meximieux.................................................... 61

## CHAPITRE IV

### LE VICAIRE GÉNÉRAL DE LYON (1794-1804).

M. Ruivet nommé vicaire général de Lyon. — Albitte. — Fêtes de
la Raison. — Organisation des missions : les chefs de mission,
les adjoints, les missionnaires et les catéchistes. Diverses courses
de M. Ruivet ; les dangers auxquels il échappe. Il obtient un grand
nombre de rétractations. —Quelques collaborateurs de M. Ruivet.     75

## CHAPITRE V

### LE SÉMINAIRE DE MEXIMIEUX.

La ferme de Pélagey. — La seconde terreur; les bois de la Bresse.
Le château de Franclieu ; les premiers collaborateurs de M. Ruivet. — Meximieux : le château des archevêques de Lyon. — Le
séminaire actuel. — M. Portalier. — La direction que M. Ruivet
imprime à la piété et au travail. — Le décret de 1811 : dispersion des élèves. — M. Perrodin, supérieur; M. Ruivet, curé de
Saint-Chamond. — Invasion des Autrichiens. — Trois futurs
évêques au séminaire de Meximieux. — M. Ruivet, curé de Meximieux ; sa sollicitude pour son séminaire; il en cède la propriété
au diocèse. — M. Loras, supérieur; ses rapports avec le curé
d'Ars; l'abbé Gorini et le bienheureux Chanel. — M. Pansut et
M. Maitrepierre, supérieurs...............................   103

## CHAPITRE VI

### M. RUIVET CURÉ DE NOTRE-DAME DE SAINT-CHAMOND (1813-1815).

La ville de Saint-Chamond. — Apostolat de saint Ennemond. — Installation de M. Ruivet. — Ses vicaires : le cardinal Villecourt. —
Achat d'un presbytère; réparation de son église; son zèle pour
le bien des âmes. — Il est nommé à Meximieux, regrets qu'il
laisse à Saint-Chamond...............................   164

## CHAPITRE VII

### M. RUIVET, CURÉ DE MEXIMIEUX (1815-1828)

La collégiale de Saint-Apollinaire. — Fondation d'une école pour
les jeunes filles. — La mère Saint-Claude et l'abbé Portalier. —
Le Père Deschamps et l'abbé Camelet. — Fondation de l'hôpital
de Meximieux : la mère Magdeleine. — Ses instructions. — Le Jubilé de 1826. — La Confrérie des Pénitents blancs.............   175

## CHAPITRE VIII

### M. RUIVET, VICAIRE GÉNÉRAL DE BELLEY (1823-1838).

Mgr Devie et M. Ruivet ; leurs premières rencontres. — M. Ruivet, vicaire honoraire. — Il obtient la cession du couvent de Brou pour le grand séminaire. — Brou ; le vieux couvent, l'église. — Il négocie la reconnaissance légale des sœurs de Saint-Joseph de Bourg. — Reconstruction de l'église de Ferney. — Il s'installe à Belley en 1828 ; ses fonctions de vicaire général. — Son discours à la Louvesc.................................................... 190

## CHAPITRE IX

### DERNIÈRES ANNÉES ET MORT DE M. RUIVET (1838).

Vertus de M. Ruivet : sa patience dans les souffrances, son obéissance à l'égard de son évêque, son esprit de foi. — Traité de la présence de Dieu. — Son testament ; ses dispositions charitables. — Ses derniers instants. — Sa mort, ses funérailles, deuil de tout le clergé. — Son tombeau. — Conclusion.................... 224

## APPENDICE

Notice sur Mgr Loras, par Mgr IRELAND, archevêque de Saint-Paul (Minnesota)............................................ 243

PARIS. — IMP. TÉQUI, 92, RUE DE VAUGIRARD.

# ON TROUVE A LA MÊME LIBRAIRIE

## OUVRAGES DU P. GRATRY

**De la Connaissance de Dieu.** 2 vol. in-12.  8 fr.

**De la Connaissance de l'Ame.** 2 vol. in-12.  7 fr. 50

**Souvenirs de ma Jeunesse.** Œuvres posthumes, l'enfance, le collège, l'Ecole polytechnique, Strasbourg et le sacerdoce. in-18.  3 fr.

**Henri Perreyve.** Nouvelle édition, précédée d'une préface par S. E. le cardinal PERRAUD, évêque d'Autun, membre de l'Académie française, et suivie d'une notice sur les derniers jours de M. l'abbé Perreyve, par M. l'abbé E. BERNARD, curé de Saint-Jacques-du-Haut-Pas. In-12.  3 fr.

**Logique.** 2 vol. in-8°.  12 fr.  »
— 2 vol. in-12. (*Épuisé.*)  7 fr. 50

**Les Sophistes et la Critique.** 1 vol. in-8°.  6 fr.  »

**Etude sur la sophistique contemporaine,** ou Lettre à M. Vacherot, et réponse de M. Vacherot, et la réplique du P. Gratry. 1 vol. in-8°.  5 fr.  »
— 1 vol. in-12.  3 fr.  »

**Lettres sur la religion.** 1 vol. in-8°.  6 fr.  »
— 1 vol. in-12.  3 fr.  »

**Mois de Marie de l'Immaculée Conception.** 4ᵉ éd. 1 vol. in-18.  2 fr. 50

**Les Sources.** Première partie : CONSEILS POUR LA CONDUITE DE L'ESPRIT. — Deuxième partie : LE PREMIER ET LE DERNIER LIVRE DE LA SCIENCE DU DEVOIR. 1 volume in-18, 2ᵉ édition.  2 fr. 50

**La Philosophie du Credo.** 1 vol. in-8°.  5 fr.  »

**Petit Manuel de critique.** 1 vol. in-18.  1 fr. 50

**Crise de la Foi.** Trois conférences philosophiques de Saint-Etienne-du-Mont, 1863. 1 vol. in-18.  1 fr. 50

**La Morale et la loi de l'histoire.** 2 v. in-8°.  12 fr.  »
— 2 vol. in-12.  7 fr. 50

**Commentaire sur l'Evangile selon saint Matthieu.** 2 vol. in-8°.  8 fr.  »

**Méditations inédites.** 1 vol. in-18, 2ᵉ édition.  3 fr.  »

**Jésus-Christ,** réponse à M. Renan, 1 vol. in-18.  1 fr.  »

**Sources de la régénération sociale.** In-18.  1 fr. 50

**Le P. Gratry, ses derniers jours, son testament spirituel.** par le P. Adolphe PERRAUD, prêtre de l'Oratoire, professeur en Sorbonne. 1 vol. in-18.  1 fr. 50

PARIS. — IMP. TEQUI, 92, RUE DE VAUGIRARD.

Lightning Source UK Ltd.
Milton Keynes UK
UKHW022322060223
416579UK00001B/311